नरेन्द्र नाथ

नरेन्द्र नाथ का जन्म सन् 1942 में हुआ। दिल्ली विश्वविद्यालय और टोरंटो से इतिहास व राजनीतिशास्त्र पढ़ने के बाद उन्होंने सिराक्यूज़ विश्वविद्यालय से समाजशास्त्र में पी-एच.डी की। उनकी अभिरुचियों और लेखन का दायरा काफ़ी विविध रहा। उनके शोध का विषय जेंडर के परिप्रेक्ष्य में परिवार, शिक्षा व पाठ्यपुस्तकों का विश्लेषण करना था। उन्होंने बफ़लो (न्यूयॉर्क) के स्टेट यूनिवर्सिटी कॉलेज में समाजशास्त्र का अध्यापन किया। दूसरी ओर साहित्य मे गहरी दिलचस्पी होने के चलते उन्होंने पाकिस्तानी उर्दू शायरी के पाँच संकलन हिंदी मे प्रकाशित किए। सत्तर-अस्सी के दशक में दक्षिण एशिया के प्रवासियों के लिए टोरंटो से प्रसारित होने वाले वॉयस ऑफ़ इंडिया नामक चैनल के कार्यक्रम 'सोच-विचार' और 'ख़बर' का निर्माण किया और प्रस्तुति भी की। यह कार्यक्रम समाज, राजनीति व संस्कृति से जुड़े लोकरुचि के मुद्दों पर आधारित थे और अत्यंत लोकप्रिय रहे। उन्होंने दर्जनों किताबों और पत्रिकाओं के लिए अकादमिक लेखन किया।

उनकी प्रमुख कृतियाँ हैं—'नौ बरस' (उपन्यास), 'सेक्सिज़म इन इंडियन एजुकेशन : द लाइज़ वी टेल आवर चिल्ड्रन' (1979), 'पाकिस्तान से ताज़ा ग़ज़लें', 'फ्रॉम सेक्सिज़म टू एक्वॉलिटी : अ हैंडबुक ऑन हाऊ टू एलिमिनेट सेक्सिस्ट बायस फ्रॉम आवर टेक्स्टबुक्स' (1986), 'पाकिस्तानी उर्दू शायरी' (पाँच भाग)।

सन् 1998 में लंबी बीमारी के बाद उनका निधन हुआ।

पाकिस्तानी उर्दू शायरी

खंड–5

सम्पादक

नरेन्द्र नाथ

राधाकृष्ण पेपरबैक्स

राधाकृष्ण पेपरबैक्स में
पहला संस्करण : 2024

राधाकृष्ण पेपरबैक्स : उत्कृष्ट साहित्य के जनसुलभ संस्करण

राधाकृष्ण प्रकाशन प्रा. लि.
जी-17, जगतपुरी, दिल्ली-110 051
द्वारा प्रकाशित

शाखाएँ : अशोक राजपथ, साइंस कॉलेज के सामने, पटना-800 006
पहली मंजिल, दरबारी बिल्डिंग, महात्मा गांधी मार्ग, प्रयागराज-211 001
1, अनमोल सोराबजी सन्तुक लेन, धोबी तलाव, मरीन लाइंस, मुम्बई-400 002
वेबसाइट : www.radhakrishnaprakashan.com
ई-मेल : info@radhakrishnaprakashan.com

विकास कंप्यूटर एंड प्रिंटर्स
ट्रॉनिका सिटी-201 102
द्वारा मुद्रित

मूल्य : ₹250

PAKISTANI URDU SHAYARI (Vol. 5)
Edited by Narendranath

ISBN : 978-81-19989-24-9

सम्पादक का बयान

पिछले खंडों की तरह, इस किताब के लिए भी मूल शोध अब्दुल मुग़नी ने किया है। सम्पादन में द्विजेन्द्र और मुकुल प्रियदर्शिनी का सहयोग था। और था उस रसवन्ती का अंशकालिक प्रतिवास जो कविताएँ लिखते वक़्त अपना घरेलू नाम उतार देती है और मेरे ख़त पढ़ने से पहले तंग बटनों वाले कपड़े।

वसन्त, 1988

—नरेन्द्र नाथ

क्रम

आलमताब तश्ना

नाम : सय्यद आलमताब अली, तख़ल्लुस 'तश्ना'। इनका जन्म 10 जुलाई, 1935 को मेरठ, उत्तर प्रदेश में हुआ। शिक्षा : एम.कॉम, एफ.सी.आई.टी. (लन्दन), ओ. एंड एम. (कनैटिकट यूनिवर्सिटी, अमेरिका), डिग्री कोर्स इन कम्युनिकेशन (मिशिगन यूनिवर्सिटी, यू.एस.ए.)। पेशा : सरकारी नौकरी से शुरू होकर चेयरमैन और मैनेजिंग डायरेक्टर, आलम-ग्रुप-ऑफ़ कम्पनीज़, पाकिस्तान की नौकरी रही।

आलमताब तश्ना अपने पहले संग्रह 'मौज-मौज तश्नगी' में 'नागुफ़्तनी' के शीर्षक से लिखते हैं, "वो भूला-बिसरा शह्र जिसे लोग आज भी मेरठ कहते हैं और जो जंगे-आज़ादी की पहली आवाज़ था[1], इंक़लाब परवर[2] लेकिन रूमान-अंगेज़ शह्र की पुरानी मस्जिदों और ग़ैर-आबाद मंदिरों की काई से हरियाई हुई फ़सीलों के साये में मेरा बचपन नौजवानी के गुदाज़[3] जज़्बों से मानूस[4] हुआ। उसी शह्र की धूल से अटी हुई गलियों में मुद्दतों आँख-मिचौली, चोर-सिपाही और ऐसे ही छुप-छुपकर रूमान लड़ाने वाले खेल-खेलकर मेरे एहसास ने शरबती ख़्वाबों की ताबीर तलाश की। उसी शह्र के खँडहरों में मैंने चाँद को उभरते, चमकते और डूबते देखा। चमेली की हरी कुंज बाढ़ में खिले हुए लातादाद[5] सफ़ेद फूलों की भीनी-भीनी ख़ुशबुओं को अपनी रूह की गहराइयों में महसूस किया और उसी के सुनसान रास्तों पर किसी के हाथ में हाथ डालकर घूमते हुए शायरी के गुलाबी होंटों और सुर्ख़-सुर्ख़ रुख़सारों को निखारा और जज़्बों की गुदगुदाहट कुछ यूँ महसूस की जैसे कोई मख़रूती[6] उँगलियों से वजदान[7] की लवें हौले-हौले सहला रहा हो और मेरे अन्दर एहसास का ज्वालामुखी फूट बहा। मन मंदिर के पथरीले आँगन में देवदासियों का रक़्स, फ़िक्र के सहरा में सनसनाती

---

1. अंग्रेज़ों के ख़िलाफ़ सन् 1857 के ग़दर की शुरुआत मेरठ से हुई थी 2. विद्रोह-समर्थक 3. जो पिघल जाता है, प्रणय के सन्दर्भ में अतिशय भावुकता का अभिप्राय, मांसल शारीरिक सौन्दर्य 4. परिचित 5. असंख्य, अनगिनत 6. शुंडाकार 7. काव्य-रसज्ञता, आनन्दातिरेक

हुई हवाओं के बगूले, बाग़ीचे में चम्पा के फूलों की सुहागन ख़ुशबू, रंगबिरंगी तितलियों की बेआवाज़ उड़ान, सबने मिलकर गोया मुझे दीवाना बना दिया और उसी एहसासे-जमाल[1] के लम्हे को मैंने अपने शेरों में महफ़ूज़[2] कर लेना चाहा।

"मैं कहता सुनो, मैं आवारा हवाओं का पागलपन हूँ, मुझे दायरों में मत समेटो, मैं उन मानूस फ़ज़ाओं का बोलता हुआ जादू हूँ जो मेरठ कॉलेज के ख़ूबसूरत माहौल को अहाता किए हुए हैं जहाँ पुष्पा थी, राजेश्वरी थी, अज़रा थी और मेरे गुलाब के फूल थे। मैं कहता कि मैं उन रुख़सारों का गुलाबी रंग हूँ जो मुझे देखकर दहक उठते थे। उन आँचलों का आवारापन हूँ जो मेरे सामने चुपके से ढलक जाते थे। मैं बायरन का लाउबालीपन हूँ, कीट्स का कर्ब हूँ, शैली के एहसास का अनोखापन हूँ। मैं बोलता रहा, सब सुनते रहे।

"फिर यूँ हुआ कि 1959 में वक़्त की कैकेई ने मुझे बनवास दे दिया, मेरी सीता कविता मुझसे बिछड़ गई। मैंने उसकी बारह बरस शक्ल नहीं देखी। मेरे एहसास का आईना धुँधला गया। मेरे वजदान के पर कट गए। मेरी कथा तुलसीदास तो लिखने लगा लेकिन मेरा क़लम ज़ंग-आलूद[3] हो गया। दिल में ज्वालामुखी उबलता रहा लेकिन फूटकर बह न सका। एहसास अलफ़ाज़ में न ढल सके, मैं गूँगा हो गया। मुझे वक़्त ने बक़ौल जौन एलिया[4] कमाऊ पूत बना दिया। फिर यूँ हुआ कि बनवास के दिन ख़त्म हुए, सीता कविता से फिर इश्क़ की पींगे बढ़ने लगीं। बनवास का दर्द हर शेर में उतरने लगा और आज यही मेरी शायरी का सरमाया है। शायरी में मेरा कमिटमेंट ज़िन्दगी के साथ है। 'मौज-मौज तश्नगी' का फ़िक्री सफ़र कभी ज़ुल्फ़ों की छाँव में आसूदा-ए-मंज़िल हुआ है और कभी ज़िन्दगी के संगलाख़ रास्तों से गुज़रकर उन हक़ाइक़[5] तक पहुँचा है जहाँ ज़िन्दगी के चेहरे पर दरिन्दगी के हाथों लगी हुई ख़राशों से ख़ून रिसकर एक ऐसी दास्तान की सुर्ख़ी बन गया है जिसमें नई सुबह की नवेद[6] भी है और नए इंक़लाब का पैग़ाम भी।"

अपने दूसरे संग्रह 'आईने के उस तरफ़' की भूमिका में आलमताब तश्ना ने आधुनिक जीवन की विसंतियों की चर्चा करते हुए लिखा था कि "आज के दौर का इंसान उस रूहानी रब्त[7] की तलाश में है जो अह्द-ए-नौ[8] की इफ़रात-ओ-तफ़रीत[9] में कहीं खो गया है। जीने की रफ़्तार इस क़दर तेज़ है कि आज की एक दिन की ऐतिहासिक घटना दूसरे दिन तक पहुँचते-पहुँचते

---

1. सौन्दर्य का अनुभव 2. सुरक्षित 3. ज़ंग लगा हुआ 4. उर्दू के कवि और आलमताब तश्ना के मित्र 5. यथार्थता (बहु.) 6. शुभ सूचना 7. आत्मिक सम्बन्ध 8. नवयुग 9. आधिक्य और न्यूनता, अभिप्राय: उतार-चढ़ाव, ऊँच-नीच

बासी शीर्षक भर रह जाती है। इस तेज़ रफ़्तारी ने एक ऐसी दुनिया की दाग़बेल[1] डाली है जिसमें रूह की आसूदगी[2] के लिए सिवाय मायूसी के और कुछ नहीं है। इस अह्द-ए-रफ़्तार[3] में जहाँ निगाह हैरान, जिस्म शल,[4] दिमाग़ अंदेशों[5] और सानिहों[6] से नीमजाँ[7] हो चुके हैं, जहाँ आहनी[8] मशीनों के भारी-भरकम पहियों ने ज़मीन के कुदरती हुस्न[9] को कुचलकर रख दिया है, जहाँ ऐटमी हथियार इस पुर-बहार दुनिया को तबाह करने पर आमादा हैं, जहाँ टैक्नोलौजी ने सहूलतें देने के साथ-साथ ज़िन्दगी से तवानाई[10] छीन ली है, जहाँ बड़ाई का मेयार[11] ख़ूबसूरत बँगले, लम्बी कारें, रंगीन टी.वी. और वी.सी.आर. हों वहाँ ज़िन्दगी की बेक़दरी पर मातम न करें तो और क्या करें। मग़रिबी दुनिया में साइंसी तरक़्क़ी इस क़दर तेज़ है कि हम तीसरी दुनिया के लोग चाहते हुए भी उसे अपनाने की क्षमता नहीं रखते। इस एहसासे-महरूमी[12] ने हमें ज़िन्दगी की दौड़ में इतना पीछे धकेल दिया है कि अब आगे क़दम उठाने का हौसला भी बाक़ी नहीं रहा। ऐसे दौर में अदब[13] ही एक ऐसा हौसला है जो ज़िन्दगी के ज़ख़्मों पर मरहम रखता है। संवेदना के मुरझाए हुए पौदों को पानी देता है और एक ऐसी दुनिया की निशानदही[14] करता है जहाँ अँधेरों के लिए रौशनी, प्यास के लिए जू-ए-आब[15], थकन मिटाने के लिए छतनार पेड़ों की शफ़ीक़ छाँव और ज़हीली मायूसियों के लिए ताज़ा उम्मीद है। शायरी अदब की सबसे लतीफ़[16] सन्फ़-ए-इज़्हार[17] है। ये फ़िक्र-ओ-इदराक[18] और हुस्ने-बयाँ की मंज़िलों से ऐसे हैरतअंगेज़[19] जहानों का पता देती है जो हमेशा से ही फ़िक्र-ए-इंसानी का मक़सूद[20] रहे हैं। इंसानी रूह का इज़्तिराब[21] लफ़्ज़ों का लिबास पहन लेता है तो ज़िन्दगी की हिकायात-ए-ख़ूँचकाँ लिखनेवालों के हाथों से बहनेवाला ताज़ा लहू हक़[22] की आवाज़ बन जाता है। कोई ताक़त लिखने को मजबूर करती है और शायर उन तमाम दुखों और ख़ुशियों को, मुहब्बतों और नफ़रतों को लिखता जाता है जो ज़िन्दगी ने उसे दिए हैं या जो उसने महसूस किए हैं। अक्सर होता है कि मैं लिखने की तमामतर कोशिशों के बावजूद कुछ नहीं लिख पाता। और अक्सर न लिखना चाहूँ भी तो 'रफ़्तार-ए-क़लम जुंबिश-ए-बाल-ए-जिब्रील'[1]। आख़िर ऐसा क्यों होता

---

1. नींव 2. सन्तोष, तृप्ति 3. गति का युग 4. शिथिल 5. शंका, भय (बहु.) 6. घटना (बहु.) 7. अधमुआ, जो मरने के क़रीब हो 8. लोहे की 9. प्राकृतिक सौन्दर्य 10. शक्ति 11. स्तर, 12. हीनता का भाव, 13. साहित्य, 14. पता देना, निशान बताना, 15. नदी, 16. कोमल, सूक्ष्म, 17. अभिव्यक्ति की विधा, 18. विचार और बोध, 19. आश्चर्यजनक, 20. उद्देश्य, 21. व्याकुलता, 22. सत्य

है? शायद इसलिए कि अदब इल्हामी[2] होता है और उसे किसी एहतिमाम[3] की ज़रूरत नहीं होती। शायर मुक़र्ररा[4] रास्तों का मुसाफ़िर नहीं, मुक़र्ररा और मुतअय्यन[5] रास्तों पर चलनेवाला तो मुक़ल्लिद[6] होता है। शायर रोज़ एक नया रास्ता तराशता है और उस पर लोगों को चलता हुआ छोड़कर ख़ुद आगे बढ़ जाता है। एक नए रास्ते की तश्कील[7] और मंज़िल की तलाश, ये तजस्सुस[8] का सफ़र, ज़िन्दगी भर जारी रहता है। जो इस सफ़र को तर्क[9] कर देता है वो वक़्त से पहले बेमौत मर जाता है।"

बतौर सम्पादक, मैंने इस संकलन में तश्ना के दोहे शामिल नहीं किए। तश्ना की कसी-मँजी ग़ज़लों के बाद उनके दोहे पढ़कर मुझे कुछ ऐसा लगा जैसे किसी नख-शिख दुरुस्त माशूक़ को नथुनों में उँगली डाले नाक कुरेदते देख लिया हो। इस संकलन में प्रतिनिधि रचनाएँ शामिल करने की कोशिश है। तश्ना के दोहे सिर्फ़ हिन्दीनुमाई के नाम पर जल्दी-जल्दी जनी गई तुकबन्दी के नमूने हैं, तश्ना के शिल्प के शंखपुष्प नहीं। उन्हें हिन्दी में छापना तश्ना के साथ घटिया ठिठोली होती।

कृतियाँ : मौज-मौज तश्नगी (1977 ग़ज़लें, नज़्में और दोहे), आईने के उस तरफ़ (1985 ग़ज़लें और नज़्में), हादसात की रोकथाम (अंग्रेज़ी पुस्तिका), कराची ट्रांसपोर्ट का हाल और मुस्तक़बिल (अंग्रेज़ी पुस्तिका), अप्रकाशित : ख़्वाब-ए-नीम-शब (शेक्सपियर के 'मिड समर नाइट ड्रीम' का अनुवाद), कफ़े-हवा (नज़्मों और दोहों का संग्रह)।

11 मई, 1991 को इनका निधन हो गया।

---

1. महाकवि इक़बाल के इस मिसरे का अर्थ है : कवि की क़लम जिब्रईल के परों की तरह तेज़-रफ़्तार चलती है। हज़रत जिब्रईल का काम पैग़म्बरों को दैवी सन्देश पहुँचाना था। वे इतना तेज़ उड़ते थे कि पलक झपकते ही सातवें आसमान से ज़मीन पर उतर आते 2. ईश्वर की ओर से हृदय में आई हुई बात, देववाणी 3. प्रयोजन 4. निश्चित 5. निर्धारित 6. अनुयायी 7. संरचना, निर्मित 8. जिज्ञासा, तलाश 9. छोड़ना

एक कहानी

इक कहानी सुनो
वो जो औराक़-ए-तारो[1] पर सब्त[2] है वो कहानी सुनो
इक कहानी सुनो
एक था बादशाह (है हमारा तुम्हारा ख़ुदा बादशाह)
रोम में जिसके जबरोत[3] का ग़ुलग़ुला[4]
शह्र-दर-शह्र था
जिसकी हैबत[5] से लरज़ां[6] थे कोह-ओ-दमन
रूबरू[7] जिसके सज्दे में था अहरमन[8]
उसने सोचा कि जश्न-ए-चराग़ाँ[9] मने
इक नई तर्ज़ का इक नई शान से
और फिर उसने जश्न-ए-चराग़ाँ किया
शह्र-ए-ख़स्ता-तनाँ[10] नज़्र-ए-आतिश[11] हुआ
शह्र का चप्पा-चप्पा सुलगने लगा
शह्र जलने लगा
बादशाह अपने ऊँचे महल के दरीचे में बैठा हुआ
मह्व-ए-नज़्ज़ारा-ए-जश्न-ए-आतिश रहा[12]
साज़ बजते रहे
क़हक़हे आदमीयत[13] की चीख़ें दबाते रहे
तेज़ होती गई और आवाज़-ए-नै[14]

---

1. इतिहास के पृष्ठ 2. अंकित, लिखित 3. सर्वसामर्थ्य, असीम शक्ति 4. शोर, कोलाहल 5. आतंक, प्रताप 6. भय से काँपता हुआ 7. आमने-सामने 8. ईरान के आतिशपरस्तों (आग के उपासक) के मतानुसार 'बुराई' का ख़ुदा 9. प्रकाश का उत्सव 10. दुर्दशाग्रस्त और निर्धनों का शह्र, 11. आग की भेंट, 12. आग के उत्सव का तमाशा देखता रहा, 13. मनुष्यता, 14. बाँसुरी की आवाज़

शह्र जलता रहा
और फिर इस तरह
शह्र जलने की इक रस्म सी पड़ गई

हिरोशीमा जला नागासाकी जला
अर्ज़-ए-मुक़द्दस[1] के महराब-ओ-मिम्बर[2] जले
और सैगाँव पर कितने नेपाम बम
आग का रिज़्क[3] तक़सीम करते रहे
शह्र बेरूत में आग बोई गई
नज़्र-ए-आतिश हुए जाने कितने नगर
शह्र जलते रहे
आग का खेल औराक़-ए-तारीख़ में
जा-ब-जा दर्ज है
आग का खेल है आज भी एक मासूम सा मशग़ला
ऐ मेरी नस्ल तू आग के खेल का जश्न-ए-आख़िर मना
कल की मासूम नस्लों के शह्रों को तू
आग की शोला-सामानियों से बचा

1. पवित्र धरती 2. तोरण, महराब, गुम्बद, मस्जिद की वो ऊँची जगह जहाँ से इमाम धर्मादेश (ख़ुत्बा) पढ़ता है 3. अन्न

ग़ज़लें

1

असीर-ए-दश्त-ए-बला[1] का न माजरा[2] कहना
तमाम पूछने वालों को बस दुआ कहना

ये कहना रात गुज़रती है अब भी आँखों में
तुम्हारी याद का क़ायम है सिलसिला, कहना

ये कहना अब भी सुलगता है जिस्म का चन्दन
तुम्हारा क़ुर्ब[3] था इक शोला-ए-हिना[4], कहना

ये कहना चाँद उतरता है बाम[5] पर अब भी
मगर नहीं वो शब-ए-माह[6] का मज़ा, कहना

ये कहना मसनद-ए-शाख़-ए-नुमू[7] पे था जो कभी
वो फूल सूरत-ए-ख़ुशबू बिखर गया, कहना

ये कहना क़रिया-ए-जाँ[8] में हैं दम-ब-ख़ुद[9] सब लोग
तमाम शह्र हुआ मक़तल-ए-नवा[10], कहना

ये कहना हसरत-ए-तामीर[11] अब भी है दिल में
बना लिया है मकाँ तो मकाँनुमा[12], कहना

---

1. आपत्तियों के जंगल का बन्दी 2. वृत्तान्त 3. सामीप्य 4. मेहँदी की लपट 5. छत 6. चाँदनी रात 7. डाली का सिंहासन 8. प्राणों का गाँव 9. मौन 10. आवाज़ का वधस्थान, 11. निर्माण की अभिलाषा, 12. मकान जैसा (आख़िरी पड़ाव नहीं)

ये कहना हमने ही तूफ़ाँ में डाल दी कश्ती
क़ुसूर अपना था दरिया को क्या बुरा कहना

ये कहना हार न मानी कभी अँधेरों से
बुझे चराग़ तो दिल को जला लिया, कहना

ये कहना तुम से बिछड़कर बिखर गया 'तश्ना'
कि जैसे हाथ से गिर जाए आईना, कहना

2

हम अह्ल-ए-इश्क[1] पे ऐसा ज़वाल[2] भी आया
कि तुझसे तर्क-ए-वफ़ा[3] का ख़याल भी आया

वो सुन के ज़िक्र मेरा ज़ेर-ए-लब[4] हँसा पहले
फिर उसके चेहरे पे रंग-ए-मलाल[5] भी आया

ये जाँनिसार[6] तेरे मह्व-ए-ज़िक्र-ए-दार[7] रहे
मैं सारे हौसले दिल के निकाल भी आया

बसा भी आया परिंदों को आशियाने में
मैं दिल के साँचे में हर ग़म को ढाल भी आया

कहा था एक नुजूमी[8] ने जिसको वस्ल[9] का साल
फ़िराक़-ए-यार[10] सलामत वो साल भी आया

थे वो मराहिल-ए-मंज़िल[11] कि बारहा तश्ना
सफ़र में तर्क-ए-सफ़र[12] का ख़याल भी आया

---

1. प्रेमी जन 2. पतन 3. प्रेम-त्याग 4. होंठों में 5. दुख का रंग 6. प्राण न्योछावर करनेवाले 7. सूली की चर्चा में तल्लीन 8. ज्योतिषी 9. मिलन 10. प्रेमिका का वियोग 11. मंज़िल की कठिनाइयाँ 12. यात्रा-त्याग

3

बीन और नागिन का रसिया हूँ प्यार की बाँबी में रहता हूँ
मुझमें तो वो ज़ह्र भरा है मैं ख़ुद को भी डस लेता हूँ

घर में आँगन भी होता था शायद मैं ये भूल चुका हूँ
आज भी ये मालूम नहीं है मैं किस-किस का हमसाया हूँ

लॉन का सब्ज़ा हरा-भरा है अन्दर से मैं सूख रहा हूँ
दिया अँधेरा बाँट रहा था मैं भी झोली भर लाया हूँ

अपनी ज़मीं पर ख़ाक उड़ाकर चाँद से मिट्टी ले आया हूँ
क़दम-क़दम जिसने लूटा था अब भी उसका दम भरता हूँ

अपने घर में आग लगाकर अपना तमाशा देख रहा हूँ
इक दुनिया को राह दिखाकर अपनी मंज़िल ढूँढ़ रहा हूँ

काश मुझे भी पढ़ती दुनिया दीवारों पर लिखा हुआ हूँ
जाने क्या-क्या याद आता है रातों को अक्सर रोता हूँ

अब तो एक सज़ा बाक़ी है उम्र-ए-मुहब्बत काट चुका हूँ
अपने ख़्वाबों के दरवाज़े कब से बन्द किए बैठा हूँ

ये पहचान बहुत है मेरी मैं हर दौर में बे-चेहरा हूँ
अपने शीशमहल पर तश्ना मैं भी पत्थर फेंक रहा हूँ

4

मेरी हर एक बात सुनो ज्ञान-ध्यान से
उतरेगी अब न कोई किताब आसमान से

पहना है जब से मैंने ये शीशे का पैरहन
डरने लगा हूँ राह की हर इक चटान से

दश्त-ए-हयात में वो कड़ी धूप थी कि बस
चुनता रहा मैं प्यास के काँटे ज़ुबान से

कमज़र्फ़ हैं ये गहरे समंदर की वुसअतें
बदला है कब हवाओं का रुख़ बादबान से

तश्कीक[1] से मिला है मुझे दर्स-ए-आगही[2]
मुझको यक़ीन-ए-ज़ात[3] हुआ है गुमान[4] से

सोने का थाल सिर पे उठाए हुए थी शाम
कुंदन लुटा रहा था कोई आसमान से

तारीकियों पे ज़र्ब[5] लगाते हुए चलो
निकलेगा एक चाँद भी रातों की कान[6] से

इंसाफ़ तोलते रहो मीज़ान-ए-अद्ल[7] पर
जाना था जिसको वो तो गया अपनी जान से

क्या-क्या न तीर आए हैं यारों के इस तरफ़
डरने लगा हूँ अपनी ग़ज़ल की उठान से

'तश्ना' बसाइए दिल-ए-ख़ानाख़राब को
वीरानियाँ भी डरती हैं ख़ाली मकान से

5

अर्सा-ए-हस्ती[8] से हम नाकामियाँ चुनते रहे
रौशनी बोते रहे तारीकियाँ चुनते रहे

लोग मोती लाए गहरे पानियों की गोद से
और हम साहिल पे बैठे सीपियाँ चुनते रहे

---

1. शंका, भ्रम 2. ज्ञान की शिक्षा 3. अस्तित्व का विश्वास 4. शंका, भ्रम 5. चोट 6. खान 7. न्याय का तराज़ू 8. जीवनकाल

ज़िन्दगी भर मसहलत-बीनी[1] रहा अपना मिज़ाज
उम्र भर अंदेशा-ए-सूद-ओ-ज़ियाँ[2] चुनते रहे

अपने अक्स-ए-ज़ात[3] को करते रहे शीराज़ा-बन्द[4]
आईनाख़ानों से हम परछाइयाँ चुनते रहे

सर फिरे दरियाओं की मौज़ों पे डाला हमने हाथ
क़ुलज़ुम-ए-हस्ती[5] से हम तुग़यानियाँ[6] चुनते रहे

हम थे और तन्हाई का दरिया-ए-नापैदा-कनार[7]
तेरी यादों की भंवर से हिचकियाँ चुनते रहे

कर दिया अह्ल-ए-हवस[8] ने दामन-ए-गुल[9] तार-तार[10]
और हम मलबूस-ए-गुल[11] की धज्जियाँ चुनते रहे

6

जब तू मुझसे बिछड़ रहा था फूट-फूट के दिल रोया था
तेरी पलकों में शबनम थी मेरी आँखों में दरिया था

तेरी ज़ुल्फ़ों में अफ़्शाँ[12] थी मेरी राह में अँधियारा था
दिल पे क़यामत टूट रही थी सब्र का दामन छूट गया था

प्यार से मेरा हाथ दबाकर तूने सीने पे रक्खा था
जलते होंटों से फिर तूने मेरे हाथ को चूम लिया था

मेरे हाथ की पुश्त[13] पे सजनी तेरे होंठों का नक्शा था
फिर मैं तुझसे रुख़्सत होकर जीवन रस्तों में तन्हा था

अनजानी सी हर मंजिल थी सूना-सूना हर रस्ता था
आज वो सब कुछ यूँ लगता है जैसे इक सपना देखा था

---

1. बुरा-भला सोचकर काम करना 2. लाभ और हानि की शंका 3. अस्तित्व का प्रतिबिम्ब 4. संघटित 5. अस्तित्व का सागर 6. बाढ़ (बहु.) 7. वह दरिया जिसका छोर न मिल सके 8. लोभी जन 9. फूल का दामन 10. धज्जी-धज्जी, 11. फूल का वस्त्र, 12. स्त्रियों के बालों अथवा गालों पर छिड़कने का सुनहला या रुपहला चूर्ण, 13. पीठ

क़ुर्ब भी सपना प्यार भी सपना सपना भी कैसा झूटा था
तेरे जिस्म के साहिल पर भी तश्ना क़र्नों[1] का प्यासा था

7

मता-ए-जाँ[2] सर-ए-बाज़ार लुटवाने को जी चाहा
उसी बे-मेह्र[3] के कूचे में फिर जाने को जी चाहा

शिकस्त-ए-दिल की ख़ामोशी गिराँ कुछ इस क़दर गुज़री
दुकान-ए-शीशागर पे संग बरसाने को जी चाहा

कहीं का भी न रक्खा तुंदी-ए-एहसास[4] ने मुझको
मेरा हर फूल के हमराह मुरझाने को जी चाहा

ये अंदोह-ए-फ़रोग़-ए-आगही[5] भी इक क़यामत है
हज़ारों बार इस जीने से मर जाने को जी चाहा

हुजूम-ए-यास[6] ने जब अश्क भी छोड़े न आँखों में
लब-ए-गुल पर हँसी बन कर बिखर जाने को जी चाहा

फ़ज़ाएँ चुप हिरासाँ[7] शह्र, गलियाँ दम-ब-ख़ुद[8] 'तश्ना'
मेरा संग-ए-सदा[9] सदा ऐसे में बरसाने को जी चाहा

8

क़ामत[10] से अपने कोई तो ऊँचा दिखाई दे
हम देखते रहे कोई हम सा दिखाई दे

सूरज के डूबने पे ये नक़्शा दिखाई दे
पेड़ों से बढ़ के पेड़ का साया दिखाई दे

---

1. क़र्न का बहुवचन, तीस से सौ वर्ष तक की अवधि का लम्बा समय, बहुत सालों से प्यासा
2. प्राणों की पूँजी 3. निर्दय 4. अनुभूति की तीव्रता 5. ज्ञान की उन्नति (ज्योति) का दुख
6. निराशा की भीड़ 7. भयभीत 8. मौन 9. आवाज़ का पत्थर 10. हैसियत, डील-डौल

पत्थर ये किसने फेंका है यादों की झील में
धुँदला सा एक अक्स लरज़ता दिखाई दे

धारा है ख़्वाहिशों ने फ़रेब-ए-नज़र[1] का रूप
रेग-ए-रवाँ[2] भी प्यास में दरिया दिखाई दे

देखी है हमने वुसअत-ए-सहरा-ए-ज़िन्दगी[3]
ज़र्रा[4] भी अपने आप में दुनिया दिखाई दे

माह-ए-तमाम[5] में हो तेरा परतव-ए-जमाल[6]
इक रोज़ तो ये चाँद भी तुझ सा दिखाई दे

तश्ना हमें ये किसने ख़ुद-आरा[7] बना दिया
हर आईने में अपना ही जलवा दिखाई दे

9

हर एक साँस पे पहरा बिठा दिया जाए
फ़ज़ा[8] में दाम-ए-समाअत[9] बिछा दिया जाए

ये हुक्म है कि मुक़फ़्फ़ल हों सारे दरवाज़े
तमाम शह्र को ज़िन्दां[10] बना दिया जाए

जो लबकुशा[11] हो कोई काट दो ज़ुबाँ उसकी
जो सिर बुलंद[12] हो वो सर झुका दिया जाए

कोई चराग़ सर-ए-शाम हो कहीं रौशन
चली है रस्म कि वो घर जला दिया जाए

---

1. दृष्टिभ्रम, नज़र का धोखे में पड़ जाना 2. हमेशा गतिमान रहने वाला रेत 3. जीवन के रेगिस्तान का विस्तार 4. कण 5. पूरा चाँद 6. सौन्दर्य की झलक 7. अपने को बना-सँवारकर रखने वाला 8. वातावरण 9. सुनने की शक्ति का जाल 10. जिसमें ताला पड़ा हो, कारागार, 11. बात करता हुआ, 12. ऊँचा

बुलाओ फिर सर-ए-मक़्तल[1] मेरे रक़ीबों[2] को
हिसाब-ए-क़र्ज़-ए-रफ़ीकाँ[3] चुका दिया जाए

जो रहज़नों से बचा लाए थे वो नक़्द-ए-हयात[4]
बनाम क़रिया-ए-याराँ[5] लुटा दिया जाए

शरर[6] की आग से पिघला न पत्थरों का वुजूद[7]
ग़ुरूर-ए-संग[8] को तश्ना मिटा दिया जाए।

10

सफ़र में राह के आशोब[9] से न डर जाना
मिले जो आग का दरिया तो पार कर जाना

ये इक इशारा है आफ़ात-ए-नागहानी[10] का
किसी जगह से परिंदों का कूच कर जाना

ये इंतिक़ाम[11] है, दश्त-ए-बला[12] से बादल का
समंदरों पे बरसते हुए गुज़र जाना

तुम्हारा क़ुर्ब[13] भी दूरी का इस्तिआरा[14] है
कि जैसे चाँद का तालाब में उतर जाना

---

1. वधस्थान में 2. रक़ीब यानी प्रेम में प्रतिद्वंद्वी। जो हमारे माशूक़ को प्यार करे वो हमारा रक़ीब। परम्परागत उर्दू कविता में रक़ीब को हरीफ़, मुद्दई, ग़ैर, अदू और दुश्मन कहा गया है। आशिक़, प्रेम-प्यार की बातचीत में अक्सर माशूक़ को यह जताने की कोशिश करता है कि देखो, डार्लिंग, रक़ीब लम्पट है, काम-विलासी है, रस पी कर उड़ जाने वाला भँवरा है। उर्दू की सैकड़ों ग़ज़लों में इस तरह की तानेबाज़ी देखने को मिलती है कि तुम मेरे सच्चे प्रेम की क़द्र करना तो दूर, उल्टे उस हवस-परस्त और चिकनी-चुपड़ी बातें करने वाले लुच्चे को शह देते रहते हो। आधुनिक उर्दू शाायरी में फ़ैज अहमद फ़ैज़ ने रक़ीब को विलेन की बजाय साथी और दोस्त मान कर उसकी बिगड़ी छवि सँवारने की कोशिश की है 3. दोस्तों का क़र्ज का हिसाब 4. प्राणधन 5. माशूक़ों की बस्ती के नाम 6. चिंगारी 7. अस्तित्व 8. पत्थर का घमंड 9. हलचल, विप्लव 10. आकस्मिक विपदाएँ 11. दुश्मनी चुकाना, बदला लेना 12. भयानक जंगल 13. सामीप्य, नज़दीकी 14. रूपक

अजब हैं रज़्म-गह-ए-ज़िंदगी[1] के ये अन्दाज़
उसी ने वार किया जिसने बे-सिपर[2] जाना

हम अपने इश्क़ की अब और क्या शहादत[3] दें
हमें हमारे रक़ीबों ने मोतबर[4] जाना

मेरे यक़ीं को बड़ा बदगुमान कर के गया
दुआ-ए-नीम-शबी[5] तेरा बेअसर[6] जाना

हर एक शाख़ को पहना गया नुमू[7] का लिबास
सफ़ीर-ए-मौसम-ए-गुल[8] का शजर-शजर[9] जाना

हमारे दम से ही आवारगी-ए-शब[10] थी हमें
अजीब लगता है अब शाम ही से घर जाना

ज़माना बीत गया तर्क-ए-इश्क़[11] को 'तश्ना'
मगर गया न हमारा इधर-उधर जाना

11

जिधर भी देखता हूँ, इक तहय्युर[12] है, तमाशा है
ख़ुदाया किससे पूछूँ, आईने के उस तरफ़ क्या है

सुना है क़रिया-ए-जाँ से है आगे कूचा-ए-जानाँ
मगर ये रास्ता आशोब-ए-जाँ[13] से हो के जाता है

---

1. जीवन का युद्धक्षेत्र 2. बिना ढाल के 3. गवाही 4. विश्वस्त 5. आधी रात को की गई प्रार्थना 6. निष्फल 7. उगना 8. वसन्त का दूत 9. पेड़ 10. रातों को बेकार इधर-उधर फिरना 11. प्रेम-त्याग 12. अचम्भा, विस्मय 13. प्राणों की उथल-पुथल

तुम अपने दिल दिल वीरानी से आँखें मत बुझा लेना
दरीचे[1] हों अगर रौशन तो घर आबाद लगता है

तनाब-ए-ख़ेमा-ए-जाँ[2] खेंच लें सब क़ाफ़िले वाले
सुकूत-ए-शब[3] ये कहता है कि फिर तूफ़ाँ का ख़तरा है

अभी तो रास्तों की तुझ से होनी है हिनाबंदी[4]
अभी ऐ आबलापाई तुझे काँटों पे चलना है

ग़ुबार-ए-राह[5] क्या हम तो थकन भी छोड़ आए हैं
हमें आता है तकमील-ए-सफ़र[6] का जो क़रीना[7] है

हमें साहिल पे रक्खो या सर-ए-गिर्दाब[8] छोड़ आओ
ये कश्ती भी तुम्हारी है, ये दरिया भी तुम्हारा है

हमीं इक सोख़्ता-सामाँ[9] नहीं, तन्हाई-ए-शब में
चराग़-ए-आख़िर-ए-शब[10] भी हमारे साथ जलता है

किताबों का लिखा तो उम्र भर तुम ने पढ़ा तश्ना
ज़रा वो भी तो पढ़ लेते जो दीवारों पे लिक्खा है

12

हर्फ़-ए-इज़हार[11] हूँ मैं दिल में उतर जाऊँगा
सूरत-ए-रंग-ए-हया[12] रुख़[13] पे बिखर जाऊँगा

तू मुझे ढूँढ़ता रह जाएगा मंज़िल-मंज़िल
मैं तो झोंका हूँ दबे पाँव गुज़र जाऊँगा

डूब जाऊँगा मैं लम्हों के समंदर में तो क्या
क़ुलज़ुम-ए-वक़्त[14] को पायाब[15] तो कर जाऊँगा

---

1. खिड़की (बहु.) 2. प्राणों के तम्बू की रस्सी 3. रात का सन्नाटा 4. मेहँदी लगाना 5. रास्ते की धूल 6. यात्रा की पूर्ति 7. ढंग 8. भँवर में 9. जलने वाला 10. निशांत का दिया 11. अभिव्यक्ति का अक्षर, 12. लज्जा के रंग की तरह 13. मुख 14. समय का सागर 15. उथला, जो गहरा न हो

ये मुसाफ़त[1] के कड़े कोस ये राहों का अज़ाब[2]
दश्त-ए-बेसाया[3] के आशोब[4] से मर जाऊँगा

ले उड़ेगा मुझे फिर कोई हवा का झोंका
मौजा-ए-रेग-ए-रवाँ[5] बन के बिखर जाऊँगा

ऐ सुकूत-ए-शब-ए-ग़म[6] क़ोई सदा[7] हलकी सी
मैं तो सन्नाटों की इस गूँज से मर जाऊँगा

कल के ख़्वाबों की हैं किरचें मेरी आँखों में अभी
नींद के ज़ख़्म भरेंगे तो मैं घर जाऊँगा

शब की आँखों से हूँ टपका हुआ आँसू तश्ना
मैं किसी फूल से आरिज़[8] पे ठहर जाऊँगा

13

घर की जंग गली में लड़ना अच्छी बात नहीं
देखो दीवारों पर लिखना अच्छी बात नहीं

ये तो पतझड़ के मौसम की एक अलामत है
पेड़ों से पत्तों का गिरना अच्छी बात नहीं

कोई तो रस्ता तय हो जाए कोई तो मंज़िल ठहरे
सदा हवा के रुख़ पर चलना अच्छी बात नहीं

इश्क़ में आँसू पी लेना भी एक रिवायत है
हाल-ए-ग़म-ए-दिल सबसे कहना अच्छी बात नहीं

जंग में होगा लाख ये जायज़ लेकिन इश्क़ में तो
आगे बढ़कर पीछे हटना अच्छी बात नहीं

---

1. यात्रा 2. यातना 3. वह जंगल जहाँ साया न हो 4. विप्लव, उथल-पुथल 5. हमेशा उड़ती रहने वाली रेत की लहर या झोंका 6. दुख की रात का सन्नाटा 7. आवाज़ 8. कपोल

इश्क़ में 'तश्ना', तुम पर सौ इलज़ाम भी आएँगे
देखो रुसवाई से डरना अच्छी बात नहीं

14

ठहरे हुए तूफ़ान का मंज़र नहीं देखा
देखो मुझे गर तुमने समंदर नहीं देखा

गुज़रा हुआ लम्हा था कि बहता हुआ दरिया
फिर मेरी तरफ़ उसने पलट कर नहीं देखा

नफ़रत भी उसी से है, परस्तिश भी उसी की
इस दिल सा कोई हमने तो क़ाफिर नहीं देखा

इक दश्त मिला कूचा-ए-जानाँ से निकल कर
हमने तो कभी इश्क़ को बे-घर नहीं देखा

थे संग[1] तो बेताब बहुत नक़्शगरी[2] को
हमने ही उन्हें आँख उठा कर नहीं देखा

ख़्वाहिश को यहाँ हस्ब-ए-ज़रूरत[3] नहीं पाया
हासिल[4] को यहाँ हस्ब-ए-मुक़द्दर[5] नहीं देखा

इक बार जिसे देख लिया प्यार से तुमने
फिर उसका क़दम हमने ज़मीं पर नहीं देखा

क्या डूबने वाले पे गुज़रती है क़यामत
तुमने तो ये साहिल से भी मंज़र नहीं देखा

इक उम्र से है जो मेरी वहशत का ठिकाना
ख़ुशियों की तरह तूने भी वो घर नहीं देखा

---

1. पत्थर 2. चित्रकारी 3. ज़रूरत के अनुसार 4. उपलब्ध 5. भाग्य के अनुसार

क्या हो गए हम इश्क़ में, उसको भी ख़बर हो
क्यों हमसे ज़माने ने उलझकर नहीं देखा

दावा तो बहुत उसने किया हमसफ़री का
दो गाम[1] मगर साथ निभाकर नहीं देखा

हर हाल में देखा है उसे ज़ब्त का पैकर[2]
'तश्ना' को कभी ज़र्फ़[3] से बाहर नहीं देखा

15

सारी दुनिया से पनाहें माँगता रह जाएगा
बेयक़ीं मत हो कि तू बेआसरा रह जाएगा

दश्त की इस धूप में जल जाएगा तेरा वुजूद
तेरे क़दमों पर तेरा साया पड़ा रह जाएगा

कारवाँ तो ख़ैर क्या देखेगा मुड़ कर तेरी सम्त
तू ग़ुबार-ए-कारवाँ को देखता रह जाएगा

इक हुजूम-ए-अक्स होगा आईना-दर-आईना
अपने चेहरे को भी तू पहचानता रह जाएगा

नोक-ए-मिज़गा[4], तार-ए-जाँ[5] पर लाख मिज़राबी[6] करे
फिर भी हुस्न-ओ-इश्क़ में इक फ़ासला रह जाएगा

भूल जाएँगे ये सारी अंजुमन-आराइयाँ
याद बस अपने ही घर का रास्ता रह जाएगा

वो तो ख़ुशबू का हयूला[7] है, सर-ए-दोश-ए-हवा[8]
तू उसे महसूस ही करता हुआ रह जाएगा

---

1. पग 2. सहनशीलता की आकृति 3. सहशीलता 4. पलक की नोक 5. प्राणों का तार 6. मिज़राब तारों से बना एक वाद्य-यंत्र है। इसे गिटार की तरह उँगली में पहने छल्ले से बजाया जाता है। कवि ने मिज़राब से क्रिया बनाई है : मिज़राबी 7. प्रतीति, आकृति का आभास 8. हवा के कन्धों पर

हर क़दम पर काम आएगी अना की रौशनी
आँधियों के दरमियाँ बस ये दिया रह जाएगा

'तश्ना' अब वो तेरी आवारा शबी के दिन गए
जाने किस-किस घर का दरवाज़ा खुला रह जाएगा

16

ख़ुश्क पत्ते जो बहारों में शजर पर रह जाएँ
फूल अंजाम-ए-नुमू[1] देखें तो डर कर रह जाएँ

आप ये शमला-ओ-दस्तार[2] सँभालें न बहुत
आफ़ियत[3] जानिए, शानों पे अगर सर रह जाएँ

कार-ए-आसाँ[4] नहीं कुछ राह-ए-वफ़ा पर चलना
जान प्यारी है जिन्हें शौक़ से घर पर रह जाएँ

हमने इस ख़ौफ़ से देखा नहीं पीछे मुड़कर
सह्‌-ए-आवाज़ से पत्थर ही न बनकर रह जाएँ

उनसे पूछो किसे मंज़िल का अलम[5] कहते हैं
जो सर-ए-साया-ए-दीवार पहुँचकर रह जाएँ

अह्द-ए-कोताह-क़दाँ[6] में ये ग़नीमत है बहुत
हम अगर अपने ही क़ामत[7] के बराबर रह जाएँ

इतनी बढ़ जाए न 'तश्ना' कहीं वीरानी-ए-शह्र
सर न बाक़ी रहें और हाथ में पत्थर रह जाएँ

---

1. उगने का परिणाम 2. पगड़ी का सिरा जो पीछे लटकता है और पगड़ी 3. सुख, चैन 4. आसान काम 5. दुख 6. छोटे क़द वालों का युग 7. हैसियत, डील-डौल

17

शिकस्त-ए-शीशा-ए-दिल की सदा हूँ
मैं ख़ुद भी ख़ुद को सुनना चाहता हूँ

नहीं मेरे लिए क्या और कोई
उसी का रास्ता क्यों देखता हूँ

उसी साहिल पे डूबूँगा जहाँ से
समंदर का तमाशा कर रहा हूँ

चराग़-ए-शोला-सर हूँ और हवा में
सर-ए-दीवार-ए-जाँ रक्खा हुआ हूँ

गुज़रना है जिसे सहरा से होकर
मैं उस दरिया के दुख से आशना हूँ

विसाल-ए-यार की ख़्वाहिश में अक्सर
चराग़-ए-शाम से पहले जला हूँ

ग़ुनूदा[1] साअतों[2] की शब है 'तश्ना'
तवाफ़-ए-आरिज़-ओ-लब[3] कर रहा हूँ

18

बिकने आए तो हर इक शख़्स ख़रीदार लगा
शह्र का शह्र हमें मिस्त्र का बाज़ार[4] लगा

हम तो यूसुफ़[5] थे सो दामन की गवाही लाए
हम को मुंसिफ़ भी ज़ुलेख़ा[6] का तरफ़दार लगा

---

1. ऊँघती हुई 2. पल (बहु.) 3. कपोल और होंठ की परिक्रमा 4-6. हज़रत युसूफ़ के पिता हज़रत याक़ूब की दो पत्नियाँ थीं। एक से उन्हें दस और दूसरी से दो बेटे हुए। इन दो में से दूसरे →

दश्त-ए-ग़ुरबत में खुला शिद्दत-ए-एहसास[1] का रंग
अपना साया भी हमें साया-ए-दीवार लगा

आए थे कूचा-ए-जानाँ का तमाशा करने
मुफ़्त में जान को ये इश्क़ का आज़ार[2] लगा

क्या असीरी[3] का करें ग़म कि हमें तो 'तश्ना'
जो न था पा-ब-रसन[4] वो भी गिरिफ़्तार लगा

→ का नाम यूसुफ़ था। यूसुफ़ इतने ख़ूबसूरत थे कि उनके सौतेले भाइयों ने जलन के मारे यूसुफ़ को एक अन्धे कुएँ में फेंक दिया। लेकिन जाको राखे साइयाँ मार सके न कोय। सौदागरों का एक कारवाँ कुएँ के पास से निकला। उन्होंने यूसुफ़ की आवाज़ सुनकर उन्हें बाहर निकाला। उनका डील-डौल देखकर सोचा कि इसे ग़ुलाम बना कर बाज़ार में बेचें तो अच्छा दाम मिलेगा। यूसुफ़ मिस्र के बाज़ार में बिके। उन्हें बतौर ग़ुलाम ख़रीदा मिस्र के सबसे आला अफ़सर अज़ीज़े-मिस्र फ़ोतीफ़ार ने। फ़ोतीफ़ार यूसुफ़ को ले कर घर पहुँचा तो उसकी अपनी बीवी ज़ुलैख़ा यूसुफ़ को देखते ही मर मिटी। ज़ुलैख़ा ख़ुद भी कम सुन्दर न थी। लेकिन एक शादीशुदा औरत थी और फिर मिस्र के सबसे आला अफ़सर की बीवी। उसकी एक अदना ग़ुलाम पर आसक्ति कब तक छुपती। धीरे-धीरे चारों तरफ़ बात फैली। लोग मज़ाक़ उड़ाने लगे। कहते हैं कि एक दिन ज़ुलैख़ा ने अपनी सहेलियों को दावत दी। दस्तरख़्वान बिछा कर खाना शुरू करने से पहले उसने शह्र की इन प्रतिष्ठित महिलाओं के हाथों में एक नीबू और एक छुरी थमा कर कहा कि खाना शुरू न करो, ठहर जाओ। अभी एक शख़्स आएगा। मैं चाहती हूँ कि वो आ जाए तो तुम लोग ये नीबू काट दो। दरवाज़ा खुला। यूसुफ़ अन्दर आए और उनका अप्रतिम सौन्दर्य देखकर तमाम औरतें ऐसी मंत्र-मुग्ध हुईं कि नीबू काटने के बजाय छुरी से अपनी उँगलियाँ काट बैठीं। कहते हैं कि इस घटना के बाद शाही औरतों ने ज़ुलैख़ा का मज़ाक़ उड़ाना तो बन्द कर दिया लेकिन यूसुफ़ अभी तक उस पर मेहरबान न हुए थे। आख़िर एक दिन ज़ुलैख़ा ने यूसुफ़ को किसी काम के बहाने कमरे में बुलाया। वे आए तो दरवाज़ा बन्द कर दिया। प्रणय-निवेदन करने लगी। लेकिन यूसुफ़ धर्मभीरु, मर्यादा-पुरुषोत्तम थे। वे कामवासना के चक्कर में नैतिक सीमाओं का उल्लंघन करना घोर पाप समझते थे। ज़ुलैखा को ठुकरा दिया। पर ज़ुलैखा वासना से अन्धी हो रही थी, अड़ी रही। यूसुफ़ किसी तरह कमरा खोलकर बाहर आए। यूसुफ़ किसी तरह आगे-आगे, ज़ुलैख़ा पीछे-पीछे दौड़ रही थी। ज़ुलैख़ा उन्हें पकड़ तो न पाई लेकिन जाते-जाते यूसुफ़ के कुरते का एक टुकड़ा फट कर उसकी मुट्ठी में रह गया। अब तक ये माजरा और लोगों ने भी देख लिया था। सो अपनी नाक ऊँची रखने के लिए ज़ुलैख़ा ने इलज़ाम लगाया कि यूसुफ़ उसे अपवित्र करना चाहते थे। ज़ुलैख़ा के शौहर फ़ोतीफ़ार ने यूसुफ़ को क़ैद में डाल दिया। अनेक यंत्रणाएँ दीं। लेकिन तेजस्वी यूसुफ़ की पवित्रता सिद्ध हो कर रही। वे निर्दोष ठहराए गए। जेल से छूटे तो मिस्र के बादशाह फ़िरऔन ने उनका सच्चरित्र देखते हुए उन्हें अपनी सरकार में रख लिया। यूसुफ़, एक के बाद एक पद लाँघते हुए, अज़ीज़-ए-मिस्र बने। उर्दू कविता में ज़ुलैख़ा उत्कट प्रेम का प्रतीक है और यूसुफ़ निष्कलंक सौन्दर्य एवं संयम के रूपक 1. अनुभूति की तीव्रता 2. रोग 3. क़ैद, पाँव रस्सी से बँधे हुए 4. गुण

19

कब इश्क़ की बातों के बनाने से खुला है
वो मुझसे किसी और बहाने से खुला है

मुद्दत से मुक़द्दर की तरह बन्द पड़ा था
रस्ता मेरे घर का तेरे आने से खुला है

हमसाए के आँगन की तरह है मेरा आँगन
ये बीच की दीवार गिराने से खुला है

सब बर्फ़ के पैकर हैं पिघलने के लिए हैं
ये मुझ पे भरी धूप में आने से खुला है

पानी में भी इक आग लगाने की सिफ़त[1] है
बारिश में तेरे साथ नहाने से खुला है

इज़हार-ए-मुहब्बत का सितम देख लो 'तश्ना'
वो बन्द है तुम पर जो ज़माने से खुला है

20

मयख़्वारों को मयख़ाने की याद दिलाते रहना
तश्नालबी[2] का सालाना तेवहार[3] मनाते रहना

कुछ तो उन्हें भी मिल जाए आसूदगी-ए-शोरीदा-सरी[4]
अह्ल-ए-जुनूँ के रस्ते में दीवार उठाते रहना

रौशनियों का अलम[5] उठाना शब-आसार[6] फ़ज़ाओं में
तेज़ हवाओं के रुख़ पर इक दिया जलाते रहना

---

1. गुण 2. प्यास 3. त्योहार 4. पागलपन का संतोष (तृप्ति) 5. झंडा 6. अँधेरी रात जैसी

अपने आप से बातें करना साहिल और समंदर की
गीली रेत पे नक़्श बनाना और मिटाते रहना

तुमसे मिलकर जीने के इमकान[1] दिखाई देते हैं
देखना हमसे मिलते रहना, आते-जाते रहना

हर इक गाम पे लुट जाने को ख़ौफ़ सा दिल में रहता है
कठिन सफ़र है जागते रहना और जगाते रहना

क़ौल-ओ-क़रार पे रखना हम को कर के रोज़ नया वादा
ताबीरों[2] की बात न करना ख़्वाब दिखाते रहना

अच्छी ग़ज़लें कहते रहना जिगर लहू कर के
बज़्मे-सुख़न[3] में तश्ना अपना रंग जमाते रहना

---

1. सम्भावना 2. स्वप्नफल 3. काव्य गोष्ठी

ताजदार आदिल

ताजदार आदिल 17 जुलाई, 1955 को हैदराबाद सिंध में पैदा हुए। ताजदार आदिल धुरंधर कवि सबा अकबराबादी के बेटे हैं। कराची यूनिवर्सिटी से बी.ए. ऑनर्स और एम.ए. किया। पाकिस्तान टेलीविज़न, कराची में प्रोड्यूसर।

ताजदार आदिल अपने संग्रह 'मात होने तक' में 'दलील' के शीर्षक से लिखते हैं : आज का दौर दावे का है दलील का नहीं। लेकिन मेरे वालिद जनाब सबा अकबराबादी का कहना है कि दलील अपना दावा ख़ुद तलाश करती है। मुझसे ग़लती हुई और मैंने ज़माने की बात रद करके अपने वालिद की बात मान ली और इसीलिए मेरी शायरी मेरी दलील है और मेरे पास कोई दावा नहीं। शायरी मेरा मिज़ाज है और मुहब्बत मेरा ख़मीर और मेरा रास्ता मेरे जज़्बे ने इस तरह तराशा है कि उसकी कोई हद मेरे सामने नहीं। बचपन के उन लम्हों से, जब सारी दुनिया ख़्वाब की तरह नज़र आती है और हर बात हैरत-अंगेज़ लगती है, मुझे उस रास्ते पर चलने की ख़्वाहिश रही जिस पर मैंने अपने वालिद को चलते देखा और मेरी तबियत-गाह मेरा घर है जहाँ से मुझे सच्चाई की, ख़ैर की, नेकी की, सुलूक की, चराग़ की बनने की, रौशनी की तरह फैलने की और मुहब्बत करने की शिक्षा मिली। जहाँ ऐसे शेर लिखे गए :

दिल-ए-काफ़िर ख़ुदा का मुनकिर[1] था
तुम को देखा तो एतिबार किया (सबा अकबराबादी)

और जब मैंने ये शेर पढ़ा कि

और क्या चीज़ है जन्नत में उजाले के लिए
रौशन उसमें भी चराग़-ए-दिल-इंसाँ होगा (सबा अकबराबादी)

तो मैंने इंसान की अज़मत[2] को समझा और उससे मुहब्बत करने लगा। तिलिस्म-ए-इश्क़ को समझने की कोशिश करता रहा। मुहब्बत की ख़्वाहिशों

---

1. न मानने वाला, नास्तिक 2. महानता 3. वृत्तान्त

और ख़ुशबुओं को गिरिफ़्त में लाने की ये ऐसी ही सरगुज़श्त[3] है जिसे बयान करने के लिए ख़्वाब हमेशा रौशन रहेंगे और लफ़्ज़ सितारों की तरह जगमगाते रहेंगे। लफ़्ज़ जो मानी के सफ़ीर[1] होते हैं और जो हमारी ख़्वाहिशों की हर परत खोल देते हैं। मैंने अपने घर के दर-ओ-दीवार में इन लफ़्ज़ों के बारे में भी बहुत कुछ सुना है और जब एक दिन ये शेर गूँजा कि :

ख़ुदा नसीब करे एहतिराम[2] लफ़्ज़ों का
अदब[3] से काम लिया जा सके अदब[4] की तरह

(सबा अकबराबादी)

तो मेरा दिल चाहा कि अपने वालिद की इस आवाज़ में मेरी आवाज़ भी शामिल हो जाए।

ताजदर आदिल की ग़ज़लें पढ़कर यूँ महसूस होता है कि उर्दू शायरी की बहुत-सी नई और पुरानी तरक़ीबें एक अनोखी आवाज़ को जन्म दे रही हैं। इस आवाज़ में समाज से टकराते हुए इश्क़ का नया शऊर[5] भी है और ज़िन्दगी की सच्चाइयों को फ़लसफ़े की कसौटी पर परखकर देखने की आत्मघाती आवृत्ति का आवेश भी। ताजदार आदिल की शायरी को कोई बहुत ज़्यादा वक़्त नहीं गुजरा, लेकिन उसे पढ़ते वक़्त कभी-कभी ऐसा लगता है कि वो इतने कम सालों में ही (मुशफ़िक़ ख़्वाजा के शब्दों में) उस मुक़ाम पर पहुँच गया है जहाँ गुज़रे हुए मौसमों की याद, आने वाले मौसमों के इन्तज़ार में ढल जाती है। ये मौसम ताजदर आदिल पर ही नहीं, उन सब लोगों पर गुज़रते हैं जो मात होने के बाद भी टूटते नहीं। 'मात होने तक' में इन्हीं मौसमों का अक्स है।

कृति : मात होने तक (ग़ज़लों का संग्रह, 1982)

---

1. दूत 2. सम्मान 3. सत्कार 4. साहित्य 5. विवेक

ग़ज़लें

1

ज़ख़्म कब था कि दर्द उठा है अब
उसके जाने का दुख हुआ है अब

मेरी आँखों में ख़्वाब है जिसका
उसकी आँखों में रतजगा है अब

सुनते आते हैं क़ाफ़िला दिल का
रहगुज़र में कहीं रुका है अब

वो जो पत्थर का था मुसाफ़िर, वो
शह्र-ए-अफ़्सूँ[1] से आ गया है अब

जो मेरी ख़्वाहिशों की मंज़िल थी
उसके आने का रास्ता है अब

जिसको ढूँढ़ा था मैंने हर जानिब
मेरे दिल में कहीं छुपा है अब

कितने ख़्वाबों में रंग उसके हैं
कितनी आँखों से देखता है अब

कितने मौसम है सिर्फ़ उसके लिए
कितने चेहरों पे वो सजा है अब

1. जादुई शहर

कितनी बातों में उसकी बातें हैं
कितने लहजों[1] में बोलता है अब

जो तेरे शह्र ले के आता था
रुख़ वो दरिया बदल रहा है अब

आओ दस्तक ही दे के देखें तो
वही दरवाज़ा फिर खुला है अब

इस हवाले से ज़िंदगी मेरी
घने जंगल का सिलसिला है अब

एक दीवाना अपनी वहशत में
बात कहने की कह गया है अब

2

हादसा रोज़ नया, वाक़िया था रोज़ वही
ज़ख़्म हर लम्हा नए, दर्द मिला रोज़ वही

वही इक वस्ल की ख़्वाहिश के लिए हिज्र की शाम
वहशत-ए-जाँ[2] के लिए हर्फ़-ए-दुआ[3] रोज़ वही

वही इक शख़्स की ख़ातिर नई बस्ती का पता
शक्लें हर रोज़ नई, राह-ए-वफ़ा[4] रोज़ वही

हर नये रोज़ नई तरह से ज़िन्दा रहना
वहशतें रोज़ नई दर्द-ओ-दवा रोज़ वही

वही हर शाम समंदर के किनारे तन्हा
और सन्नाटे में पानी की सदा रोज़ वही

---

1. बात करने का ढंग (tone) 2. प्राणों का भय या उन्माद 3. प्रार्थना का अक्षर 4. प्रेम की डगर

वही दीवानगी-ए-दिल के लिए एक सफ़र
क़ाफ़िला रोज़ नया, आबला-पा[1] रोज़ वही

रोज़ जलने के लिए बुझता रहा एक दिया
और इक सम्त से आती थी हवा रोज़ वही

आँख से ख़्वाब तलक वही रस्ता-ए-जाँ
कोशिशें रोज़ वही फ़ासला था रोज़ वही

दश्त है आग का और वही रस्ता 'आदिल'
बाग़ में याद का है फूल नया रोज़ वही

3

ज़ख़्म लिक्खूँ कि माजरा लिक्खूँ
याद आया है वो तो क्या लिक्खूँ

हौसला ज़िंदगी का क्या लिक्खूँ
भूल जाने का मरहला लिक्खूँ

शिद्दत-ए-इश्क़ का तक़ाज़ा है
क़ुर्बतों को भी फ़ासला रक्खूँ

उसकी हमराही को बयान करूँ
या किसी ख़ाक से हवा लिक्खूँ

दिल की ख़्वाहिश है उसके चेहरे पर
अपनी तन्हाई की दुआ लिक्खूँ

इक दिये की मुज़ाहिमत[2] देखूँ
या हवाओं का फ़ैसला लिक्खूँ

---

1. जिसके पाँव में छाले हों 2. प्रतिरोध, रोकने की कोशिश

ख़्वाहिशों के हुजूम को आदिल
उसके रास्ते का क़ाफ़िला लिक्खूँ

4

वफ़ा सरिश्त[1] है मेरी कहा न करता था
ये फ़ैसला मेरे हक़ में हुआ न करता था

बहुत दिनों से मेरे घर पे रोज़ आता है
बुलाते रहते थे जिसको सुना न करता था

यक़ीं नहीं है कि मजबूर हो गया वो भी
ख़ुदा-परस्त[2] था ऐसा दुआ न करता था

हज़ार आँखों पे ख़्वाबों ने दस्तकें दी थीं
मगर वो हाल था दिल का खुला न करता था

बहुत कमाल थे उसमें और एक ये भी था
कि इक मुक़ाम से आगे वफ़ा न करता था

5

हर इक की राह में जलता नहीं है
चराग़-ए-इश्क़ है शोला नहीं है

मेरी तन्हाई ने मुझसे कहा था
जो अपने साथ है तन्हा नहीं है

सितारे की तरह चमका था लेकिन
वो आँसू आँख में फैला नहीं है

मैं अब तक उसको भूला भी नहीं हूँ
मगर वो याद भी आता नहीं है

---

1. प्रकृति, स्वभाव 2. ईश्वर का उपासक

दरीचे में है दिल के जिसकी ख़ुशबू
वो अब तक पास से गुज़रा नहीं है

बग़ैर-ए-ज़िंदगी हैं लोग ज़िंदा
वो अब तक बात ये समझा नहीं है

बहुत सी ठोकरें खाई हैं लेकिन
कोई पत्थर अभी टूटा नहीं है

उसे ज़ाहिर हुआ है साथ चलकर
कहाँ तक धूप है साया नहीं है

6

ये दर्द वो है कि जिसका नसब[1] नहीं कोई
उदास हूँ तो बहुत हूँ सबब नहीं कोई

वो जिसमें यादों के रौशन चराग़ जलते हैं
बहुत-सी रातें हैं लेकिन वो शब नहीं कोई

गवाह था जो हमारी-तुम्हारी चाहत का
शजर वो अब भी वहाँ है और अब नहीं कोई

इसी उम्मीद पे रौशन है ख़्वाहिशों का नगर
जो आ भी जाए पलट कर अजब नहीं कोई

उसे सुना है कि अब ज़िंदगी मुबारक है
हमें भी सारे जहाँ से तलब नहीं कोई

7

सैर कहाँ की क्या-क्या देखा जो भी बीता हाल लिखो
कैसे गुज़रा साल तुम्हारा हमको सब अहवाल लिखो

---

1. कुल, वंश

पहले-पहल जब मुल्क छुटा और देस नया इक देखा था
किसको सोचा याद किया, क्या-क्या आए ख़याल लिखो

क्या याद हमारी आई थी या भूल गए हर अह्द-ए-वफ़ा
वक़्त ने कुछ बाक़ी भी रखा या हो गया सब पामाल लिखो

बातें उसने कैसी की थीं कितना अच्छा तुमको लगा वो
मुझ सा, बेहतर, कैसा पाया उसकी कोई मिसाल लिखो

ज़ख़्म जो तुमने हमको दिए थे सब हैं ताज़ा वैसे ही
हाल तुम्हारा अब है कैसा दिल की ख़लिश का हाल लिखो

8

हवा जो आई अभी रास्ता दिखा देगी
मैं बर्ग-ए-राह[1] हूँ उससे मुझे मिला देगी

दिखा दिए हैं किसी आँख ने ये ख़्वाब हमें
कभी वो आँख हर इक पाप से जगा देगी

अजीब लड़की है वो तितलियों की ख़्वाहिश में
जो तितली हाथ में आई उसे उड़ा देगी

इस एक रात ने मुझको भी वहशतें बख़्शीं
ये रात उसको भी आवारगी सिखा देगी

चराग़-ए-हिज्र[2] जलाया तो क्या ख़बर थी हमें
दिये की लौ से तेरी रौशनी सदा[3] देगी

दुआ है उस पे नई बस्तियाँ कुशादा[4] हों
कभी कहीं मेरी तन्हाई भी बसा देगी

जो अब्र फैल रहा है वो सब पे बरसेगा
कि माँ किसी की हो हर हाल में दुआ देगी

1. रास्ते में पड़ा पत्ता 2. विरह का दिया 3. आवाज़, पुकार 4. फैली हुई

9

तमाम शह्र में हँसने को इक बहाना हुए
जो संग हम पे उठाते थे ख़ुद निशाना हुए

वो सामने भी जब आया तो हम न पहचाने
बहुत से उससे तआरुफ़[1] भी ग़ायबाना[2] हुए

ज़रा यूँही तुझे छूते हुए गुज़र जाते
ये रंज है कि तेरें शह्र की हवा न हुए

तेरी ज़ुबाँ पे जो आया था हम वो नाम न थे
तेरे लबों से जो उट्ठी थी वो दुआ न हुए

हमें भी काश ज़माने में तू लुटा देता
जो तेरे हाथों से बटती थी वो अता[3] न हुए

10

इक तलातुम[4] में हूँ मैं, शोरिश[5] में हूँ, चक्कर में हूँ
रक़्स करता हूँ मगर तर्शे हुए पत्थर में हूँ

मेरे अन्दर दो सफ़ें[6] है सिर्फ़ तेरे वास्ते
रोज़ लड़ता है जो ख़ुद से मैं उसी लश्कर में हूँ

मेरा मालिक भी मेरी क़ीमत से ख़ुद वाक़िफ़ नहीं
इक ख़ज़ाना हो के मैं टूटे हुए छप्पर में हूँ

मेरे साथी ढूँढ़ते हैं मुझको, मैं मिलता नहीं
और तेरे वास्ते मैं फूल में, पत्थर में हूँ

जो तेरी है रहगुज़र उस रास्ते का फूल हूँ
जो पसंद आँखें करें तेरी उसी मंज़र में हूँ

---

1. परिचय 2. अनुपस्थिति में, पीठ-पीछे 3. दान, बख़्शिश 4. बाढ़ 5. उन्माद 6. युद्ध के लिए दो दल

ख़ुद ही मंज़िल, ख़ुद ही रस्ता, ख़ुद ही ख़्वाहिश, ख़ुद उम्मीद
उससे यूँ बिछड़ा हूँ जैसे अर्सा-ए-महशर[1] में हूँ

तुम जहाँ भी जाओगे तुमको नज़र आऊँगा मैं
ख़्वाहिश-ए-रौशन[2] की सूरत अब मैं दुनिया भर में हूँ

ख़ाक -ए-जौलाँ[3] की तरह है हर तरफ़ तेरी तलाश
तू बहार-ए-गुल है मैं बर्ग-ए-ख़िज़ाँ-पैकर[4] में हूँ

11

उसकी यादों का सिलसिला होगा
इस कहानी में और क्या होगा

जब बिछड़ कर भी वो ख़मोश रहा
घर पहुँच कर तो रो दिया होगा

ख़ुद को समझा लिया है मैंने, मगर
क्या वो ख़ुद भी बदल गया होगा

इतना आसाँ न था मुझे खोना
उसने ख़ुद को गँवा दिया होगा

मुझको वीरान कर दिया जिसने
कहीं आबाद तो हुआ होगा

सोचता हूँ जो मुझको चाहता था
याद मुझको वो कर रहा होगा

12

अगर वो हिज्र-मिज़ाजों से मिल गया होता
तो एक नींद की ख़ातिर न रतजगा होता

---

1. महाप्रलय का मैदान, जहाँ सब मुर्दे इकट्ठे होंगे और कोई किसी को नहीं पहचानेगा
2. प्रकाशमान इच्छा 3. उड़ती हुई धूल 4. पतझड़ के पत्ते की आकृति, रूप, शरीर

हुजूम-ए-दीदा-वराँ[1] पर जो वो नज़र पड़ती
तमाम चेहरों का आईना बन गया होता

हवा के साथ चराग़ों की दोस्ती कैसी
न वो क़रीब ही आता न यूँ जुदा होता

नहीं है दौर ग़िरेबाँ के चाक का वरना
हमारे पास भी वहशत का मश्ग़ला होता

ख़याल-ए-दोस्त ने आवारा कर दिया वरना
वो इतना दूर नहीं था कि खो गया होता

हज़ार दश्त-ए-बदन[2] के तवाफ़[3] करने थे
अगर हिसार-ए-मुहब्बत[4] से मैं रिहा होता

ये बाज़ग़श्त[5] है आवाज़-ए-दोस्त की वरना
वो शख़्स लौट के आता तो मिल गया होता

मुझे अब उसकी मुहब्बत से तजुर्बा ये हुआ
अकेला होता अगर मैं भी बावफ़ा होता

13

अरसा हुआ कि लिक्खा नहीं है तुमने अब तुम कैसी हो
साथी मिले हैं तुमको कैसे काम जहाँ पर करती हो

काम जहाँ पर करती हो घर से दूर जगह है कितनी
डरती थीं तुम साथ भी मेरे तन्हा कैसे जाती हो

इस सम्त वो मौसम आया है सावन का जो आता था
उस शह्र की बारिश कैसी है जिस शह्र में अब तुम रहती हो

कोई वहाँ पर दोस्त बना है जिससे दिल का हाल कहो
उसको मेरी आँखें बख़्शो जिसको तुम भी देखती हो

---

1. पारसियों की भीड़ 2. शरीर का जंगल 3. परिक्रमा 4. प्रेम की परिधि, प्रेम-चक्र 5. अनुगूँज

कोई वहाँ पर ऐसा है जो सारी दुआएँ तुम को दे
मुद्दत से मालूम नहीं कुछ, लिक्खो, मुझको, अच्छी हो

जिस रिश्ते से हम पागल थे वो निस्बत अब भी बाक़ी है
मुझको पागल कहने वाली तुम तो अभी तक पगली हो

अपना हाल सुनाऊँ क्या कुछ सुनना है तो इतना सुन लो
रस्ता मैं यूँ देखता हूँ जैसे अभी तुम आती हो

14

तिलिस्म-ए-इश्क़[1] था सब उसका सात[2] होने तक
ख़्याल-ए-दर्द न आया नजात[3] होने तक

मिला था हिज्र के रस्ते में सुब्ह की मानिंद
बिछड़ गया था मुसाफ़िर से रात होने तक

अजीब रंग बदलती है उसकी नगरी भी
हर एक नह्र को देखा फ़ुरात[4] होने तक

वो इस कमाल से खेला था इश्क़ की बाज़ी
मैं अपनी फ़त्ह समझता था मात होने तक

है इस्तिआरा[5] ग़ज़ल उससे बात करने का
यही वसीला[6] है अब उससे बात होने तक

मैं उसको भूलना चाहूँ तो क्या करूँ 'आदिल'
जो मुझमें ज़िंदा है ख़ुद मेरी ज़ात होने तक

---

1. प्रेम की माया 2. कविता में छन्द की मात्रा सन्तुलित करने के लिए कई बार महाप्राण ध्वनियों की जगह मिलती-जुलती अल्पप्राण ध्वनियों का प्रयोग किया जाता है। जैसे यहाँ साथ में थ की जगह त प्रतिस्थापित किया गया है। अन्य रचनाओं में आपने हाथ की जगह हात लिखा देखा होगा। इसी तरह हिन्दी की कई महाप्राण ध्वनियाँ उर्दू में आ कर अल्पप्राण हो गई हैं। जैसे हिन्दी में भूख, उर्दू में भूक, हिन्दी में धुँधला, उर्दू में धुँदला 3. बन्धन-मुक्ति, छुटकारा 4. इराक़ की नदी जिसके किनारे हज़रत इमाम हुसैन शहीद हुए थे 5. रूपक 6. माध्यम

15

बिछड़ के सदमे जुदाई के अब सहेगा वो
कभी मिला जो अगर हाल फिर कहेगा वो

उसे भी मेरे ख़यालों की आग चूमेगी
ख़ुशी को दुख की तरह से भी अब सहेगा वो

उसे ख़याल न आया कि उससे बिछड़ूँगा
मुझे ख़बर भी नहीं थी कि यूँ कहेगा वो

अगर ये आग है उसको जला के छोड़ेगी
अगर ये दर्द है दरिया तो फिर बहेगा वो

अगर न समझे हो 'आदिल' को तुम तो ये जानो
नहीं है शीशा तो फिर संग ही रहेगा वो

16

तुम से इक दिन कहते साईं
तुम हो सबसे अच्छे साईं
मेरे अंदर कोठरी काली
तुम हो कैसे उजले साईं

मुझसे झूटा कोई नहीं है
तुम हो सबसे सच्चे साईं
बारिश बरसी फूल खिले हैं
तुम भी आ कर मिलते साईं

शह्र बड़ा वीरान लगा है
घर से जब भी निकले साईं
तेरी ख़ुशबू माँग रहे हैं
शह्र के सारे रस्ते साईं

मेरी हालत लिक्खे कैसे
लफ़्ज़ कहाँ तक फैले साईं

तुम भी दुखी हो हम भी दुखी हैं
दुख के सच्चे रिश्ते साईं

मैंने तुमसे जो भी कहा था
तुम भी मुझसे कहते साईं
मेरे ख़्वाब अधूरे लेकिन
मेरे ख़्वाब हैं मेरे साईं

हमने एक-इक राज़ कहा है
बात कहाँ तक समझे साईं

17

उसका कमरा ख़ाली था इक चिड़िया तन्हा बैठी थी
जिसने मुझको पहचाना वो कमरे की वीरानी थी

कितने दिन और कितनी रातें बिखरे हुए थे कमरे में
दीवारों की ख़ामोशी जैसे इक-इक बात सुनाती थी

जिस ताक़ में वो तसवीर सजी थी आज वो ख़ाली-ख़ाली था
जिस गोशे में हम बैठे वाँ मिट्टी उड़ती जाती थी

एक जगह वो कलियाँ थीं जो उसके हाथों फूल बनीं
जिनमें उसकी ख़ुशबू थी और जिनको हवा लहराती थी

दिन और रातें उसकी ख़ातिर कैसे लम्हे बनते थे
यादों की बीनाई मुझको सारे ख़्वाब दिखाती थी

उसके साथ गुज़ारे मौसम एक-इक कर के आने लगे
मुझसे बातें करती थी वो फिर से हँसती जाती थी

कितने दिये बन जाते थे फिर ख़ाक-ए-सफ़र से चाहत के
अपने लबों से चेहरे की जब गर्द हटाती जाती थी

तन्हा-तन्हा लौट रहा था उस रस्ते से जब मैं 'आदिल'
दूर तलक थी साथ मेरे और एक सदा समझाती थी

18

मैं उसके वस्ल से जागा तो सिलसिला था वही
कि हिज्र उसका था वैसा ही मरहला था वही

दुकान-ए-शीशागराँ भी सजाई थी उसने
तमाम शह्र में पत्थर भी बाँटता था वही

मुझे गुमान के सब रास्ते उसी ने दिए
मेरे यक़ीं के दिये भी जला रहा था वही

विसाल उसका बरतना था, हिज्र लिखना भी
कि तेज़ धूप में बारिश का रास्ता था वही

परिंदे धूप की शिद्दत से घर के आँगन में
पलट के आए तो देखा कि मस्अला था वही

वो इक यक़ीन से जाता था छोड़कर मुझको
निबाहने का मगर दिल में हौसला था वही

नए विसाल के मौसम में जो बदन भीगा
हुजूम-ए-हिज्र में देखा तो जल रहा था वही

मैं जिसकी राहों से वापस पलटने वाला था
नज़र उठाई तो इक रोज़ आ रहा था वही

मैं अपने ख़्वाबों की दस्तक से जाग उठा आदिल
बहुत सी रातें थीं ओर सब में रतजगा था वही

19

वो ज़मानासाज़ भी था और वफ़ा-पेशा भी था
मैंने चाहा ही नहीं उस शख़्स को समझा भी था

थी तमाज़त[1] इश्क़ की इतनी कि वो वापस गया
साथ चलने के लिए कुछ दूर तक आया भी था

ये हक़ीक़त ही सही लेकिन इसे मानेगा कौन
लोग प्यासे भी रहे और आँख में दरिया भी था

---

1. गर्मी

इस क़दर चाहा उसे जितना नहीं चाहे कोई
ये मुहब्बत ही नहीं उससे मेरा बदला भी था

ख़ुद यक़ीं दिल को न था उससे जुदा होने तलक
वो जुदा हो जाएगा इस बात को सोचा भी था

हिज्र की शब में जो मेरी आँख से ढलका नहीं
वो सितारा था जो सुब्ह-ए-वस्ल में चमका भी था

दश्त-ए-वीराँ में कहीं कुछ फूल भी हैं याद के
सिर्फ़ छाया ही नहीं बादल कभी बरसा भी था

उस शनासाई[1] का दावा नाशनासी ही तो है
मुझको देखा भी था जिसने और जो चौंका भी था

अब मैं लब-बस्ता[2] हूँ आदिल तो फ़क़त इस वास्ते
सिर्फ़ समझा ही नहीं उस शख़्स को चाहा भी था

20

ख़ुशबुओं से कलाम करता रहा
जंगलों में जो फूल तन्हा रहा
हम बहुत दूर थे तो देखा किए
एक बादल कहीं बरसता रहा

जिस्म में आग थी मेरे लेकिन
अपने लहजे में फूल भरता रहा
जिनको आना था वो नहीं आए
रहगुज़र में चराग़ जलता रहा

उसको आवाज़ दूँ कहाँ जा कर
हर शजर पर वो नाम लिखता रहा

1. जान-पहचान 2. चुप

उसको लिक्खूँ तो किस तरह लिक्खूँ
लफ़्ज़ लिखता रहा बदलता रहा

शबनमी जिस्म कितना ठंडा था
मेरी साँसों में आग भरता रहा
कितने शोले थे मेरी राहों में
रक़्स करता रहा गुज़रता रहा

गिरने वाला था बार-बार मगर
उसको सोचा किया सँभलता रहा

21

ये आँख भी ये ख़्वाब भी ये रात उसी की
हर बात पे याद आई है हर बात उसी की

जुगनू से चमकते हैं उसी याद के हर दम
आँखों में लिए फिरते हैं, सौग़ात उसी की

हर शोले के पीछे है उसी आग की सूरत
हर बात के परदे में हिकायत[1] उसी की

फिर वहशत-ए-दिल ढूँडती फिरती है हमेशा
दीवानगी-ए-ग़म पे मुदारात[2] उसी की

आईने का और अक्स का रिश्ता मेरा-उसका
अब जीत मेरी उसकी है ओर मात उसी की

लफ़्ज़ों में सजाते हैं उसी हुस्न की ख़ुशबू
आँखों में छुपाते हैं शिकायत उसी की

क्या कीजिए अच्छी हमें लगती है हमेशा
दीवानगी-ए-दिल में हर इक बात उसी की

---

1. कथा, वृत्तान्त (बहु.) 2. आवभगत

जिस शख़्स ने मंज़र को नए फूल दिए थे
हैं दौर-ए-ख़िजाँ पर भी इनायत उसी की

आता है नज़र मजमा-ए-अहबाब[1] में आदिल
लाखों में अकेली है मगर ज़ात उसी की

22

अगर मैं हार गया हूँ तो नारसा न कहो
कि दर्द यूँ भी बहुत है ये माजरा न कहो

अगर वो समझा नहीं था तो मैं ही पागल हूँ
अगर वो भूल गया है तो बेवफ़ा न कहो

जले हैं दोनों किसी आग में तो रौशन हैं
उसे चराग़ न समझो मुझे दिया न कहो

बिछड़ गया है तो क्या अब भी मेरे साथ है वो
कभी न साथ चला जो उसे जुदा न कहो

उस अजनबी की दुआएँ कहो जो बिछड़ा है
उस अजनबी को मेरे सामने बुरा न कहो

बहुत शदीद[2] ये दुख है मैं सह नहीं सकता
वो दूसरा है मगर उसको दूसरा न कहो

उसे भुला के मैं ज़िन्दा हूँ और ख़ुश भी हूँ
ये बद-दुआएँ[3] हैं उसकी इन्हें दुआ न कहो

चले थे साथ तुम्हारे तो हमने क्या पाया
बहुत बुरे ही सही इस क़दर बुरा न कहो

हमें बताओ तो फिर क्या करोगे 'आदिल' तुम
वो सामने हो मगर ख़ुद से आशना न कहो

1. मित्रों की भीड़ 2. प्रचंड, कठिन 3. श्राप (बहु.)

23

यक़ीन हद से बढ़ा था गुमान से पहले
जबीं[1] पे ज़ख़्म सजा था निशान से पहले

उसे भुलाने के रस्ते में कितनी यादें थीं
शदीद[2] धूप मिली सायबान से पहले

फिर उसके बाद हवाओं से जंग करता रहा
दिया जला था बड़ी आन-बान से पहले

मेरे ख़िलाफ़ मुक़ाबिल[3] न था मुनाफ़िक़[4] था
जवाब ढूँढ़ रहा था बयान से पहले

नतीजा उसके ही हक़ में है अब मुहब्बत का
जो साथ छोड़ गया इम्तिहान से पहले

चराग़-ए-शाम की सूरत में उसकी याद आई
अँधेरे फैलते जाते थे शाम से पहले

तमाम शह्र ने इज़्ज़त उसी से हासिल की
जो रस्म आई हमारे मकान से पहले

दयार-ए-जाँ पे भी कुछ बारिश-ए-करम हो जाए
बसाओ दिल भी किसी का मकान से पहले

शिकस्ता दिल के लिए थे जो आसरा आदिल
वो तारे टूट गए आसमान से पहले

24

नई मुहब्बत की है मैंने उसने भी किसी को चाहा है
पहले मुझ पर हक़ था उसका अब ये शख़्स तुम्हारा है

मैंने जिसको चाहा था वो तो यहाँ से दूर गई
जिससे मुहब्बत तुमने की थी अब वो कहाँ पर रहता है

---

1. माथा 2. तेज़ 3. प्रतिद्वंद्वी 4. कपटी, पाखंडी

हम दोनों तो बैठ के अक्सर इल्म की बातें करते थे
तुम लोगों का हाल था कैसा कैसे वक़्त गुज़ारा है

तुमसे बातें करते हुए मैं याद तो उसको करता हूँ
मुझसे बातें करते हुए क्या याद तुम्हें वो आता है

तुममें बहुत-सी बातें नहीं या उसकी ज़्यादा बातें थीं
मेरी बातें कैसी हैं क्या वो भी मुझसे अच्छा है

मैं तो उसको प्यार में अक्सर पगली कहता रहता था
क्या तुमने भी उस लड़के को पागल कह कर देखा है

मैं तो अक्सर उसके आँसू अपनी आँख से रोया हूँ
क्या तुमने उसके आँसू को गिरने से पहले रोका है

अक्सर ये ही सोचता हूँ मैं शायद उसको भूला नहीं
तुम ये कहो कि ख़्वाबों में इक साया-सा लहराता है

अपनी कहानी कहते जाओ उसकी कहानी सुनते रहो
'आदिल' ऐसे खेल में अक्सर ख़्वाबों का घर जलता है

25

दर्द है बेईमान किससे कहूँ
तुम कहो मेरी जान किससे कहूँ

ख़्वाहिशें कुछ अजीब होती हैं
अनकही दास्तान किससे कहूँ

मैंने देखा है और तरह मगर
जो है सबका बयान किससे कहूँ

तूने अब तक जिसे बसाया नहीं
वो हूँ ख़ाली मकान किससे कहूँ

ख़ुद भी मुझको ख़बर नहीं अब तक
मैं हूँ तेरा निशान किससे कहूँ

कौन से साहिलों को ढूँडता हूँ
तोड़कर बादबान किससे कहूँ

धूप में किस क़दर तमाज़त[1] है
सब हैं बेसायबान किससे कहूँ

किसकी यादों ने घर बनाया है
ज़ह्न के दरमियान किससे कहूँ

उसने 'आदिल' यक़ीं दिलाया बहुत
दिल में है जो गुमान किससे कहूँ

26

हादसे ऐसे भी अब इश्क़ में हो जाते हैं
जागना चाहें मगर हिज्र में सो जाते हैं

ज़ब्त-ए-नज़्ज़ारा[2] ने तौफ़ीक़ नहीं दी वरना
हम हैं वो लोग कि दीवाने भी हो जाते हैं

बदलियाँ देख के मौसम का कोई गीत न गा
ऐसे बादल तो हरी फ़स्ल डुबो जाते हैं

हम से आवारा मिज़ाजो की सिफ़त[3] ऐसी है
एक लम्हा को ठहर जाएँ तो खो जाते हैं

27

तन्हाई बिछ गई थी सभी रास्तों के बीच
इक शख़्स खो गया था कहीं क़ाफ़िलों के बीच

आँखों ने जिसको याद किया और रो पड़ीं
वो चेहरा देखता था मुझे आँसुओं के बीच

1. गर्मी 2. दृश्य या दर्शन की सहनशीलता 3. गुण

वो आख़िरी विसाल[1] था और शाम थी उदास
फिर चाँद छुप गया था कहीं बादलों के बीच

उसकी ख़बर नहीं है बहुत दिन गुज़र गए
अब चाहतें तबाह हुईं मुश्किलों के बीच

आहट भी घर में होती रही और वो दूर था
कोई छुपा हुआ था मेरी धड़कनों के बीच

सोची हुई दुआओं को ख़्वाबों को क्या करें
बिछड़े हुए मिले हों अगर महफ़िलों के बीच

आँखों में जल उठे कई जुगनू शब-ए-फ़िराक़[2]
और चेहरे छुप गए थे उन्हीं जुगनुओं के बीच

चाहो तो अपने आप से बातें करो कि आज
बिखरे हुए हैं यार नये दोस्तों के बीच

आओ यहीं पे ख़त्म करें सब मुआमला
छोटा-सा इक गुरेज़[3] है अब चाहतों के बीच

फ़ुरक़त[4] की एक शाम मुसाफ़िर के दिल में थी
वो शख़्स जागता रहा सब बस्तियों के बीच

उम्रें गुज़ार कर भी जो पहुँचे तो ये खुला
रस्ते बने हुए थे सभी मंज़िलों के बीच

हम-तुम अना-परस्त[5] थे ज़िंदा ही मर गए
किसका क़ुसूर था न खुला फ़ैसलों के बीच

उड़ते हुए परिंदे सभी लौट कर चले
इक फ़ाख़्ता उड़ी थी मगर बारिशों के बीच

---

1. मिलन 2. वियोग की रात 3. उपेक्षा 4. विरह 5. अहंवादी

किसका ख़याल शह्र में और दश्त में रहा
किसको पुकारती थी हवा जंगलों के बीच

28

हर एक चेहरे पे दिल को गुमान उसका था
बसा न कोई ये ख़ाली मकान उसका था

बहुत दिनों से मुझे याद भी नहीं आता
तमाम उम्र ही मुझको तो ध्यान उसका था

मैं बेजिहत[1] ही रहा और बेमुक़ाम-सा वो
सितारा मेरा समंदर निशान उसका था

मैं उस तिलिस्म से बाहर कहाँ तलक जाता
फ़ज़ा खुली थी मगर आसमान उसका था

फिर उसके बाद कोई बात भी ज़रूरी न थी
मेरे ख़िलाफ़ सही वो बयान उसका था

तमाम दुख मेरी आँखों में बुझ गए लेकिन
जो धीरे-धीरे जला था निशान उसका था

मुहब्बतों की कहानी में कौन शामिल है
मुझे तो बारहा ख़ुद पर गुमान उसका था

हवा ने अब के जलाए चराग़ रस्ते में
कि मेरी राह में 'आदिल' मकान उसका था

---

1. दिशाहीन

मंज़र अय्यूबी

नाम : अज़ीज अहमद अय्यूबी। जन्म : 4 अगस्त, 1934 को अली अहमद अय्यूबी और हमीदा बानो के घर मदीनतुल-औलिया, बदायूँ में। शिक्षा की शुरुआत एक दीनी मदरसे में मज़हब और अरबी-फ़ारसी से, फिर इसलामिया स्कूल, बदायूँ से मैट्रिक (1948), इसलामिया कॉलेज से इंटर कॉमर्स (1950), लाहौर से 'अदीब फ़ाज़िल', कराची से बी.कॉम. (1954) और एम.ए. उर्दू (1959)। सन् 50 से 60 तक लेबर मिनिस्ट्री में नौकरी। 1961 से कॉलेज लेक्चरर। कराची में रहे हैं। पाकिस्तान राइटर्स गिल्ड के मासिक 'हम क़लम' के असिस्टेंट ऑनरेरी एडीटर रहे। रेडियो लेखन के साथ-साथ ड्रामे भी लिखते रहे।

मंज़र अय्यूबी ने सन् 1947 से शेर कहना शुरू किया। अपने मामूँ आरिफ़ अय्यूबी से इस्लाह ली। शुरू का कलाम कोई ख़ास नहीं। अलबत्ता सन् पचास के बाद उनका रंग निखरता है। इस रंग में समकालीन सचाइयाँ, रानाइयाँ[1] और तल्ख़ियाँ[2] हैं क्योंकि मंज़र की निगाह में शायर का कमाल-ए-फ़न[3] सिर्फ़ वक़्त की लय में लय मिलाना नहीं बल्कि जीवन में ज्वार और ज्वालाओं के जुलूस की कड़ी निगहबानी भी है। मंज़र अय्यूबी ज़िंदगी का तमाशा भी है और तमाशाई भी। जैसा कि डॉ. आलिबी ने लिखा था, मंज़र अय्यूबी बुनियादी तौर पर ग़ज़ल के शायर हैं लेकिन रिवायती[4] शायर नहीं। उनके लहजे की चुभन और तल्ख़ी हमारे दिल में उतर जाती है। ये तल्ख़ी जो ख़्वाबों के बिखरने से पैदा हुई है लेकिन सलीब-ओ-दार[5] पर परचम-ए-इश्क़[6] बुलन्द करने और ज़ुल्म के ख़िलाफ़ आवाज़ उठाने का हौसला देती है।

कृति : 'तकल्लुम' (1981)

---

1. सुन्दरता (बहु.) 2. कटुता (बहु.) 3. कला-नैपुण्य 4. पारम्परिक 5. सलीब और सूली 6. प्रेम का झंडा

ग़ज़लें

1

हमारा नाम तो महफ़ूज[1] है किताबों में
ये और बात कि शामिल नहीं निसाबों[2] में

उसे क़रीब से देखा तो यूँ हुआ महसूस
तमाम उम्र भटकते रहे सराबों[3] में

उतर के रूह की गहराइयों में देख मुझे
बड़ा सुकून[4] मयस्सर[5] है इन ख़राबों में

गुज़र गया हो कोई हादसा न उस पर भी
कई दिनों से नज़र आ रहा है ख़्वाबों में

हदीस-ए-वक़्त[6] हूँ हर लौह-ए-जाँ[7] पे नक़्श[8] हूँ मैं
मुझे न ढूँड फ़क़त इश्क़ की किताबों में

न खुल के रोए न जी भर के हँस सके 'मंज़र'
अजब नशा था नए दौर की शराबों में

2

इक ऐसे बंद गुंबद की सदा हूँ
कि ख़ुद अंदर ही अंदर गूँजता हूँ

---

1. सुरक्षित 2. पाठ्यक्रम 3. मृगतृष्णा 4. शान्ति 5. प्राप्ति 6. समय की नई बात 7. प्राण की तख़्ती 8. अंकित

हवा की ज़द[1] पे कब से जल रहा हूँ
अगरचे एक मिट्टी का दिया हूँ

लरज़ उठता हूँ जब अपने ही घर के
दर-ओ-दीवार[2] हिलते देखता हूँ

हज़ारों साल रोएगा ज़माना
मैं अपने दौर का इक मर्सिया हूँ

बजा 'सच बोलना मर्दानगी है'
मगर सच बोल कर पछता रहा हूँ

ये पानी सिर से ऊपर हो रहा है
मगर मैं हूँ कि दरिया में खड़ा हूँ

मेरे हाथों में ये जो इक क़लम है
मैं इसकी क़द्र-ओ-क़ीमत जानता हूँ

नज़र क्यों रोज़-ओ-शब[3] रखता है मुझ पर
तेरे नज़दीक जब मैं मर चुका हूँ

चलाओ साए का जादू न मंज़र
कि मैं इस धूप में चंगा-भला हूँ

3

विसाल-ओ-हिज्र के क़िस्से न यूँ सुनाओ हमें
अब इस अज़ाब-ए-शब-ओ-रोज़[4] से बचाओ हमें

किसी भी घर में सही रौशनी तो है हमसे
नुमूद-ए-सुब्ह से पहले[5] तो मत बुझाओ हमें

---

1. निशाना 2. दीवार और दरवाज़े 3. रात और दिन की यातना 4. सुबह होने से पहले
5. उन्माद की स्थिति

नहीं है ख़ून-ए-शहीदाँ की कोई क़द्र यहाँ
लगा के दाव पे हमको न यूँ गँवाओ हमें

तमाम उम्र का सौदा है एक पल का नहीं
बहुत ही सोच-समझकर गले लगाओ हमें

गुज़र चुके हैं मुक़ाम-ए-जुनूँ[1] से दीवाने
ये जान लेना, अगर कल यहाँ न पाओ हमें

हमारे ख़ूँ से निखर जाए ग़म, तो क्या कहना
बढ़ाओ दस्त-ए-सितम[2], दार[3] पर चढ़ाओ हमें

करिश्मा-साज़ी-ए-फ़िक्र-ओ-नज़र से क्या हासिल
बने हो ख़िज़्र[4] तो फिर रास्ता दिखाओ हमें

ये लम्हा-भर[5] का तसव्वुर[6] तो जानलेवा है
जो याद आओ तो ता-उम्र[7] याद आओ हमें

किताब-ए-इश्क़ हैं, लेकिन न इतनी फ़रसूदा[8]
कि बे पढ़े ही फ़क़त[9] मेज़ पर सजाओ हमें

उजड़ न जाए अरूस-ए-सुख़न[10] की माँग कहीं
ख़याल-ओ-फ़न[11] की नई जंग से बचाओ हमें

4

पहले नफ़रत की घनी बाढ़ हटाई जाए
फ़स्ल फिर चाह की सीनों में उगाई जाए

अब तो हर सम्त से आने लगे पत्थर लोगो
हुरमत-ए-शीशागराँ[12] कैसे बचाई जाए

---

1. अत्याचार का हाथ 2. फाँसी 3. चिन्तन काए चमत्कार 4. एक पैग़म्बर जो भूले-भटकों को रास्ता दिखाया करते थे 5. पल भर 6. कल्पना 7. सारी उम्र 8. पुरानी 9. केवल 10. कविता की दुल्हन 11. चिन्तन और कला 12. शीशा बनाने वालों की प्रतिष्ठा

मैं भी मुख़लिस हूँ तेरा इश्क़ भी सच्चा है तो फिर
नुत्क़-ओ-लब[1] पर कोई क़दग़न[2] न लगाई जाए

सारे ही ख़्वाब तो झूटे नहीं होते फिर भी
ख़्वाब ही ख़्वाब में क्यों उम्र गँवाई जाए

ख़ून से पाट तो दी हमने हवस[3] की नद्दी
बर्फ़ की नाव भी कुछ रोज़ चलाई जाए

मैं तेरे घर का दिया हूँ, तू यक़ीं कर मुझ पर
शब की हर बात मेरे इल्म में लाई जाए

दस्त-ए-गुलचीं[4] में हो हर शाख़-ए-समरदार[5] तो फिर
बात क्यों सब्ज़ा-ओ-गुल की न उठाई जाए

दूरियाँ और भी बढ़ जाएँगी यूँ तो प्यारे
मेरी ए क -एक ख़ता मुझको बताई जाए

शोल-ए -फ़िक्र[6] फ़रोज़ाँ[7] हो तो मंज़र कैसे
उस तरफ़ जाऊँ, जिधर सारी ख़ुदाई जाए

5

तीरा-बख़्तो[8], रंग-ए-शब उड़ने से क्या हो जाएगा
बस ज़रा सी रौशनी का आसरा हो जाएगा

वा[9] किए जाएँगे क्या उस वक़्त आँखों के किवाड़
जब पस -ए -दीवार[10] कोई हादसा हो जाएगा

आहनी[11] पैकर हैं हम या सिर्फ़ पुतले मोम के
फ़स्ल-ए-संग[12] आई तो अब के फ़ैसला हो जाएगा

---

1. वाक्शक्ति और होंठ 2. प्रतिबन्ध 3. लालसा 4. माली का हाथ 5. फलों से लदी डाली 6. चिन्तन की धारा 7. प्रकाशमान 8. जिसके भाग्य में अँधेरा ही अँधेरा हो (बहु.) 9. खोलना 10. दीवार के पीछे 11. लोहे का बना हुआ 12. पत्थरों की फ़स्ल

तर्क-ए-रस्म-ओ-राह[1] से पहले नहीं सोचा था क्या
ज़िंदगी भर के लिए कोई जुदा हो जाएगा

क्या ख़बर थी बादबान-ए-आरज़ू[2] खुलने के बाद
हर मुसाफ़िर कश्ती-ए-जाँ[3] का ख़ुदा हो जाएगा

क़ाफ़िला-दर-क़ाफ़िला होंगे तुम्हारे साथ लोग
हम किसी मंज़िल पे बिछड़े भी तो क्या हो जाएगा

आसमानों और ख़लाओं[4] में सफ़र करने के बाद
आदमी क्या अपने क़द से भी बड़ा हो जाएगा

तुम तो इज़्हार-ए-अक़ीदत[5] कर के चुप हो जाओगे
शह्र-ए-जाँ में इक नया फ़ितना[6] बपा हो जाएगा

ख़ूँ रुलाती साअतें[7] जब रूह को तड़पाएँगी
इश्क़ का सारा नशा मंज़र हवा हो जाएगा

6

अजीब शख़्स हूँ यादों के लालाज़ार[8] में हूँ
जो वक़्त बीत गया उसके इंतज़ार में हूँ

घने दरख़्त डरें एहतिसाब-ए-मौसम[9] से
मैं एक सूखा हुआ पेड़ किस शुमार में हूँ

मिज़ाज-ए-गर्दिश-ए-दौराँ[10] तेरा क़ुसूर नहीं
मैं आज अपने ही ख़ीचे हुए हिसार[11] में हूँ

---

1. मेल-मिलाप का त्याग 2. मनोकामना का पोतपट 3. प्राणों की कश्ती 4. क्षितिज (बहु.) 5. आस्था व्यक्त करके 6. दंगा, विद्रोह 7. क्षण (बहु.) 8. लाला के फूलों का खेत 9. मौसम द्वारा लगाया गया प्रतिबन्ध 10. समय के चक्कर का स्वभाव या प्रकृति, 11. परिधि

ये कैसे रंग दिखाए हैं मौसमों ने मुझे
न अपने बस में न मैं तेरे इख़्तियार[1] में हूँ

न अपने घर में सुकूँ है न तेरे कूचे में
अजीब शह्र है मंज़र अजब दयार[2] में हूँ

7

जुर्म-ए-इश्क़[3] की आख़िर और क्या सज़ा दोगे
रूह तो जुदा कर दी तन भी क्या जला दोगे

कौन याँ समझता है प्यार की ज़बाँ लोगो
बाब-ए-शह्र-ए-ख़ूबाँ[4] पर कब तलक सदा दोगे

फूल बन के महकेगा चाँद बन के उभरेगा
ज़ख़्म-ए-दीदा-ओ-दिल[5] को किस क़दर हवा दोगे

तुम कोई पयम्बर हो, आसमाँ से उतरे हो
जो ज़मीं के सीने की हर जलन मिटा दोगे

पुरसुकूँ फ़ज़ाओं में ज़ह्र घोलने वालो
क्या निगार-ए-हस्ती का बाँकपन मिटा दोगे

सुब्ह तक शब-ए-ग़म की खिड़कियाँ खुली रख कर
क्या हमारी पलकों के सब दिये बुझा दोगे

अह्द-ए-ग़म[6] न गुज़रा तो वो घड़ी भी आएगी
मैं तुम्हें पुकारूँगा तुम मुझे सदा दोगे

तय किया है मिलजुल कर आग का सफ़र हमने
तुम मेरी रफ़ाक़त[7] को किस तरह भुला दोगे

---

1. अधिकार, शासन 2. निर्जन स्थान, उजाड़ 3. प्रेम का अपराध 4. प्रियत्माओं के शह्र का दरवाज़ा 5. आँख और मन का घाव 6. दुख का समय, दुख का युग 7. सहचरता, एक साथ मिलकर काम करना

सब ही घर से निकले हैं ले के सर हथेली पर
किसकी राह रोकोगे किसको रास्ता दोगे

आज मेरी ख़लवत में, कल तुम्हारी जलवत में
ऐसे शख़्स का लोगो क्या अता-पता दोगे

राह-ए-दिल खुली रखना शह्र-ए-इश्क़ में वरना
ज़ीस्त[1] सी गिराँ[2] शय[3] को मुफ़्त में गँवा दोगे

8

बिछड़ के तुझसे किसी देस या नगर में रहा
हमेशा एक ही मौसम मेरी नज़र में रहा

अज़ाब-ए-जाँ था दिल-ओ-ज़ह्न का खिंचाव मगर
मुआमला था कुछ ऐसा कि घर का घर में रहा

सुनी न मेरी बदन की पुकार लोगों ने
तेरी वफ़ाओं का सूरज नज़र-नज़र में रहा

पटक के रह गई हर मौज अपना सर लेकिन
मेरे जुनूँ का सफ़ीना सदा भँवर में रहा

ये अपनी ज़ात पे क्या कम सितम किया मैंने
कि अजनबी की तरह आप अपने घर में रहा

गया न ध्यान कभी अपने ख़द्द-ओ-ख़ाल[4] की सम्त[5]
दमाग़-ओ-दिल तो सदा उसकी रहगुज़र[6] में रहा

वो चाँद था तो उतरता किसी के आँगन में
यही मुबाहिसा[7] शब भर हमारे घर में रहा

1. जीवन 2. बहुमूल्य 3. वस्तु 4. नैन-नक्श 5. दिशा 6. रास्ता 7. वाद-विवाद

हर इंक़लाब[1] ने रोके मेरे क़दम मंज़र
मगर ये मेरा मुक़द्दर कि मैं सफ़र में रहा

9

मिला उन्हीं को ज़माने में रुतबा-ए-सुक़रात[2]
कि जिन से ज़ह्र का इक घूँट भी पिया न गया

पनाह माँग रहे थे जो ताइरान-ए-क़फ़स[3]
मिली इजाज़त-ए-परवाज़[4] तो उड़ा न गया

जिगर का ख़ून किया, उँगलियाँ क़लम[5] कर लीं
हमारा नाम शहीदों में पर लिखा न गया

लबों पे मुह्र लगी थी तो सब्र था दिल को
मिला जो इज़्न-ए-तकल्लुम[6] तो कुछ कहा न गया

10

जूनूँ ने वहशत-ए-दिल इस क़दर बढ़ा दी है
कभी तुझे तो कभी चाँद को सदा दी है

न मशअलें[7] थीं फ़रोज़ाँ[8] न आशिक़ों का जुलूस
किसी ने शह्र में झूटी ख़बर उड़ा दी है

कहाँ की शर्त-ए-वफ़ा और कहाँ का पासे-अदब
ये रस्म, अह्ल-ए-मुहब्बत ने अब उठा दी है

कहाँ था इतना शऊर-ए-हयात[9] लोगों में
किसी ने शोला-ए-एहसास को हवा दी है

हवा ने आह भी खेंची तो यूँ लगा जैसे
किसी ने मुझको बड़ी दूर से सदा दी है

---

1. परिवर्तन, काल-चक्र 2. सुक़रात की उपाधि 3. पिंजरे या करागार के पंछी 4. उड़ने की आज्ञा 5. काटना 6. बातचीत की अनुमति 7. एक लम्बी लकड़ी पर कपड़ा लपेट कर और उसे तेल में भिगो कर जलाते हैं, मशाल (बहु) 8. प्रकाशमान 9. जीवन का विवेक

अमीर-ए-शह्र सदा बदगुमाँ रहा मुझसे
ग़रीब-ए-शह्र ने अक्सर मुझे दुआ दी है

न रहज़नों में थे हम और न रहनुमाओं में
हमें हुज़ूर ने किस जुर्म की सज़ा दी है

हमीं नहीं हैं परीशाँ-ख़याल[1] आज की शब
सितमगरों ने तेरी नींद भी उड़ा दी है

शिकस्ता-पा थे मगर हौसला नहीं हारा
तुम्हारे वास्ते इक रहगुज़र बना दी है

अजब नहीं कि ज़माना उसी को याद रखे
वो ज़िंदगी जो तेरी खोज में गँवा दी है

ये शह्र शह्र-ए-सितम है यहाँ तुम्हारे सिवा
दुखों के बोझ ने सबकी कमर झुका दी है

हर एक शख़्स फ़रिश्ता है आशनाओं[2] में
ये बात किसने तेरे ज़ह्न में बिठा दी है

11

अज़मत-ए-लौह-ओ-क़लम[3] तुम जो बढ़ाना चाहो
ज़ह्र पी लेंगे अगर ज़ह्र पिलाना चाहो

ऐसे माहौल से तुम दूर ही अच्छे कि जहाँ
मुह्र लग जाए अगर होंट हिलाना चाहो

एक दर बंद हुआ है तो कोई बात नहीं
और भी दर हैं जो आवाज़ लगाना चाहो

---

1. जिसका मन ठिकाने पर न हो, जो ठीक-ठीक न सोच सकता हो 2. आसक्त, परिचित
3. तख़्ती और क़लम का महत्त्व

पर्दा-ए-साज़[1] नहीं हूँ कि जिसे छेड़ के तुम
मेरी आवाज़ से आवाज़ मिलाना चाहो

मैं हूँ वो रंग वो ख़ुश्बू वो शरारा कि अभी
उड़ के आ जाऊँ अगर पास बुलाना चाहो

हम बज़ाहिर ख़स-ओ-ख़ाशाक-ए-चमन[2] हैं लेकिन
आग बन जाएँ अगर आग लगाना चाहो

संग[3] क्या चीज़ है सूली पे भी नींद आ जाए
तुम जो दामन की हवा दे के सुलाना चाहो

मैं कोई शम-ए-सियहख़ाना-ए-मुफ़लिस[4] तो नहीं
तुम जो फूँकों से सरेआम बुझाना चाहो

भूल कर भी न उसे याद करो ऐ मंज़र
तुम जो तन्हाई का एहसास मिटाना चाहो

12

ये माहताब[5] से चेहरे ये जिस्म कोमल से
बहुत दिनों से नज़र आ रहे हैं बेकल से

हमें ख़बर थी समंदर पे जा के बरसेगा
तुम्हीं ने आस लगाई थी उड़ते बादल से

अजब नहीं कि उन्हीं पर हो ख़त्म दौर-ए-सितम[6]
जो लोग तुझको नज़र आ रहे हैं पागल से

सुना है टूट के बरसा है कुछ ज़मीनों पर
हमें तो एक भी क़तरा मिला न बादल से

बग़ैर परखे किसी बुत को फिर ख़ुदा कह दूँ
अभी तो निकला हूँ इक बेवफ़ा के चंगुल[7] से

---

1. बाजे का पुर्ज़ा जो स्वर बताता है 2. बाग़ की घास-फूस 3. पत्थर 4. निर्धन के अँधेरे घर का दिया 5. चाँद 6. अनीति का युग 7. पंजा

कहो नसीम-ए-सहर[1] से कोई इलाज करे
ये ज़ख़्म ख़ुश्क न होगा तुम्हारे आँचल से

किसी हसीन सहारे की आस में मंज़र
निकल सका हूँ न अब तक दुखों की दलदल से

13

वो बुलाए मगर न जाऊँ मैं
इतनी जुरअत[2] कहाँ से लाऊँ मैं

इतना नज़दीक हूँ कि वो मुझको
लाख ढूँडे नज़र न आऊँ मैं

ले के हाथों में प्यार का कश्कोल[3]
उम्र भर क्या सदा लगाऊँ मैं

मुझ पे हरदम कड़ी नज़र रखना
अपने वादों से फिर न जाऊँ मैं

गाहे-गाहे पुकारते रहना
क़ाफ़िले से बिछड़ न जाऊँ मैं

मेरे अफ़आल[4] पर नज़र रखना
सैल-ए-दौराँ[5] में बह न जाऊँ मैं

मैंने क्या ख़ुद पे कम सितम ढाए
तुझ पे इलज़ाम जो लगाऊँ मैं

दिल पे कितना ही इख़्तियार सही
आदमी हूँ बहक न जाऊँ मैं

रोज़ इक हुक़्म रोज़ इक उफ़ताद[6]
इक कशाकश[7] में मेरे न जाऊँ मैं

---

1. सवेरे की मंद और शीतल हवा 2. साहस 3. भिक्षापात्र 4. कार्य, कर्म (बहु.) 5. समय की बाढ़ 6. आपत्ति 7. संघर्ष, असमंजस

ऐ मेरे फ़न की बोलती तसवीर
आ तुझे आईना दिखाऊँ मैं

14

बड़ी लचक है तेरे अह्द[1] के उसूलों में
कि संग-ओ-ख़िश्त[2] भी तोले गए हैं फूलों में

हर आदमी हो सरापा[3] ख़ुलूस[4], नामुमकिन[5]
ये बात पाई है हमने फ़क़त रसूलों[6] में

कभी खिलौना समझकर दिलों को तोड़ दिया
कभी झुलाते रहे आरज़ू के झूलों में

तेरे ख़याल की रानाइयों में खो जाऊँ
वो रंग-रूप वो ख़ुश्बू कहाँ है फूलों में

मैं आदमी हूँ मगर सूरत-ए-ख़स-ओ-ख़ाशाक[7]
किया है रक़्स[8] सदा दश्त के बगूलों में

15

हज़ार शिद्दत-ए-ग़म से उदास रहता है
तेरा ख़याल मगर दिल के पास रहता है

तेरे लबों का तबस्सुम न छिन गया हो कहीं
कई दिनों से मेरा जी उदास रहता है

बस इतनी बात पे बरहम[9] हैं तेरे शह्र के लोग
कि दूर रह के भी तू मेरे पास रहता है

---

1. युग 2. पत्थर और ईंट 3. सिर से पाँव तक 4. निश्छल 5. असम्भव 6. ईशदूत (बहु.)
7. घास-फूस की तरह 8. नृत्य 9. अप्रसन्न

क़सम ख़ुदा की उसे आज तक नहीं देखा
बस उसका साया मेरे आसपास रहता है

वही हैं अंजुमन-ए-दिल की रौनक़ें लेकिन
तेरे बग़ैर ये 'मंज़र' उदास रहता है

16

थपथपाती है कभी नींद उड़ा देती है
लुत्फ़ क्या-क्या तेरे कूचे की हवा देती है

मेरे आँगन में भी शब भर को उतर ऐ महताब
कब से इस घर की फ़ज़ा तुझको सदा देती है

जो भी होता है हरीफ़-ए-ख़म-ए-गेसू[1] यारब[2]
तेरी दुनिया उसे सूली पे चढ़ा देती है

ये सुलगते हुए लम्हे, ये परिंदों की उड़ान
किसी तूफ़ान की आमद[3] का पता देती है

हम तो इनसाँ हैं, फ़ुसूँकारी-ए-मौसम[4] अक्सर
आसमाँ-बोस[5] दरख़्तों को गिरा देती है

हमने क्या कुछ न किया अज़मत-ए-फ़न[6] की ख़ातिर
अज़मत-ए-फ़न हमें अब देखिए क्या देती है

जब भी सर अपना हथेली पे लिए चलता हूँ
ज़िंदगी दूर तलक मुझको सदा देती है

जो बगूलों की तरह उठते हैं उनको 'मंज़र'
वक़्त की लहद तह-ए-ख़ाक[7] सुला देती है

---

1. घुमावदार या टेढ़े बालों का दुश्मन 2. हे ईश्वर 3. आगमन 4. मौसम की जादूगरी
5. गगनचुम्बी 6. कला का महत्त्व 7. धूल में

17

सबसे नाता जोड़ के मंज़र आख़िर क्या फल पाओगे
अपने घर को छोड़ के किस-किस घर की आग बुझाओगे

बात तो जब है इस बस्ती में कोई वफ़ा का नाम न ले
एक हमीं को ज़ंजीरें पहनाकर क्या फल पाओगे

हम ही देंगे साथ तुम्हारा सूरज सर पर आने दो
ओस के क़तरों से तुम कब तक अपनी प्यास बुझाओगे

आओ हमारे पास दिखाएँ अश्कों की बरसात तुम्हें
कब तक उड़ते बादल से पानी की आस लगाओगे

आज नहीं तो कल बदलेगा मौसम ख़ुश्क हवाओं का
रंगमहल के रहने वालो कब तक ख़ैर मनाओगे

मुझ पर सब इलज़ाम धरेंगे, पागल है, सौदाई है
तुम तो दिल के तार बजा कर दूर खड़े मुस्काओगे

देखो इन कच्ची कलियों को मत मसलो वरना इक दिन
सूखे पेड़ की शाख़ पे बैठे तन्हा अश्क बहाओगे

वो दिन दूर नहीं जब ज़र्रे सूरज बनकर चमकेंगे
मंज़र अपना दामन मत झाड़ो वरना पछताओगे

18

रहा ये हब्स[1] तो दम ही निकल न जाए कहीं
हयात मौत के साँचे में ढल न जाए कहीं

बहुत दिनों से है लाहिक़[2] उसे ये अंदेशा
मरीज़-ए-जब्र[3] की हालत सँभल न जाए कहीं

---

1. उमस 2. युक्त, यहाँ अभिप्राय है : लगा हुआ, जुड़ा हुआ 3. अत्याचार का रोगी

मुझे ये डर है कि इस सैल-ए-रंग-ओ-नकहत[1] में
मिज़ाज-ए-सब्ज़ा-ओ-गुल ही बदल न जाए कहीं

ज़मीर-ए-हुस्न[2] का सौदा तो हो चुका यारो
जुनूँ भी वक़्त के साँचे में ढल न जाए कहीं

तलाश-ए-सूरत-ओ-मानी[3] की धुन में हमसुख़नो[4]
मज़ाक़-ए-शेर[5] ही यकसर बदल न जाए कहीं

क़दम-क़दम पे अक़ीद[6] तराशती है सनम
मुहब्बतों का जनाज़ा निकल न जाए कहीं

रही जो शह्र-ए-नफ़स[7] में यूँ ही घमस[8] मंज़र
ये जिस्म मोम की सूरत पिघल न जाए कहीं

19

इस तरह कभी राँदा-ए-दरबार[9] नहीं थे
रुसवा[10] थे मगर यूँ सर-ए-बाज़ार नहीं थे

सहरा में लिये फिरती है दीवानगी-ए-शौक़[11]
क्या शह्र में तेरे दर-ओ-दीवार नहीं थे

है जुरअत-ए-गुफ़्तार[12] तो फिर सामने आ कर
कह दीजिए हम लोग वफ़ादार नहीं थे

क्यों हम ही भटकते रहे दुनिया की नज़र में
दीवानों में इक हम ही तरहदार[13] नहीं थे

---

1. (फूलों के रंग) और सुगन्ध की बाढ़ 2. सौन्दर्य की अंतरात्मा 3. रूप और अर्थ की खोज 4. समकालीन कवियो 5. काव्यरसिकता 6. श्रद्धा 7. साँसों का शह्र 8. उमस 9. सभा से निकाले हुए 10. बदनाम 11. अभिलाषा का पागलपन 12. बात कहने का साहस 13. बाँका, छबीला

देते हैं दुआएँ तेरी दुज़्दीदा नज़र[1] को
दीवाने कभी इतने तो हुशयार नहीं थे

क्यों मुह्र-ब-लब [2] कूचा-ए-जानाँ से गुज़रते
इंसान थे हम साया-ए-दीवार नहीं थे

वारफ़्तगी-ए-शौक़[3] बता तू ही कि हमसे
आबाद कभी कूचा-ओ-बाज़ार नहीं थे

20

क़त्ल करते हैं न जीने की दुआ देते हैं
लोग किस जुर्म की आख़िर ये सज़ा देते हैं

सिलसिला शाम-ए-सितम का हो कि सुब्ह-ए-ग़म का
हम तेरे काकुल-ओ-आरिज़[4] से मिला देते हैं

ज़ौक़-ए -हंगामा[5] उभरता है तो अह्ल-ए-ज़िंदाँ[6]
अपने ही पाँव की ज़ंजीर हिला देते हैं

दोस्तो ज़ुल्म की शब तेज़ हवा के झोंके
आमद-ए -सुब्ह-ए-तमन्ना[7] का पता देते हैं

जब भी हम चाहते हैं उनसे वफ़ाओं का सिला
सर पे लटकी हुई तलवार दिखा देते हैं

मंज़िल -ए-दार से हँस-हँस के गुज़रने वाले
अज़मत-ए-गेसू-ओ-रुख़सार बढ़ा देते हैं

---

1. कनखियों से देखना 2. मौन 3. अभिलाषा की आत्मविस्मृति 4. केश और कपोल
5. विद्रोह की रुचि 6. कारागार में रहने वाले, बन्दी 7. कामना की सुबह का आना

ढाल कर पैकर-ए-अशआर[1] में हम रूह-ए-हयात[2]
कितने परदे रुख़-ए-दौराँ[3] से उठा देते हैं

कोई आवाज़ पलट कर नहीं आती मंज़र
कब से बैठे दर-ए-जानाँ पे सदा देते हैं

---

1. शेरों की आकृति 2. जीवन की आत्मा 3. वर्तमान का मुखड़ा

मुहिब आरिफ़ी

नाम : मुहम्मद मुहिब-उल्लाह सिद्दीक़ी। इनका जन्म 02 जनवरी, 1919 को कस्बा यूसुफ़पुर, ज़िला ग़ाज़ीपुर (उत्तर प्रदेश) में हुआ। इब्तिदाई तालीम अपने नाना के मक्तब में पाई। सन् 1927 में बनारस शह्र के एक अंग्रेज़ी स्कूल में दाख़िल हो कर आठवीं जमात तक वहाँ पढ़े। सन् 1934 से 1940 तक अलीगढ़ यूनिवर्सिटी में रहे। भारतीय उर्दू कवि शाद आरिफ़ी से शायरी के फ़न की अबजद सीखी। बी.ए. से आगे न पढ़ सके तो 1940 में सेंट्रल सेक्रेटेरिएट के महकमा मालियात (फ़ाइनेंस डिर्पाटमेंट) में क्लर्की शुरू कर फ़ाइनेंस मिनिस्ट्री, इस्लामाबाद में अफ़सर बने।

बक़ौल क़मर जमील, आइन्सटाइन जैसे चिन्तकों ने हमारे दौर का तस्सवुर-ए-हक़ीक़त[1] बदल कर रख दिया। हम वहाँ आ गए जहाँ शायरी को हवास की ज़ाहिरी[2] हक़ीक़त से निकाल कर अस्ल हक़ीक़त तक लाना हर सच्चे फ़नकार का मसअला[3] बन गया। मुहिब आरिफ़ी की शायरी इसी तब्दीली का इज़्हार है। उन्होंने शायरी को रस्मी शायरी के धुँदलके से निकाल कर साइंसी फ़िक्र की तेज़ रौशनी तक पहुँचा दिया। इसीलिए तबीआत (फ़िज़िक्स) से माबादुत्तबीआत (मेटाफ़िज़िक्स) तक फैले हुए पेचीदा एहसासात से जन्म लेने वाली मुहिब आरिफ़ी की शायरी में छलनी उनकी रूह का इस्तिआरा[4] है, लहरें मौजूद हैं पर दरिया नहीं है। मुहिब की शायरी उन लोगों के लिए नहीं है जो शायरी में अपनी समाजी, आर्थिक और सैक्सुअल समस्याओं का हल ढूँढ़ते हैं। मुहिब आरिफ़ी की शायरी में मिस्टर टॉम या मिस्टर डिक अपना चेहरा नहीं देख सकते। मिस्टर टॉम और मिस्टर डिक से मेरा मतलब हर ऐसे आलोचक से है जो अभी फ़िराक़, फ़ैज़ और नासिर काज़मी की ही छानबीन में लगा हुआ है। दोस्तोयेव्स्की ने कहा था कि हमें ज़िन्दगी से मुहब्बत करनी चाहिए, ज़िन्दगी के मआनी[5] से नहीं। ऐसे ही सवालों ने कांट और दकार्त जैसे फ़िलास्फ़रों को

---

1. यथार्थ की कल्पना 2. बाहरी 3. समस्या 4. रूपक 5. अर्थ

बेचैन किया था। मुहिब आरिफ़ी की शायरी में ज़िन्दगी से मुहब्बत, मआनी की तलाश बन, इसी क़िस्म के सवालों का हल ढूँढ़ने निकली है। आज के युग में वो साहित्य मोतबर[1] है जो इंसान की हक़ीक़ी सिचुएशन से आँखें दो चार करे। सोच की ये स्थिति तभी आती है जब हम अपनी सीमाएँ समझ कर स्वीकार कर लेते हैं। मुहिब आरिफ़ी की शायरी इन्हीं मानों में मोतबर शायरी है। बड़े से बड़ा हक़ीक़त-परस्त[2] ख़्वाब देखने लगता है, लेकिन मुहिब आरिफ़ी की आँख कभी नहीं झपकती। उनकी शायरी में बहारें उनके शऊर[3] का हिस्सा नहीं बनतीं बल्कि उन बहारों की क़ुव्वत-ए-नुमू[4] उनका शेरी मौज़ू[5] बन जाती हैं।

इस सारी दार्शनिक दाद पर कवि की क्या प्रतिक्रिया है? "मेरे विचार में शायरी एक तरह का मानसिक संभोग है। शेर से शायर और सुनने और पढ़ने वाले दोनों को सन्तुष्टि होनी चाहिए।" मुहिब आरिफ़ी लिखते हैं।

कृतियाँ : गुल-ए-आगही (ग़ज़लों और नज़्मों का संकलन), तीन किताबें (ग़ज़लें और नज़्में), छलनी की प्यास (ग़ज़लें और नज़्में)।

---

1. विश्वस्त 2. यथार्थवादी 3. विवेक 4. विकसित होने की शक्ति 5. काव्य का विषय

इंतिशार[1]

गहरी नींद से चौंकाया है मुझको मेरी बीमारी ने
ग़ुनूदगी[2] से जैसे जनम लिया है शऊर की नाचारी[3] ने
जैसे ख़स-ओ-ख़ाशाक[4] की तह से झाँका हो चिंगारी ने
ग़लबा[5] अभी नहीं पाया है ग़फ़लत[6] हुश्यारी ने
खुली हुई हैं आँखें लेकिन दिल जैसे बेदार[7] न हो

अपने आप को देख रहा है बेबस पड़ा हुआ कोई
जैसे बदन के पास खड़ी हो रूह बदन से जुदा कोई
सुन्न हो गए हैं आज़ा[8] सारे मेरी नहीं सुनता कोई
अपने कान में चीख़ रहा हूँ आती नहीं सदा कोई
आह वो हसरत-ए-बेदारी जो ख़्वाब से भी दो चार न हो

बिखरी हुई है हद-ए-नज़र तक फ़िक्र-ए-परीशाँ की तफ़सीर[9]
हर सूरत फ़ितना[10] है बला का हर मंज़र[11] है इक ताबीर[12]
वाए उजालों की वीरानी, हाय अँधेरों की तामीर
ख़याल के फ़व्वारे बन कर कशाँ-कशाँ नज़रों के तीर
दिल की जानिब मुड़ जाते हैं जब माहौल शिकार न हो

रेज़ा-रेज़ा[13] नज़्ज़ारा है नक़्शा नुक़्ता-नुक़्ता[14] है
रेशा-रेशा है शीराज़ा[15] वहदत[16] पारा-पारा है
कुछ मौहूम[17] लकीरें सी हैं बेमफ़्हूम[18] सा ख़ाका है
धब्बा-धब्बा चिड़ा रहा है बूझो चेहरा किसका है
लरज़ रहा हूँ आईने की सतह कहीं हमवार[19] न हो

1. अस्त-व्यस्तता, गड़बड़ 2. ऊँघ, तन्द्रा 3. बेबसी 4. घास और कूड़ा-करकट 5. क़ाबू 6. असतर्कता 7. जागा हुआ 8. अंग (बहु.) 9. व्याख्या 10. उपद्रव, षड्यंत्र 11. दृश्य 12. स्वप्नफल 13. कण-कण 14. बिन्दु-बिन्दु 15. क्रम 16. एकत्व 17. भ्रमात्मक 18. भावहीन 19. समतल

छलनी की प्यास

उतरे छोड़ के ऐश-ए-अदम[1]
उतरे मगर किस शान से हम
पेश-ए-नज़र[2] दुनिया-ए-मुहाल[3]
आलम-ए-इमकाँ[4] ज़ेर-ए-क़दम[5]

हर जानिब थी चश्म-ए-ख़याल
बला-ए-वीरानी से दो-चार[6]
बुन कर तार-ए-नज़र का जाल
खेंचा अपने गिर्द हिसार

हसरत करती गई तामीर
अपने मोम से अपने मकान
मलती रही प्यासी तदबीर
अपने शह्द पे अपनी ज़ुबान

छटा जो आईने से ग़ुबार
उलट पड़ी उलटी तहरीर
मानी करने लगे सिंघार
हर नुक़्ता[7] था इक तफ़सीर[8]

थमी-थमी सी उम्र की रौ
रुका-रुका लम्हों का ख़िराम
थिरक रही थी शमअ की लौ
रक़्साँ था माहौल तमाम

इसी तमाशे में दिल था मगन
थीं तो फ़क़त पर्दे की अदाएँ

---

1. परलोक के सुख 2. नज़र के सामने 3. असम्भव संसार 4. सम्भावना का संसार 5. पैरों के नीचे 6. सम्मुख होना, डटकर मुक़ाबला करना 7. बिन्दु 8. व्याख्या

लगी ये कैसी तह की लगन
खुलने लगीं सतहों की क़बाएँ

सजल अँधेरों की दुनियाएँ
मिलने लगीं किरनों से गले
बढ़ी चली आती हैं फ़ज़ाएँ
जाले अपने टूट चले

नग़मे तमाम तार-तार
नज़रें नज़ारों के पार
बस ऐ जुनूने-इरफ़ान[1] बस
हर सूरत है सीना-फ़िगार[2]

जलवे सारे हुए तहलील[3]
कुछ न रहा आईने के पास
ख़त्म हुई दरिया की सबील[4]
बुझ न सकी छलनी की प्यास

ग़ज़लें

1

बड़ी हुमक से हुए थे बुलंद कहो कहाँ गए थे
मिली फ़ज़ाओं की गोद जो बंद कहो कहाँ गए थे

फिरे लुटा के तमाम उमंग उसी नशेब[5] की सम्त
हिसार-ए-बह्र[6] से भर के ज़क़ंद[7] कहो कहाँ गए थे

समंद-ए-अज़्म[8] पे हो के सवार हुए थे कैसे फ़रार
अब अपनी आप हो गर्द-ए-समंद[9] कहो कहाँ गए थे

---

1. ज्ञान का पागलपन 2. घायल सीना 3. विलयन, घुलना 4. पियाऊ 5. निचाई 6. समुद्र की परिधि 7. छलाँग 8. संकल्प का घोड़ा 9. घोड़े की धूल

निगाह-ए-शौक़ ने तिल में असीर किए थे क़ाफ़ ही क़ाफ़[1]
सँभाल आए किसे वो कमंद कहो कहाँ गए थे

उजाड़ आए चमन का सुहाग ये जो ग़ुरूब[2] के साथ
भरी बहार न आई पसंद कहो कहाँ गए थे

अदम के जाल से पा के नजात[3] रही जो सारी हयात
ख़ुद अपने जाले की पाबंद कहो कहाँ गए थे

यही ज़मीं है मुहिब वो बहिश्त[4], हुए थे जिससे उचाट
इसी ज़मीं के हुए पैबंद कहो कहाँ गए थे

2

बहार की मंज़िल का सुराग़ गुल-बूटों से पाए कौन
मानी[5] करने वाले फ़ाश[6] होते हैं ये किनाए[7] कौन

क्या-क्या किरनों की तनवीर[8] हो न सकी ज़र्रों को नसीब
सब अपने-अपने ख़ुर्शीद[9], किसे चराग़ दिखाए कौन

कहाँ थे ये जब क़रीब-ओ-दूर फैली हुई थी अदम की धूप
हस्ती बादल है कि ग़ुबार पूछने वाले साए कौन

दरिया अपना उफ़ुक़-ब-दोश[10], किसे यहाँ सरहदों का होश
क्या जाने बेकल आग़ोश अपने कौन पराए कौन

माज़ी[11] को न लगाएँ आग जल कर हो जाएगा राख
मुस्तक़बिल[12] माज़ी के साथ दोनों को ये बताए कौन

---

1. पर्वत ही पर्वत 2. अस्त 3. छुटकारा, मोक्ष 4. स्वर्ग 5. अर्थ 6. व्यक्त, स्पष्ट 7. किनाया का बहु.—गुप्त संकेत; उर्दू साहित्य की परिभाषा में उपमेय का वर्णन न करके केवल उपमान का वर्णन करना, जैसे कहा जाए कि 'नरगिस ने मोती बरसाए' और मतलब यह हो कि प्रेयसी की आँखों से आँसू गिरे। यहाँ 'नरगिस' 'आँख' का उपमान है और 'मोती' 'आँसू' का 8. ज्योति 9. सूरज 10. कन्धे पर क्षितिज 11. अतीत 12. भविष्य

करूँ मुहिब ख़ल्क़[1] अब कुछ और, कब तक आदम का ही दौर
एक ही करतब एक ही खेल सदा दिखाए जाए कौन

3

शोला-ए-शौक़ की आग़ोश में क्योंकर आऊँ
इक तमन्ना हूँ कि मिट जाऊँ अगर बर जाऊँ

एक नेमत हूँ अगर उनके लबों पर खेलूँ
एक हसरत हूँ अगर ख़ुद को मयस्सर आऊँ

हर तरफ़ से मुझे क्या घूर रही हैं आँखें
ख़्वाब हूँ दीदा-ए-बेदार[2] में क्यों कर आऊँ

एक आलम हूँ जिसे बस कोई महसूस करे
कोई मानी हूँ कि अल्फ़ाज़ के अंदर आऊँ

नक़्श-बर-आब[3] सही कुछ भी सही हूँ तो सही
रेत की क़ैद में क्या ख़ुद से बिछड़ कर आऊँ

मेरी पहचान हो शायद उन्हीं ज़र्रों की चमक
अपने घर में उसी ज़ीने से उतर कर आऊँ

मेरी आयात[4] पे ईमान न लाने वालो
ताब लाओगे अगर जिल्द से बाहर आऊँ

फूँक डालीं मेरे शोले ने फ़ज़ाएँ सारी
इसी धुन में कि नज़र अपने बराबर आऊँ

---

1. सृष्टि करना 2. जागती हुई आँख 3. पानी पर बनाया हुआ चित्र, नश्वर और भंगुर, असम्भव
4. क़ुरआन का एक वाक्य (बहु.)

खुल गई मुझसे हया उनकी पर ऐ उम्र-ए-वफ़ा
दिल ये कहता है कि अब और किसी पर आऊँ[1]

अपने दामन में कहो आग सँभालूँ कैसे
हाथ अपने तो मुहिब ख़ैर से अक्सर आऊँ

4

जब आईने का मकीं था धुन थी हक़ीक़त तक राह पाऊँ कैसे
सो आईने पर वो पर्दा आया कि अपने घर में अब आऊँ कैसे

अँधेरों से कट के जा निकला था उजालों ने गोद ले कर पाला
अँधेरे फिर खेंच लाए मुझको उजालों को मुँह दिखाऊँ कैसे

अनासिर[2] के ख़्वाब में आया था अनासिर से बस यही रिश्ता था
वो रिश्ता टूटा तो रौ बिजली की तड़पती है ख़ुद को पाऊँ कैसे

मुक़ाबिल था वक़्त के धारे के उलटती जाती थीं मौजें लेकिन
वो लम्हा ख़ुद जिसमें हल हो जाऊँ अब उसको माज़ी बनाऊँ कैसे

खुली आँखों को जो तड़पाते थे मुअम्मे[3] थे वो नज़ारे क्या थे
मुंदी आँखों ने जो उक़दे[4] खोले खुली आँखों को दिखाऊँ कैसे

---

1. संकलन के लिए रचनाएँ ढूँढ़ते समय हमें कई कृतियों के दो संस्करण मिले। उदाहरण के तौर पर ग़ज़लें अक्सर पत्रिकाओं में पहले छपती हैं, फिर किताबों में। कई बार कवि किताब के लिए रचना तैयार करते समय शेरों की संख्या घटा-बढ़ा देते हैं। जब कभी एक ही रचना के दो रूप हमारे सामने आए, तो हम ने किताब में छपे संस्करण को प्रामाणिक माना। उदाहरण के तौर पर जब मुहिब आरिफ़ी की ये ग़ज़ल 'फ़नून' मैग्ज़ीन के ग़ज़ल नम्बर में छपी, तो ये शेर पत्रिका में नहीं था, किताब में मिलता है। इसी ग़ज़ल का नीचे दिया गया एक और शेर पत्रिका में तो था, लेकिन कवि ने किताब से काट दिया है,

   ले चुका 'आबे वफ़ा' तुझसे, अब ऐ 'बहरे-अरब'
   उड़ के जाता हूँ कि ये क़र्ज़ अदा कर आऊँ

2. पंचभूत 3. पहेली 4. गुत्थी, जटिल समस्या (बहु.)

किनायों में जो ढकी रहती थी वो शक़्लें हैं और ख़लवत[1] मेरी
मगर वो ग़ज़लें जो अब होती हैं किसी मजलिस में सुनाऊँ कैसे

ये तरसी-तरसी निगाहें उनकी ये वीरानी सी भरी महफ़िल की
यहीं हूँ लेकिन यहीं हूँ मैं भी मुहिब साहिब को बताऊँ कैसे

5

कैसे-कैसे मिले दिन को साये हमें
रात में भेद सारे बताए हमें

राज़-ए-हस्ती[2] तो क्या खुल सकेगा कभी
मिल गए थे मगर कुछ किनाए हमें

गर्द हैं कारवान-ए-गुज़िश्ता की हम
क्या अब आँखों पे कोई बिठाए हमें

सारी दिलदारियाँ देखकर सोए हैं
अब न ज़िनहार[3] कोई जगाए हमें

नाज़ जिनसे हमारे न उठ पाए थे
आज ले जा रहे हैं उठाए हमें

धूप में ज़िन्दगी की जले हैं बहुत
ले चलो दोस्तो साये-साये हमें

इक नवा थी फ़ज़ाओं में गुम हो गई
हम यहीं हैं मगर कौन पाए हमें

चल दिए थे मुहिब छोड़कर नाव तुम
डूबते दम[4] बहुत याद आए हमें

---

1. एकान्त 2. अस्तित्व का भेद 3. कदापि 4. डूबते वक़्त

6

अन्दर तो हुबाबों के हो आए ख़याल अपना
इफ़शा-ए-हक़ीक़त[1] से डरता है सवाल अपना

काग़ज़ की सदाक़त[2] हूँ गो वक़्फ़-ए-किताबत[3] हूँ
सफ़हों[4] से इबारत[5] हूँ खुलना है मुहाल अपना

आईना है ज़ात अपनी मामूर[6] हूँ जलवों से
मस्तूर[7] है नज़रों से हर चंद जमाल अपना

ख़ुश है कि जो टूटी है आख़िर कोई शै होगी
ख़ुद में नज़र आता है शीशे को जो बाल अपना

पर्दे ने बुना मुझको, पर्दे ने सुना मुझको
नग़मा हूँ समझता हूँ इतना ही कमाल अपना

गुंचे में रहा हूँ मैं, तिनके में ढला हूँ मैं
किरनों की दुआ हूँ मैं शोला है मआल[8] अपना

ऐ हमनज़रों ठहरो क्या हो जो बरामद हो
हर गोशा-ए-ख़लवत[9] से इक नक़्श-ए-ख़याल अपना

तह सतह तक आ पहुँची इक मौज न हाथ आई
कब तक ये मुहिम आख़िर अब खेंच लूँ जाल अपना

ख़ुशबू से मुहिब बहलो क्या ऊद[10] को रोते हो
इस अह्द की नज़रों से मख़्फी[11] है मलाल अपना

---

1. सत्यता या यथार्थता का प्रकट होना 2. सत्यता 3. लिखाई के लिए वक़्फ़ 4. पृष्ठ, पन्ना (बहु.) 5. कलात्मक ढंग से व्यवस्थित करना 6. भरा हुआ, परिपूर्ण 7. छिपा हुआ 8. परिणाम 9. एकान्त 10. एक सुगन्धित लकड़ी, अगरू, 11. छिपा हुआ

7

दम-भर को चलते-चलते हम क्या ठहर गए हैं
लहरा उठे हैं सहरा दरिया ठहर गए हैं

आँखें जिधर उठी हैं तसवीर खिंच गई है
बल खाके रहरवान-ए-राना ठहर गए हैं

इस शौक़ में कि देखें सैद-अफ़गनी[1] हमारी
मुड़-मुड़ के आहुआन-ए-सहरा[2] ठहर गए हैं

था जाने कब से जारी रक़्स-ए-निगार-ए-हस्ती
हम आए हैं तो सारे आज़ा[3] ठहर गए हैं

माहौल है कि साया हमराह चल रहा है
ऐ शौक़ चल रहे हैं हम या ठहर गए हैं

आवारा ख़ुद है सहरा ऐ इश्क़ हम बबूले
माना ठहर गए हैं पर क्या ठहर गए हैं

हर नुक़्ता[4] इक उफ़ुक़[5] है, तीर-ए-नज़र हमारे
जिसको हदफ़[6] समझ कर अपना, ठहर गए हैं

लाख इंक़लाब आए हम यूँ अटल रहे हैं
आब-ए-रवाँ[7] पे साए गोया ठहर गए हैं

ये कायनात[8] सारी तस्नीफ़[9] है हमारी
इक मसअला[10] मुहिब हम जिसका ठहर गए हैं

है उनकी आमद-आमद इतना उछल कि ऐ दिल
मालूम हो कि लम्हे गोया ठहर गए हैं

---

1. शिकार खेलना 2. जंगल के हिरन 3. अंग (बहु.) 4. बिन्दु 5. क्षितिज 6. लक्ष्य, निशाना 7. बहता हुआ पानी 8. ब्रह्मांड 9. रचना 10. समस्या

8

जो ज़ख़्मों से अपने बहलते रहेंगे
वही फूल हैं, शहद उगलते रहेंगे

घटाएँ उठीं, साँप वीरानियों के
इन्हीं आस्तीनों में पलते रहेंगे

शरीअत[1] ख़स-ओ-ख़ार[2] ही की चलेगी
अलम रंग-ओ-बू के निकलते रहेंगे

नई बस्तियाँ रोज़ बसती रहेंगी
जिन्हें मेरे सहरा निगलते रहेंगे

मचलते रहें रौशनी के पतंगे
दिये मेरे, काजल उगलते रहेंगे

रवाँ हर तरफ़ ज़ौक़-ए-पस्ती[3] रहेगा
बुलंदी के चश्मे उबलते रहेंगे

जिसे साँस लेना हो, ख़ुद आड़ कर ले
ये झोंके हवा के तो चलते रहेंगे

ये पत्ते तो अब फूल क्या हो सकेंगे
मगर उम्र-भर हाथ मलते रहेंगे

मुहिब रास्ती[4] है इबारत[5] कजी[6] से
मेरे बल कहाँ तक निकलते रहेंगे

---

1. इस्लामी धार्मिक क़ानून 2. घास और काँटा 3. पतन की रुचि 4. सचाई 5. शब्द विन्यास 6. टेढ़ापन

दो ग़ज़लों से चँद अशआर

किस वहम, किस चक्कर में हो? ख़ुदबीं[1] बगूलो, दम तो लो
सीने में दिल हो भी कहीं, माना कि बेताबी तो है

हर बाग़ में उड़ता फिरूँ, हर शाख़ पे गिरता रहूँ
हर गुल से ख़ुशबू चूस लूँ, अब ये मेरी ज़िद ही तो है

है-है वो शीरीं[2] झल्कियाँ! कब तक मगर सर फोड़िए
दीवार फिर दीवार है, हालाँकि शीशे की तो है

फिर भी ये धुन है, मौज से दरिया को अपने नाप लूँ
पैमाना मेरा है ग़लत, मुझको ख़बर इतनी तो है

ख़िरद[3] यक़ीं के सुकूँ-ज़ार[4] की तलाश में है
ये धूप साया-ए-दीवार की तलाश में है

वौ औज[5] हूँ जो ख़लल[6] है निज़ाम-ए-पस्ती[7] का
वो जुर्म हूँ जो सर-ए-दार[8] की तलाश में है

ख़स-आज़मा[9] है मुहिब शोला-ज़ार-ए-बातिल[10] से
नया ख़लील[11] है, गुलज़ार की तलाश में है

---

1. अपने को सब कुछ समझने वाला, अभिमानी 2. मधुर 3. बुद्धि 4. शान्त स्थान 5. उच्चता 6. बाधा 7. पतन का प्रबन्ध 8. सूली 9. सूखी घास को आजमाने वाला 10. झूठ की आ, 11. ख़लील, हज़रत इब्राहीम का ही एक उपनाम है। उन दिनों ईरानी बादशाह था : नमरूद। पुराने ज़माने में ईरान के सभी बादशाहों को नमरूद की उपाधि दी जाती थी। लेकिन उर्दू कविता में नमरूद का अर्थ ईरान का वही शाह है जो हज़रत इब्राहीम का समकालीन था। नमरूद का दावा था कि मैं भगवान हूँ। उसने अपनी मूर्तियाँ पूजागृहों में रख दीं। प्रजा को आदेश दिया कि मेरी मूर्तियों की पूजा करो। हज़रत इब्राहीम ने उसे बहुत समझाया कि यह अनैतिक और ग़लत घमंड है। लेकिन नमरूद बादशाह था, ईरान का निरकुंश सम्राट। उसने हज़रत इब्राहीम की सलाह मानना तो दूर, झल्लाकर एक मैदान में आग जला दी और कहा कि इस आग में घुसो। देखते हैं कि तुम्हारा ख़ुदा तुम्हारी रक्षा कर सकता है या नहीं। सीता की तरह अग्नि-परीक्षा के लिए हज़रत इब्राहीम बेझिझक आग में चले गए। इस आग को आतिशे-नमरूद कहा जाता है। हज़रत इब्राहीम ने ज्यूँ ही सुलगती लपटों की परिधि में पाँव रखा, जलते हुए शोले बुझ गए। अंगारों की जगह फूल खिल गए। एक बाग़ बन गया। इस बाग़ को गुलशने-ख़लील या गुलज़ार-ए-इब्राहीम कहते हैं

अशआर

हम हैं जबीन-ओ-ज़ुल्फ़[1] की सरहद पे ख़ैमाज़न[2]
अपनी गिरिफ़्त[3] में हमें लाएगा शाना[4] क्या

दिल में तो बसा दी है हर साँस ने दुनिया भी
इक उम्र गुज़ारी है एहसास ने तन्हा भी

बाग़बाँ कुछ तो हक़ मेरा भी है
फल में कुछ बीज के सिवा भी है

हद-ए-उम्मीद[5] से हैं परे कामरानियाँ[6]
ऐ फ़िक्र हो बुलंद कि फ़ुर्सत है आजकल

कल मैंने मुहिब उसको अजब तौर से देखा
आँखों ने तो कम दिल ने बहुत ग़ौर से देखा

जिसके ख़तूत[7] ही पे जान देते थे हज़रत-ए-मुहिब
आज ब-ज़ात-ओ-ख़ुद[8] वही नामानिगार[9] आ गया

अपनी आग में भुनती जाए बुनती जाए कफ़न अपना
गोया इसीलिए छोड़ा है चिंगारी ने वतन अपना

इस दिल की बदौलत हो के रही आख़िर मेरी दुनिया सबसे अलग
जो काम करेगा सबसे जुदा, जो बात कहेगा सबसे अलग

---

1. माथा और बाल 2. तम्बू लगाए हुए 3. पकड़ 4. कन्धा 5. आशा की सीमा 6. सफ़लता (बहु.) 7. पत्र (बहु.) 8. अपने आप 9. पत्र लिखने वाला

शबनम रूमानी

नाम : मिर्ज़ा अज़ीम अहमद बेग चुग़ताई। 20 दिसम्बर, 1928 को शाहजहाँपुर (भारत) में मिर्ज़ा अज़हर अहमद बेग चुग़ताई के घर पैदा हुए। 1940 में बेनी माधो हाईस्कूल, शाहजहाँपुर से मैट्रिक और 1948 में बरेली कॉलेज में पढ़कर आगरा यूनिवर्सिटी से बी.कॉम. किया।

ज़्यादातर शायरी ज़ाती तजुर्बों का बयान होती है। जब कोई कवि इन अनुभवों की परत-दर-परत चीरकर लिखता है तो परम्पराभंजक हो जाता है और जब पुण्य-पाखंड, प्यार-प्रायश्चित्त, पूजा-पीड़ा, प्रणय-परिणाम, प्रकृति-प्रार्थना की परिभाषाओं तक पहुँचने का प्रयत्न करता है तो दार्शनिक। जो इन दोनों स्थितियों के बीच लटका रहे, न आध्यात्मिक हो पाए न शुद्ध चिन्तक, वह शबनम रूमानी होगा। या उस जैसा।

शबनम का नुक़्ता-ए-नज़र[1] रूमानी है। वह हक़ीक़त की तलाश भी ग़ालिबन[2] इसलिए करता है कि दुनिया पर अपने पसंदीदा रंग चढ़ाकर देखे। मगर बुरा हो ज़िन्दगी के यथार्थों का, कितनी तल्ख़ियाँ पैदा करते हैं कि इन कड़वाहटों का क़ैदी शबनम न पूरी तरह आत्मलीन हो पाता है, न भावना विलीन। न उसके माथे पर निवृत्ति के निषेध उभरते हैं, न उसकी हथेलियों पर प्रवृत्ति के रंग। शबनम रूमानी की भाषा न सादा है न मुश्किल। यकसाँ भी नहीं है। उसकी रचनाओं में कहीं हिन्दी के शब्द हैं तो कहीं फ़ारसी-आमेज़ फ़िक़रे। न उसकी शैली क्लासिकी ठहराव का वज़्न बर्दाश्त कर पाती है न उसकी क़लम इतनी बेतकल्लुफ़ हो सकी है कि गली-हाट की आमफ़हम बोली में दुलकियाँ लगाती हुई दौड़े।

लेकिन यह मेरा मत है। 'पाकिस्तानी उर्दू शायरी' खंड तीन में प्रकाशित कवि और आलोचक जाज़िब कुरैशी लिखते हैं : किसी ने कहा है कि कोई शख़्स किसी दरिया के एक ही पानी में दो बार नहीं नहा सकता। मुमकिन है कि ये सच

1. दृष्टिकोण 2. शायद

हो। लेकिन ये ज़रूर सच है कि कोई शायर लफ़्ज़ों, जज़्बों और ख़यालों को नक़्ल करके मोतबर शायर नहीं बन सकता। शायरी तो मालूम से नामालूम का सफ़र है और ये सफ़र हमें शबनम रूमानी की किताब 'जज़ीरा' में नज़र आता है। शबनम रूमानी के ताज़ा और रौशन लफ़्ज़ों के बदन में गर्दिश करने वाला लहू ज़मीन से उठती गर्मी की तरह बोलता है। उन का इश्क़ ख़याली मुहब्बत नहीं। उनके यहाँ हुस्न की तसवीर अपनी माशूक़ का चेहरा है :

हर लफ़्ज़ डूबता नज़र आया किताब में
उभरा वरक़-वरक़ तेरा चेहरा किताब में

इब्लाग़-ए-आरज़ू[1] भी क़फ़स[2] आरज़ू का है
पर फड़फड़ा रहा है परिंदा किताब में

मेरे ही ख़द्द-ओ-ख़ाल[3] में मेरे तमाम हर्फ़[4]
मैंने किया ख़ुद अपना तमाशा किताब में

वे क्लासिकी सायों से निकल कर अब ख़ुद एक ऐसा सायबान[5] बन गए हैं जहाँ से नई ज़िन्दगी की धूप-छाँव, बारिश-आँधी और चाँदनी के मुख़्तलिफ़ मौसम बरसते हुए, बिखरते हुए और सिमटते हुए दिखाई देते हैं। 'जज़ीरा' समंदर की गहराइयों में डूब कर भी अपनी सतह को बुलन्द रखने की अलामत[6] है जो सच्ची मुस्कराहटों को तलाश करने और टूटते हुए इंसानी रिश्तों को जोड़ने की ख़्वाहिश में चेहरानुमा हुई है :

ऐसे दुख भी छाँव-छाँव पड़ते हैं
जलती रेत पे जैसे पाँव पड़ते हैं

कोई भी शक्ल मुकम्मल नज़र नहीं आती
ये किसने तोड़ दिया है नज़र का आईना

आशना-नाआशना कोई नहीं
ये गली तो दूर तक सुनसान है

---

1. इच्छा की अभिव्यक्ति 2. पिंजरा, कारागार 3. नैन-नक़्श 4. अक्षर 5. छाया के लिए बनाई गई कोई भी जगह 6. प्रतीक

तुझको छूने बढ़ूँ तो हात अपने
पत्थरों में दबे हुए देखूँ

शबनम रूमानी जानते हैं कि वो एक ऐसे अह्द[1] में ज़िन्दा हैं जिसमें बने-बनाए नज़रिआत और सदियों पुराने उसूल ख़स्ता हो गए हैं। आने वाले 'कल' का एतिबार उठ चुका है और 'आज' के लम्हा-ए-मौजूद[2] ही को सबसे बड़ी सचाई समझा जाता है। यही गुज़रता हुआ लम्हा ज़िन्दगी का इस्तिआरा[3] भी है और एक भागता हुआ इशारा भी :

हाल एक लम्हा-ए-गुरेज़ाँ[4] है
मुड़ के देखूँ कि सामने देखूँ

शबनम रूमानी इक लम्हा-ए-मौजूद को गिरिफ़्तार तो कर लेते हैं लेकिन क्या कीजिए कि ख़ौफ़ और बेएतिबारी के हर्फ़ इस अह्द के सीने पर लिख दिए गए हैं :

मेरा भी राज़दार-ए-मुहब्बत[5] कोई नहीं
और आप भी किसी पे भरोसा न कीजिए

आसेब[6] रक़्स[7] में हैं यहाँ पर क़दम-क़दम
जंगल की रौशनी पे भरोसा न कीजिए

शबनम रूमानी के यहाँ अन्दर खुलने वाली आँखों का रास्ता बाहर की उन वुसअतों[8] में आ निकलता है जहाँ जदीद[9] मसाइल का जुलूस आगे बढ़ रहा है।

कौन-सा रंग इख़्तियार करें
ख़ुद को चाहें कि तुझसे प्यार करें

रौशनी का यही तक़ाज़ा है
मेरे साए मुझी पे वार करें

1. युग 2. वर्तमान क्षण 3. रूपक 4. भागता हुआ क्षण 5. आपका वह मित्र जो आपके प्रेम का भेद जानता हो 6. भूत-प्रेत 7. नाच रहे हैं 8. विस्तार (बहु.) 9. आधुनिक

गुम है तन्हाइयों में शह्र का शह्र
कैसे इन जंगलों को पार करें

शबनम रूमानी इस सचाई से बेख़बर नहीं। वे जानते हैं कि इंसान ने कभी पीठ की सम्त पाँव लगाकर सफ़र नहीं किया है। वो मज़हब की क़द्र करते हैं। लेकिन साइंस और टैक्नोलोजी की बरकतों[1] से नफ़रत नहीं करते। शबनम रूमानी को तो उन लोगों से इख़्तिलाफ़[2] है जो साइंस या मज़हब को इंसानी हलाकत[3] या इंसानी जहालत[4] का ज़रिया बनाना चाहते हैं।

कृतियाँ : 'सैरे कराची' एक लम्बी कविता (1958), 'मसनवी' (1961), कविता संग्रह 'ज़जीरा' (1979)।

17 फ़रवरी, 2009 को कराची में इनका निधन हो गया।

---

1. कल्याण 2. मतभेद 3. किसी घटना में मरना 4. अज्ञान, निरक्षरता

मैं कौन हूँ

हाँ मुझमें अब वो शख़्स नहीं
जो ख़ुशियों के दुख सहता था
पत्थर को नीलम कहता था
अब उस ख़स्ता पैराहन[1] में
वो शख़्स कहाँ
जिसके क़दमों की आहट से
बज उठती थीं सूनी गलियाँ
जिसके दामन में सारे फूल, सभी कलियाँ
जिसकी आँखों में
सब रातें
सब रौशनियाँ

वो तीखे तेवर वाला बाँका शहज़ादा अब ख़्वाब हुआ
काले चमकीले बालों में
चाँदी के पिरो कर तार
पहन कर
नीले-नीले साँपों के कुछ हार
कथा का बाब[2] हुआ
हाँ मुझमें अब वो शख़्स नहीं
फिर कौन हूँ मैं
ये कौन पहन कर मुझको नगरी-नगरी धूम मचाता है
मेरा इससे क्या नाता है

---

1. फटे-पुराने वस्त्र 2. परिच्छेद

अपमान

कोई शेर बने
कोई शेर-अफ़गन[1]
कोई प्यार का अंधा ब्योपारी
कोई धन की दोज़ख़ का ईंधन
कोई बनमानस
बस्ती में नाचे छनन-छनन
कोई शैख़[2],
बरहमन[3] के माथे का लाल तिलक
कोई बालक,
दुख-चादर ओढ़े,
गलियों में रोए बिलक-बिलक

कोई मन-राजा
राजाओं की भरे चिलम
कोई वीर,
उठाए हाथों में डर का परचम

कोई राज सपेरा
बीना में फुंकार भरे
कोई अपने मान का रखवाला
ख़ुद अपना ही अपमान करे
कोई साँप उतारे
'तन उतरन'
और झल-झल चमके
ज़ह्र नहाया उसका बदन

बोल ऐ मेरे मन, बोल ऐ मेरे मन
अब चुप रहना है पागलपन

1. शेर को परास्त करने वाला 2. प्रतिष्ठित 3. ब्राह्मण

इब्हाम[1]

हर एक मंज़र है धुँदला-धुँदला
कि जैसे पानी पे अक़्स[2] लरज़ाँ[3]
तमाम रंग एक-दूसरे में घुले हुए हैं
तमाम नक़्श अपने वसवसों[4] से धुले हुए हैं
तमाम ख़ल्क-ए-ख़ुदा[5] है,
चेहरों पे धुंद की इक नक़ाब डाले
तमाम सच्चाइयाँ हैं,
अपने गले में सदियों के ख़्वाब डाले

अजब समाँ[6] है,
कि पीठ की सम्त पाँव सबके फिरे हुए हैं
ये नीम-तारीक[7] रहगुज़र[8]
और ये नीम-रौशन[9] तमाम घर,
वहशत-ए-हुनर[10] में घिरे हुए हैं

ये आफ़ताब,[11]
        एक टिमटिमाता चराग़-सा है
ये माहताब,[12]
        एक दाग़-सा है
ये फूल,
        जैसे हों क़त्ल-नामे[13] की सुर्ख़ मोहरें
ये शाहराहों के क़ुमक़ुमे[14] हैं
कि आबले[15] हैं?
जो फूट कर आज अपनी हालत पे रो पड़े हैं!

मैं सोचता हूँ
तो कोई छुप कर मुझी में,
मेरे फ़ुसून-ए-बातिन[16] को भाँपता है!

---

1. निगूढ़ता, अस्पष्ट, या कई अर्थों वाला शब्द 2. प्रतिबिम्ब 3. काँपता हुआ 4. बुरी शंका, भ्रम (बहु) 5. मानवजाति 6. दृश्य 7. अर्द्ध-अन्धकारमय 8. पथ 9. अर्द्ध-प्रकाशमान 10. विद्या का भय 11. सूर्य 12. चाँद 13. वध-पत्र (बहु.) 14. बल्ब 15. छाले 16. अन्तर्मन का जादू

मैं लिख रहा हूँ,
मगर मेरा हाथ काँपता है!!

मॉडल

सब क़ियास[1] झूटे हैं
जिस्म-जिस्म पैराहन[2] पत्थरों ने लूटे हैं
मैं भी एक पत्थर हूँ
पाँव के अँगूठों से गर्म-गर्म पोरों तक
मैं भी एक गौहर[3] हूँ
फ़न के बादशाहों से रौशनी के चोरों तक

तुम बड़े मुसव्विर[4] हो
फ़नकदे[5] में हर जानिब बोलती हैं तसवीरें
बंद ख़ुद क़बाओं[6] के खोलती हैं तसवीरें
मैं भी सूरत-ए-तसवीर[7] बे-लिबास[8] हूँ, लेकिन
मेरे हुस्न की पोशिश[9] कैनवस का पर्दा है
मैं उदास हूँ, लेकिन
ये हवस[10] का पर्दा है
मेरी राज़दाँ[11] सारी हैंगर पे लटकी है
इक सवाल के मानिंद
मेरी ज़िंदगी सारी हैंगर पे लटकी है
अर्ज़-ए-हाल[12] के मानिंद
झूलती हो सच्चाई इक सलीब पर जैसे
दर्द का सफ़र जैसे
ज़िंदगी के ये लम्हे मैंने बेच डाले हैं
तुमने मेरे पैकर[13] में कितने पेच डाले हैं

देखते हो यूँ, जैसे
तुम मेरे ये क़ौस-ओ-ख़त[14], ज़ुल्फ़-ओ-लब चुरा लोगे!

---

1. विचार, अनुमान 2. वस्त्र 3. मोती 4. चित्रकार 5. स्टूडियो 6. कुर्ता (बहु.) 7. चित्र की भाँति 8. नग्न 9. वस्त्र 10. लालसा, कामवासना 11. भेद जानने वाली 12. दशा बताने वाली 13. आकृति, शरीर 14. देह की गोलाइयाँ और सौन्दर्य-रेखाएँ

ख़ूबसूरती मेरी सब की सब चुरा लोगे!
तुम बड़े मुसव्विर हो
मानती हूँ मैं, लेकिन
ज़िंदगी को रंगों में क़ैद कर नहीं सकते
इस ग़ज़ाल-ए-वहशी[1] को सैद[2] कर नहीं सकते

तुम बड़े मुसव्विर हो
जानती हूँ मैं, लेकिन
देख-देखकर मुझको
कैनवस के सीने पर तीर से चलाते हो
अपना इज्ज़-ए-फ़न[3] लेकर
तश्त-ए-रंग[4] में ख़ुद भी डूब-डूब जाते हो
मरमरी[5] बदन लेकर
सोचती हूँ मैं चुपचाप,
अपने आप में गुम हो!
किस अज़ाब[6] में तुम हो।

तुम क़ातिल हो

शबनम!
तुमने गुलदानों से फूल चुराए,
ख़ूब किया!
लेकिन,
अपनी रूह[7] को,
शाख़-ए-गुल[8] पर क्यों मसलूब[9] किया?

लम्हा

देखो ये मेह्-ए-नीम-शब[10]
अंगार जैसे सुर्ख़ और अंगूर जैसे नर्म लब

---

1. जंगली हिरन 2. शिकार 3. कला की नम्रता या वित्तीति 4. रंगों की थाली 5. संगमरमर जैसा सफ़ेद और चिकना 6. यातना 7. आत्मा 8. फूलों की डाली 9. सूली पर चढ़ाया 10. आधी रात का चाँद

देखो ये लहराता बदन
ओढ़े हुए,
गीतों बुनी, मौजे-हवा की सी रिदा[1]
पहने हुए,
महका हुआ, शफ़्फ़ाफ़ जिल्दी[2] पैरहन[3]
ये देवता के हाथ में इक सात रंगों की कमाँ
ये इक क़िलोपतरा[4] की खिंचती टूटती अँगड़ाइयाँ

लेकिन ख़लाओं[5] में अजब शक्लें बनाता है धुआँ

ये क्या कि अपनी ज़द[6] में हैं
अंगार भी, अंगूर भी
शफ़्फ़ाफ़ लहराता बदन
उरियाँ[7] भी है, मस्तूर[8] भी
हर गीत अपनी धुन में है
आज़ाद भी, महसूर[9] भी

ख़ुद ही क़िलोपतरा की बाँहों का महकता लोच है
फुनकारते लम्हे का बल खाता हुआ दस्तूर भी

तस्लीस[10]

यक़ीं—?
नहीं,
अपनी ज़ात का भी!

गुमाँ के पत्थर उठाए शानों पे दम-ब-दम हाँपते हैं इनसाँ
ख़ुद अपनी परछाइयाँ तआक़ुब[11] में देखकर काँपते हैं इनसाँ

---

1. चादर 2. त्वचा जैसा 3. वस्त्र 4. मिस्र की एक रानी : क्लियोपैट्रा 5. शून्य, अंतरिक्ष (बहु.) 6. निशाना 7. नग्न 8. छिपा हुआ 9. घिरा हुआ 10. तीन भाग करना, ईसाइयों का तीन ख़ुदा मानना 11. एक का दूसरे के पीछे भागना

अमल—?
कि जौ बोएँ और काटें सुनहरी गंदुम
जो दस्तरस[1] हो
तो महर-ओ-मह[2] को शिकार कर लें
और अपना घर
उन जवाहर-ए-आसमाँ[3] से भर लें
और अपना बस हो
तो अपने ख़्वाबों को बेच कर नक़्द-ए-सीम-ओ-ज़र[4] लें

मुहब्बत—?
इक रूह-ए-बे-बदन[5], एक जिस्म-ए-बेजाँ[6]
न इसके मानी[7] न इसका मफ़हूम[8] जानते हैं
इसे लुग़त-साज़[9] अह्ल-ए-दानिश[10] का सह्व-ए-मासूम[11] जानते हैं

ये लफ़्ज़,
बिलफ़र्ज़[12],
था भी ज़िंदा
तो इसके वारिस[13]
अब इसको मरहूम[14] जानते हैं

आँख का ज़ख़्म

झूट-सच की तरक़्क़ी माकूस[15] है
एक उरियाँ तमन्ना का मलबूस[16] है

हमने ख़ुशताब[17] पत्थर को हीरा कहा
बंदगी[18] को गुनाह-ए-कबीरा[19] कहा

---

1. पहुँच 2. सूरज और चाँद 3. आकाश के रत्न अर्थात सितारे 4. चाँदी-सोने के सिक्के 5. अशरीर आत्मा 6. निर्जीव शरीर 7. अर्थ 8. भाव 9. शब्दकोश बनाने वाला 10. विद्वान 11. मासूम ग़लती 12. धारणा, कल्पना, मान लो, उदा. मान लो कि मछलियाँ हवा में उड़ सकतीं 13. उत्तराधिकारी 14. दिवंगत 15. विपरीत 16. वस्त्र 17. चमकदार 18. पूजा 19. बड़ा पाप

बन गया वह्म-ए-सदरंग[1] भी देवता
पेड़ भी, साँप भी, संग भी देवता

नीलगूँ आस्माँ का यक़ीं कुछ नहीं
जिसका अव्वल[2] न आख़िर[3], नहीं कुछ नहीं

कौन देखे ये फ़ितरत[4] की बारीकियाँ
रात की रौशनी, दिन की तारीकियाँ[5],

चाँदनी, रूद-ए-ग़मनाक[6] है, क्या कहूँ
चाँद, इक तोदा-ए-ख़ाक[7] है, क्या कहूँ

गर्मी-ए-ख़ून-ए-दह्क़ाँ[8] है, सूरज की ज़ौ[9]
आँख का ज़ख़्म है, ख़ंजर-ए-माह-ए-नौ[10]

अब्र[11], मिट्टी की उड़ती हुई प्यास है
बू-ए-गुल[12] अपनी ही बू-ए-अनफ़ास[13] है

अलाव

मेरा जिस्म जल रहा है
मेरे ख़्वाब जल रहे हैं
मेरी दास्तान-ए-जाँ[14] के सभी बाब[15] जल रहे हैं

ये लगी है आग कैसी
कि सियाहियों के जंगल से गुज़र रहा हूँ जैसे
मेरी रूह चीख़ती है कि मैं मर रहा हूँ जैसे

---

1. सौ-रंगी भ्रम 2. प्रारम्भ 3. अन्त 4. प्रकृति 5. अन्धकार (बहु.) 6. दुखित नदी 7. मिट्टी का तोंदा 8. किसान के ख़ून की गर्मी 9. प्रकाश 10. नए चाँद का ख़ंजर (पहली तारीख़ का चाँद बहुत बारीक होता है इसीलिए ख़ंजर की उपमा दी गई है) 11. घटा 12. फूल की सुगन्ध 13. साँसों की सुगन्ध 14. प्राणों की कथा 15. परिच्छेद

मेरे ख़ून से है रौशन ये अलाव नफ़रतों का
मेरे जिस्म की रिदा[1] है
ये जली-जली सी ख़ुशबू
मेरी हड्डियाँ चटख़कर जो फ़ज़ा में उड़ रही हैं
तो गुमाँ ये हो रहा है
कि सितारे टूटते हैं

मेरा नाम पूछते हो
मेरा नाम कुछ नहीं है
मगर उसका नाम क्या है
ये अलाव जिसने रौशन किया अपनी ख़्वाहिशों का
मुझे उसका घर बताओ
कहीं उसका घर भी होगा

दोराहा

इक बलखाती चंचल नदी, इक उड़ता बादल
एक में छब गीतांजली की, एक उदास ग़ज़ल

एक पहाड़ की धूप सुनहरी, इक वादी की शाम
एक मुजस्सम[2] तलअत[3] है, इक ख़ुशबू की हमनाम

एक जलाए ख़्वाब का संदल, एक जले चुपचाप
इक ख़्वाबों से प्यार करे, इक प्यार को समझे पाप

एक को मुझसे हमदर्दी है, एक का मैं हमदर्द
एक ही पलकें भीगी-भीगी, एक का चेहरा ज़र्द

दोनों एक ग़ज़ल का मतला[4], एक रुबाब के तार
जैसे दो बाग़ों की कलियाँ, एक गले का हार

1. चादर 2. साकार, साक्षात 3. आकृति 4. ग़ज़ल का पहला शेर

मुझको क्या मालूम कि मैंने किसको चाहा है
जाती साअत[1], आता लम्हा, एक दोराहा है

हसीनों के ख़तूत[2]

ये वरक़[3] हैं कि धड़कते हुए दिल बिखरे हैं
नर्म हाथों की ये शरमाई हुई तहरीरें
गर्म साँसों के ये घबराए हुए अफ़साने
एक राँझे के तआकुब[4] में बहुत-सी हीरें

ये सुबुक लफ़्ज़, जवाँ लफ़्ज़, खनकते हुए लफ़्ज़
ये बरेली की धनक, शाहजहाँपुर के फूल
गुनगुनाती हैं फ़ज़ाओं में अजब ख़ुशबुएँ
मुस्कुराते हैं दरीचों में बहुत दूर के फूल

ये किसी बिंत-ए-कराची[5] के ख़तरनाक सवाल
ये किसी दुख़्तर-ए-लाहौर[6] के बेबाक जवाब
ये किसी 'क़स्र'[7] के सीने की सुलगती हुई आग
ये किसी 'लॉज'[8] की आँखों के महकते हुए ख़्वाब

काश मैं साहिब-ए-अल्फ़ाज़[9] न होता शबनम
वरक़-ए-शौक़ पे लफ़्ज़ों की तरह सो जाता
काश जिन फूल से हाथों ने ख़त लिक्खे हैं
मैं उन्हीं हाथों का लिक्खा हुआ ख़त हो जाता

तन-परछाईं

औरत क्या है
साज़ की धड़कन
कब तक धड़कन बंद रहेगी साज़ के सीमीं तारों में

1. क्षण 2. पत्र (बहु.) 3. पन्ना 4. एक का दूसरे के पीछे भागना 5. कराची की बेटी 6. लाहौर की बेटी 7. भवन 8. निवास स्थान 9. लेखक

औरत क्या है
प्यार की जोगन
कब तक प्यार की जोगन यूँ रुसवा होगी बाज़ारों में

औरत क्या है
मय का प्याला
कब तक उसकी तल्ख़ी[1] को तफ़रीहन[2] चक्खा जाएगा
औरत क्या है
दीप उजाला
कब तक आख़िर उसको तारीकी[3] में रक्खा जाएगा

औरत क्या है
दामन-ए-गुलचीं[4]
कब तक गुलचीं के दामन की सोई आग न जागेगी
औरत क्या है
तन-परछाईं
कब तक ये परछाईं तन के पीछे-पीछे भागेगी

औरत क्या है
जिन्स-ए-मुहब्बत
कब तक जिन्स-ए-मुहब्बत[5] को यूँ गाहक देखें-भालेंगे
औरत क्या है
रूप की दौलत
कब तक रूप के डाकू इस दौलत पर डाका डालेंगे

औरत क्या है
इक कमअक़्ली[6]
लेकिन अब कमअक़्ली और दानिश[7] में ठनती जाती है
औरत क्या है
इक कमज़ोरी
लेकिन अब ये कमज़ोरी इक ताक़त बनती जाती है

---

1. कड़वाहट 2. मन बहलाव के लिए 3. अन्धकार 4. फूल चुनने वाले का दामन 5. प्रेम-पात्र, प्रेम की वस्तु 6. नासमझी, बेवकूफ़ी 7. बुद्धि

ग़ज़लें

अपनी मजबूरी को हम दीवार-ओ-दर कहने लगे
क़ैद का सामाँ किया और उसको घर कहने लगे

दर्ज है तारीख़-ए-हिज्र-ओ-वस्ल[1] इक-इक शाख़ पर
बात जो हम-तुम न कह पाए, शजर[2] कहने लगे

ख़ौफ़-ए-तनहाई दिखाता था अजब शक़्लें, सो हम
अपने साए ही को अपना हमसफ़र कहने लगे

बस्तियों को बाँटने वाला जो ख़त खेंचा गया
ख़त-ए-कशीदा लोग उसको रहगुज़र कहने लगे

अव्वल-अव्वल दोस्तों पे नाज़ था क्या-क्या हमें
आख़िर-आख़िर दुश्मनों को मोतबर[3] कहने लगे

2

लम्हों का पथराव है मुझ पर, सदियों की यलग़ार
मैं घर जलता छोड़ आया हूँ दरिया के उस पार

किसकी रूह तआक़ुब[4] में है, साए की मानिंद
आती है नज़्दीक से अक्सर ख़ुशबू की झनकार

तेरे सामने बैठा हूँ, आँखों में अश्क लिए
मेरे-तेरे बीच हो जैसे शीशे की दीवार

मेरे बाहर, उतनी ही मरबूत[5] है बे-रब्ती[6]
मेरे अंदर की दुनिया है जितनी पुरअसरार[7]

---

1. मिलन और विरह का इतिहास 2. पेड़ 3. विश्वस्त 4. पीछे भागना 5. क्रमबद्ध 6. असम्बद्धता 7. भेद-भरी

बंद आँखों में काँप रहे हैं जुगनू-जुगनू ख़्वाब
सिर पे झूल रही है कैसी नादीदा[1] तलवार

3

मैंने किस शौक़ से इक उम्र ग़ज़लख़्वानी की
कितनी गहरी हैं लकीरें मेरी पेशानी की

वक़्त है मेरे तआक़ुब में, छुपा ले मुझको
जू-ए-कम-आब[2]! क़सम तुझको तेरे पानी की

यूँ गुज़रती है रग-ओ-पै[3] से तेरी याद की लहर
जैसे ज़ंजीर छनक उठती है ज़िंदानी[4] की

अजनबी-से नज़र आए तेरे चेहरे के नक़्श
जब तेरे हुस्न पे मैंने नज़र-ए -सानी[5] की

मुझसे कहता है कोई 'आप परीशान न हों
मेरी ज़ुल्फ़ों को तो आदत है परीशानी की'

ज़िंदगी क्या है? तिलिस्मात की वादी[6] का सफ़र
फिर भी फ़ुर्सत नहीं मिलती मुझे हैरानी की

वो भी थे ज़िक्र[7] भी था रंग-ए-ग़ज़ल[8] का शबनम
फिर तो मैंने सर-ए-महफ़िल वो गुलअफ़शानी[9] की

4

कौन सा रंग इख़्तियार करें?
ख़ुद को चाहें कि तुझसे प्यार करें?

---

1. अनदेखी 2. कम पानी वाली नदी 3. सारा शरीर 4. क़ैदी 5. दुबारा देखना 6. वह मायारचित जादुई घाटी जहाँ अजीब-अद्‌भुत चीज़ें दिखाई पड़ें 7. चर्चा 8. काव्य की पद्धति, ग़ज़ल का रंग 9. फूल बरसाना

भीड़ में जो बिछड़ गए हमसे
शाम ढलने का इंतज़ार करें

पत्थरों से मुआमला[1] ठहरा
सरकशी[2] क्यों न इख़्तियार करें?

रौशनी का यही तक़ाज़ा है
मेरे साए मुझी पे वार करें

गुम है तन्हाइयों में शह्र का शह्र
कैसे इन जंगलों को पार करें

जब हक़ीक़त भी ख़्वाब हो शबनम
क्यों न ख़्वाबों का एतिबार करें

5

हवा ढूँडती है, कि ये चोर-सा कौन ज़ीने में है
किरन पूछती है, कि मेरी अनी किसके सीने में है?

चटख़ती चटानों का अब शोर है, आईना-आईना
धड़कता हुआ ज़लज़ला आज हर आबगीने में है

अचानक अँधेरे में हाथ आ गई इक मचलती किरन
सफ़र-दर-सफ़र इक अजब तर्जुबा मेरे जीने में है

उधर बर्फ़बारी उड़ाती है आँगन में चम्पा के फूल
इधर मेरा सारा बदन डूबा-डूबा पसीने में है

---

1. परस्पर मिल कर कोई काम करना 2. विद्रोह, अवज्ञा

6

क़ौस-ए-लब चूम के आई आवाज़
वही झरनों में नहाई आवाज़

नग़मा[1] कहता है कि नै[2] से पूछो
किसके होंटों की चुराई आवाज़?

मेरे अलफ़ाज़ ही मुझ तक पहुँचे
मुझमें गूँजी जो ख़ुदाई आवाज़

कभी ख़ुशबू ने दिखाया चेहरा
कभी मुझको नज़र आई आवाज़

मेरे ख़त उसने जलाए छुप कर
किस ख़मोशी से जलाई आवाज़

7

वहशी आँधी से बादल की नाव ये कहती है
देखो, गहरी नद्दी किस नर्मी से बहती है

हर क्यारी, आते मौसम के सुनती है अहकाम
हर फुलवारी, जाती रुत के ताने सहती है

हूर-ओ-क़ुसूर-ओ-कौसर पर हैं क़ाबिज़ चंद इंसान
बाक़ी दुनिया ख़्वाबों की जन्नत में रहती है

मेरी चाहत, ग़म के तोहफ़े भी करती है क़ुबूल
मेरी हैरत, ख़ुशियों के सदमे भी सहती है

---

1. गान 2. बाँसुरी

अशआर

हम जिसके नग़्मा-ख़्वाँ[1] हैं वो किस अंजुमन[2] में है
सदियों का इंतज़ार हमारी थकन में है

तन्हाई का आलम ही पुरअसरार[3] है कितना
जैसे कोई छुप-छुप के मुझे देख रहा है

न जाने कौन दबे पाँव ख़्वाब में आया
खुली जो आँख तो ख़ुशबू से बस रहा था मकान

किया गया तेरे लब को गुलाब से मौसूम
मगर गुलाब की बेजान पंखुड़ी क्या है?

तुमको ख़ुद हुस्न का एहसास नहीं है, वर्ना
आईना सामने रख दूँ तो पसीना आ जाए

मुझे ये ज़ोम[4] कि मैं हुस्न का मुसव्विर[5] हूँ
उन्हें ये नाज़ कि तसवीर तो हमारी है

एक हंगामा है मेरे इर्द-गिर्द
नस्ब[6] हूँ बुत की तरह बाज़ार में

अजीब-सी है चमक आज उसके चेहरे पर
वो आईने को बहुत प्यार कर के आई है

हमको तक़दीर ने इस तरह किया था यकजा[7]
जैसे गुलदान में दो फूल गले मिलते हैं

उसे ये डर कि सितारे न गुफ़्तगू सुन लें
मुझे ये फ़िक्र कि सूरज निकलने वाला है

---

1. गीत गाना 2. सभा 3. रहस्यमय 4. गुमान, अभिमान 5. चित्रकार 6. स्थापित 7. एक जगह, इकट्ठा

तू मेरी क़िस्मत का तारा, मैं तेरी ज़ुल्फ़ों का फूल
छूट सकता है कहीं ये साथ आसानी के साथ

ये जो मौज-ए-बहर[1] बढ़कर तेरे पाँव छू रही है
यही मेरे पास पहुँचे तो उछाल दे किनारा

मौसमों की साज़िश[2] क्या, वक़्त की नवाज़िश[3] क्या
इश्क़ अपनी फ़ितरत[4] में दूसरा हिमाला[5] है

मैं जहाँ गर्दिश-ए-हालात से था गर्म-ए-जिहाद[6]
रक़्स करते हुए कुछ लोग उधर से गुज़रे

हाल-इक लम्हा-ए -गुरेज़ाँ[7] है
मुड़ के देखूँ कि सामने देखूँ

भीड़ में गुम हो जाने से मर जाना बेहतर है
मैं क्यों नाम लिखाऊँ तेरे चाहने वालों में?

रोज़, सूरज की तरह, सच के सफ़र पर निकले
हमने ख़्वाबों का समंदर न मगर पार किया

है कुछ ऐसी ज़िंदगी से भागने की आरज़ू
जैसे तहख़ाने की तारीकी[8] में रौज़न[9] की तलाश

आईना थे किसी के हाथों में
फ़र्श पर गिर के आज हम टूटे

कैसा पड़ाव क्या क़याम[10], शाम भी जंगलों की शाम
काढ़ के फ़न तवह्हुमात[11] राह में हमको डस गए

---

1. समंदर की लहर 2. षड्यंत्र 3. कृपा 4. प्रकृति, स्वभाव 5. हिमालय 6. जूझना 7. भागता हुआ क्षण 8. अँधेरा 9. झिरी, झरोखा 10. अस्थायी निवास, 11. भ्रम, भ्रान्ति (बहु.)

निशान-ए-सुर्ख़ी-ए-लब[1] के हज़ार मानी हैं
अजीब रंग का नामा[2] हमारे नाम आया

आफ़ियत[3] का एक गोशा[4] भी नहीं
गुफ़्तगू तुझसे करूँ ऐ दिल कहाँ?

न पढ़ो, यूँ कहीं-कहीं से मुझे
कि मैं इंसान हूँ, किताब नहीं

कोई भी शक्ल मुकम्मल नज़र नहीं आती
ये किसने तोड़ दिया है नज़र का आईना?

जब सँभल-सँभल कर वो मुझसे बात करते हैं
आरिज़ों से रंगों के क़ाफ़िले गुज़रते हैं

सितमज़रीफ़[5] हैं मौजों[6] के आईने ऐ दोस्त!
कनार-ए-जू-ए-रवाँ[7] मेरे साथ-साथ न चल

किस तरह आए हलक़ा-ए-बाज़ू[8] में कायनात
मैं दिल के इस अजीब तक़ाज़े से डर गया

क़रिया-ए-ख़्वाब[9] का मकीं,[10] अह्ल-ए-नज़र[11] नहीं, मगर
वो भी तो कोर-चश्म[12] है, ख़्वाब जो देखता नहीं

---

1. होंठों की लाली के निशान 2. पत्र 3. सुख, शान्ति 4. कोना 5. हँसी-हँसी में अत्याचार करने वाला 6. लहर (बहु.) 7. बहती हुई नदी के किनारे 8. बाँहों का घेरा 9. सपनों का गाँव 10. निवासी, 11. पारखी, 12. अंधा

शान-उल-हक़ हक़्क़ी

शान-उल-हक़ हक़्क़ी का जन्म 15 दिसम्बर, 1917 को दिल्ली में हुआ। मिडिल तक इसलामिया हाई स्कूल, पेशावर में तालीम, 1938 में अलीगढ़ से बी.ए. और 1940 में सेंट स्टीफ़ंज़ कॉलेज, दिल्ली से एम.ए. (इंग्लिश) किया। 1943 में 'आजकल' के असिस्टेंट एडीटर, फिर ग्रांट-ऐडवर्टाइजिंग वग़ैरा में कलकत्ता और शिमला में कॉपी राइटर; 1950 से 1968 तक हुकूमत-ए-पाकिस्तान के ऐडवर्टाइज़िंग आफ़ीसर; डिपार्टमेंट-ऑफ-पब्लिकेशंस-एंड-फिल्म-मेकिंग में डिप्टी डायरेक्टर। कार्यक्षमता के लिए तमग़ा-ए-काइद-ए-आज़म पाया। 1968 से 1978 तक पाकिस्तान टेलीविज़न में सेल्ज़ के जनरल-मैनेजर-कंट्रोलर रहे। 1978 से यूनाइटेड ऐडवर्टाइज़र्स, कराची में डायरेक्टर रहे। इन नौकरियों के अलावा 1959 से 1976 तक तरक़्क़ी-ए-उर्दू बोर्ड के मेम्बर और ऑनरेरी सेक्रेटरी रहे। शायर होने के साथ-साथ आलोचक, कहानीकार और अनुवादक भी हैं।

हक़्क़ी अपने मजमूए 'तार-ए-पैराहन' में लिखते हैं : एक अर्से तक तो मेरी शायरी में पैग़ाम का क्या ज़िक्र मज़मून का भी पता न था। जब बात थोड़ी-सी नगमा-आफरीनी से आगे न बढ़ी तो मैंने उसमें कुछ मुद्दआ दाख़िल करने की कोशिश की मगर बात नहीं बनी। अलबत्ता जो बेकार बातें ख़ुद-ब-ख़ुद और ख़्वामख़ाह मौज़ूँ हो गईं उनमें कोई दिलचस्प लतीफ़ा या अलफ़ाज़ का एक अनोखा-सा मजमुआ ज़रूर होता था। रफ़्ता-रफ़्ता ये कलाम अपनी नज़र में कुछ ज़्यादा पुरमानी होते चले गए। लेकिन इस शेरगोई के साथ एक तश्नगी का एहसास भी रहा कि जो कुछ भी कहा वो बहुत अधूरा और नाकाफ़ी है। ये ख़लिश कभी-कभी पूरी नज़्म या ग़ज़ल हो जाने के बाद थोड़ी देर के लिए तो दूर हो जाती लेकिन ये पता नहीं चलता था कि जिस शेर के कहने से जी हल्का हुआ उसमें कौन-सी ख़ास बात थी जिसे कहे बग़ैर चैन ना पड़े। शायद ये महज़ इज़हार-ए-नफ़्स का सौदा-ए-आम हो। लेकिन कभी-कभी तो ज़िन्दगी का बहुत मानूस तर्जुबा या बहुत गहरा नक़्श भी नहीं मालूम होता। ये अपनी जात के वो भेद हैं जो पाए नहीं जाते।

ब-क़ौल साबिर वसीम हक़्क़ी का कलाम हमारे तहज़ीबी विरसे की नुमाइंदगी करते हुए भी मौजूदा वक़्तों के साथ-साथ चल रहा है। उनकी ग़ज़लों में हिन्दी और दकनी अलफ़ाज़ के घुलाव का मनमोही रचाव है। वो धीमे-धीमे लहजे में दिल की दास्तान के साथ-साथ इस दुनिया की बात भी ऐसे कहते जाते हैं कि उनकी नर्म-रौ आवाज़ कहीं भी तुर्श नहीं होती :

सूनी काली रात है जी पर भारी सी
आओ तुमसे बात करें इक प्यारी सी

हक़्क़ी मुशायरों से बचते रहे। उनकी पत्नी बेगम सलमा हक़्क़ी ने लिखा है : पन्द्रह बरस भारत में और बारह बरस पाकिस्तान में मुशायरों से परहेज़ किया। सिर्फ़ प्राइवेट बैठकों में भाग लेते थे। ये वो ज़माना था जब मुशायरों का बहुत ज़ोर रहा। रेडियो वग़ैरह पर और शह्र-शह्र मुशायरे होते थे। ये कभी नहीं गए। जब उर्दू-बोर्ड के सेक्रेटरी थे तो मुशायरों से बहुत अलग रहते थे। कहते थे कि अपनी बारी पाँच मिनट की होती है और बैठना पड़ता है पाँच घंटे। इतनी देर में तो मैं एक आध किताब ख़त्म कर सकता हूँ। उन दिनों उर्दू लुग़त (शब्दकोश) का काम चल रहा था। बहुत पढ़ते थे (ये बात मैं उनकी इजाज़त से दोहरा रही हूँ)। ज़्यादा वक़्त शायरी को नहीं दिया।

अगस्त 1985 में जब मेरी हक़्क़ी से कराची में मुलाकात हुई तो मैंने पूछा : "आप की क़ाबिल-ए-जिक्र, ज़ाती कमज़ोरियाँ क्या हैं?" थोड़ी देर सोचते रहे फिर बोले, "भूल जाता हूँ, मेरी भूल बहुत मशहूर है। चीज़ें रख कर भूल जाता हूँ। एपाइंटमेंट याद नहीं रहते। कम से कम तीस पाइप गुम कर चुका हूँ। अब भी एहतियातन दो या तीन पाइप जेब में रखता हूँ, ताकि तमाख़ू पीने की तलब उठे तो ढूँढ़ता न रह जाऊँ। लेकिन दूसरों का कभी कोई नुक़सान नहीं किया। बस अपनी ही बेशक़ीमती चीज़ें गुम की हैं।"

फिर बताया कि "आजकल अपनी नज़्मों के अंग्रेज़ी तर्जुमे कर रहा हूँ। दूसरों के किए तर्जुमों में मेरी शायरी का सही पै कर और तसव्वुर नहीं आ पाता। ये इंग्लिश-उर्दू तर्जुमे, एक ही किताब में, आमन-ए-सामने छपेंगे।"

उठकर जाने लगे तो लौट आए। पूछा, "क्या नाम बताया था आपने अपना?"

कृतियाँ : 'इंतिख़ाब-ए-ज़फ़र-मय- मुकदमा' (1945), 'नशीद-ए-हुर्रियत' (सम्पादन, 1957), 'ख़याबान-ए-पाक' (सम्पादन, 1957), 'अंजान राही' (नावेल का अनुवाद, 1957), 'तार-ए-पैराहन' (शायरी का संकलन, पहली बार 1958,

दूसरी बार 1983), 'नुक़्ता-ए-राज़' (आलोचनात्मक निबन्ध, 1972), 'तीसरी दुनिया' (अनुवाद, 1979), 'हर्फ़-ए-दिल रस' (ग़ज़लें, 1981)। 'दर्पण-दर्पण' (पद्यात्मक अनुवाद), 'नक़्द-ओ-निगारिश' (आलोचनात्मक निबन्ध), 'सुहाने तराने' (बच्चों के लिए नज़्में, 1982), 'नज़्र-ए-ख़ुसरो' (कह मुकरनियाँ और पहेलियाँ, 1982), 'क़हर-ए-इश्क़' (शेक्सपीयर के एंटनी एंड क्लियोपेट्रा का मंज़ूम तर्जुमा, पद्यात्मक अनुवाद, 1984)। जीवनी 'अफ़साना-दर-अफ़साना' अप्रकाशित है।

11 अक्टूबर, 2005 को इनका निधन हो गया।

ग़ज़लें

1

नज़्र-ए-वली[1]

जिसने इक ख़स[2] के लिए सहरा को छाना होएगा
कौन होगा कोई हम-सा ही दिवाना होएगा

तुमको दिल की राह से ख़लवत[3] में आना होएगा
चश्म-ए-वा[4] में तो सजन सारा ज़माना होएगा

हाय वो दिल-रस अदा दम-भर न नज़रों में रही
याद में अब जिसकी इक जीवन बिताना होएगा

अल्लाह-अल्लाह ख़ाक-ए-गुलशन की करिश्मा-ज़ाइयाँ[5]
इसकी तह में सोचिए क्या कारख़ाना होएगा

जिनको आती है नज़र अब भी कशिश तारों के बीच
उनकी नज़रों में वही आलम पुराना होएगा

ख़ुद रहो दुनिया में या दुनिया को पहलू में बसाओ
सुन रखो, फिर एक दिन पीछा छुड़ाना होएगा

तू न अन्नदाता सही पर दिल का दाता कौन है
दिल ने जो खोया सजन तुझसे ही पाना होएगा

---

1. वली को समर्पित। वली दक्कनी, मीर और सौदा उर्दू के तीन क्लासिक कवि हैं। हक़्क़ी ने तीन ग़ज़लें इन्हीं शायरों की ज़मीन और भाषा में लिख कर उन्हें समर्पित की हैं 2. घास का तिनका 3. एकान्त 4. खुली हुई आँख 5. चमत्कार

और नुकते[1] इक तरफ़ खुलता नहीं उस तिल का भेद
तुम कहो हक़्क़ी भला कुछ तुमने जाना होएगा

2

नज़्र-ए-मीर

दिल और ही बंधन में वो अह्द-ए-वफ़ा[2] चाहे
पहलू जो बचा लूँ तो दामन न बचा चाहे

हस्ती[3] में हक़ीक़त[4] का क्या खोज लगा चाहे
कुछ देर में हस्ती ख़ुद अफ़साना हुआ चाहे

सब हुस्न चला चाहे इक गुल न रहा चाहे
है कौन जो आलम[5] में फिर अपनी बक़ा[6] चाहे

गुंचों ने तो पहुँचा दी जो उसकी अमानत थी
अब रक्खे कि गुम कर दे जो बाद-ए-सबा[7] चाहे

इक याद नहीं जिसको उफ़्ताद[8] न कर छोड़े
दुनिया ने न बख़्शा था जो दिल से मिला चाहे

है जाने-जहाँ[9] कब से आग़ोश-ए-नज़र[10] ख़ाली
आँखों में तो ठहरा कर पहलू में न आ चाहे

अब कान में आहों की आवाज़ न आएगी
अब ख़ाक से कुश्तों[11] की महशर[12] ही उठा चाहे

दिल दे के तो हासिल की ये लज़्ज़त-ए-बेताबी[13]
तस्कीन[14] भी पा लेंगे सर दे के ख़ुदा चाहे

---

1. तह की बात, भेद 2. प्रेम-प्रतिज्ञा 3. अस्तित्व 4. यथार्थ 5. संसार 6. नित्यता, अमरत्व 7. सवेरे की पुरवा हवा 8. विपत्ति 9. विश्वजीवन अर्थात नायिका 10. दृष्टि की गोद 11. मरे हुए, वध किए हुए 12. प्रलय 13. व्याकुलता का आनन्द 14. सन्तोष

आसाँ था हवादिस[1] का सर पर से गुज़र जाना
हर दर्द यहाँ लेकिन पहलू ही में जा[2] चाहे

विज्दान-ए-सुख़न[3] क्या है? इक रंग की पिचकारी
हो इसका तक़ाज़ा क्या, बस जिसको पिया चाहे

इस ज़ब्त-गुदाज़ी[4] का इनआम है क्या 'हक़्क़ी'
कुछ हमको मिला होगा कुछ तुमको मिला चाहे

3

नज़्र-ए-सौदा

मन की जोतें थीं कि मन तक आइयाँ
सूरतें कुछ भी नहीं, परछाइयाँ

एक दिन आँखें न मिलने पाइयाँ
हाँ यूँही होती हैं दिल-अफ़ज़ाइयाँ[5]

लाइयाँ जितनी हवा ने बदलियाँ
आबशारों ही पे जा बरसाइयाँ

एक सद्द-ए-आहनी[6] की आड़ से
ऐ वो उन नज़रों की ख़ुश-ईमाइयाँ[7]

है अदा[8] में सादगी ही सादगी
और सुख़न[9] में सैकड़ों रानाइयाँ[10]

एक पहलू-ए-तिही[11] से दरगुज़र[12]
हैं नसीब-ए-चश्म[13] क्या ज़ेबाइयाँ[14]

---

1. दुर्घटना (बहु) 2. जगह 3. काव्य-रसज्ञता 4. पित्ता मारना, ग़ुस्सा रोकना, जोश को क़ाबू में करना 5. मन रखना 6. लोहे की जाली 7. शुभ संकेत 8. हाव-भाव 9. बात 10. सुन्दरता, छटा (बहु.) 11. उपेक्षा 12. दोष देखकर उसे अनदेखा कर देना, क्षमा 13. आँख का भाग्य 14. सुन्दरता (बहु.)

लब को है हर्फ़-ए-वफ़ा[1] से इज्तिनाब[2]
यूँ तो हैं क्या-क्या सुख़न-आराइयाँ[3]

तुमसे क्या शिकवा कि अपने हाल से
हमको हैं ख़ुद ऐसी लापरवाइयाँ

आईनाख़ाने से भी बढ़ कर हैं कुछ
पर्दा-ए-ज़ुलमत[4] की हैरत-ज़ाइयाँ[5]

आगे-पीछे चल रहे हैं हर क़दम
तेरी शुहरत[6] और मेरी रुसवाइयाँ[7]

ऐ ग़म-ए-दिल तूने आख़िर देख पाईं
मुझमें ऐसी कौन सी अच्छाइयाँ

रौंदते जाते हैं दुनिया के क़दम
मेरा दिल है और नक़्श-आराइयाँ[8]

4

बिखर जाएगी शाम आहिस्ता बोलो
तड़ख़ जाएँगे जाम, आहिस्ता बोलो

निकल जाता है नाम,[9] आहिस्ता बोलो
ज़ुबाँ आए न काम,[10] आहिस्ता बोलो

न दो दाग़ों के भेद, आहों को रोको
न लो नालों[11] का नाम, आहिस्ता बोलो

वो उभरी याद में भूली-सी इक धुन
ये है उसका पयाम[12], आहिस्ता बोलो

---

1. प्रेम-अक्षर 2. घृणा, उपेक्षा 3. काव्य-रचनाएँ 4. अन्धकार-पट 5. आश्चर्य बढ़ाना 6. प्रसिद्धि 7. बदनामी (बहु.) 8. सज्जित चित्र 9. नाम निकलना : बदनाम होना 10. काम आना : क़ुर्बान हो जाना 11. आर्तनाद 12. संदेसा

न उड़ जाएँ तराने शाख़-ए-दिल से
बिछा रक्खा है दाम, आहिस्ता बोलो

यही होते हैं आदाब-ए-मुहब्बत
कि जब लो उसका नाम, आहिस्ता बोलो

न ले तन्हाई की रातों में इक दिन
ख़मोशी इंतिक़ाम[1], आहिस्ता बोलो

बहुत है सदमा-ए-यक-आह[2] उसको
है नाज़ुक ये निज़ाम, आहिस्ता बोलो

फ़ुग़ान-ए-दिल[3] से किसका दिल पसीजा
ये है सौदा-ए-ख़ाम,[4] आहिस्ता बोलो

ये सब अह्ल-ए-हवस के बुतकदे हैं
मचेगी राम-राम,[5] आहिस्ता बोलो

ज़ुबानों[6] से ज़ुबानें[7] उठ रही हैं
सुलग उट्ठे कलाम[8], आहिस्ता बोलो

अभी तो बादा-ए-उल्फ़त[9] का हक़्क़ी
पिया है एक जाम, आहिस्ता बोलो

5

किस तरह बन के हँसी लब पे फ़ुग़ाँ[10] आती है
मुझसे पूछो मुझे फूलों की ज़बाँ आती है

ज़ह्र-ए-ग़म[11] पीजे तो अलफ़ाज़ में रस आता है
दिल को ख़ूँ कीजे तो अफ़कार[12] में जाँ आती है

---

1. दुश्मनी चुकाना, बुराई का बदला लेना 2. एक आह का दुख 3. मन का आर्तनाद 4. अपरिपक्व प्रेम 5. हाहाकार 6. जीभों 7. शोले 8. वार्तालाप 9. प्रेम-मदिरा 10. आह 11. दुख का विष 12. विचार

हो चुकी है जो कहीं सरहद-ए-ख़ावर पे तुलू
देखिए कब वो सहर चल के यहाँ आती है

पूछती है वो नज़र बेख़बरी तो देखो
क्यों हर इक दिल से ये फ़रियाद-ए-अमाँ[1] आती है

ख़ैर हो दिल की कि फिर लय वही छेड़ी उसने
जैसे कश्ती की तरफ़ मौज-ए-ख़ाँ[2] आती है

शिकन-ए-ज़ुल्फ़[3] भी है लह्न-ए-तरब[4] में गोया
खिंच के हर तान में तसवीर-ए-बुताँ आती है

बात वो है जो लब-ए-लाल-ए-निगारा[5] से चले
ख़ूँ भी हो दिल तो ये तासीर[6] कहाँ आती है

फिर नज़र आती है महराब-ए-हरम[7] ख़ाली-सी
फिर वही याद-ए-बुताँ[8], आफ़त-ए-जाँ[9] आती है

दिल-ए-आशुफ़्ता[10] की ये ख़ाना-ख़राबी[11] देखो
अब इसे हसरत-ए-तामीर-ए-मकाँ[12] आती है

ख़ुश-अदाओं के सुख़न[13] एक हैं सारे 'हक़्क़ी'
इनको यूरप[14] में भी दिल्ली की ज़बाँ आती है

6

वो कहाँ वक़्त की मोड़ेंगे इनाँ[15] और तरफ़
दिल किसी और तरफ़ है तो ज़ुबाँ और तरफ़

---

1. सुरक्षा की दुहाई, सन् 1739 में नादिरशाह ने दिल्ली में क़त्ले-आम का हुक़्म दिया। जब ये नरसंहार ज़रा सी देर के लिए रुका तो दिल्ली वाले, ख़ून से रँगी सड़कों पर 'अमान-अमान' (सुरक्षा कीजिए) पुकारते दौड़े थे 2. बहती हुई लहर 3. केश-राशि की लोच 4. ख़ुशी की आवाज़ 5. माशूक़ के लाल होंठ 6. असर 7. हरम की महराब (स्तम्भ) 8. सुन्दरियों की स्मृति 9. प्राणों पर कष्ट 10. दुखी मन 11. बिगाड़ 12. घरौंदा बनाने की चाह 13. बातें 14. यूरोप 15. लगाम, बागडोर

हैं अभी अह्ल-ए-हवस[1] सूद-ओ-ज़ियाँ[2] ही के असीर[3]
फेरते हैं यूँ ही बातों से गुमाँ[4] और तरफ़

आह-ए-सोज़ाँ[5] को मेरी देख, न देखा होगा
कि हवा और तरफ़ की हो धुआँ और तरफ़

बैठकर रू-ब-क़फ़ा[6] ख़ुश हैं कि गोया हमने
मोड़ डाली है ज़माने की इनाँ और तरफ़

यूँ पलट जाती हैं हर लहज़ा[7] वो नज़रें जैसे
जोड़कर तीर को खिंचती है कमाँ और तरफ़

चाहिए बाग़ को बस एक लहू का छींटा
आन की आन में जाती है ख़िजाँ और तरफ़

7

दिल उसका मेरे प्यार से घबरा के न रह जाए
दूर आतिश-ए-दिल[8]! फूल है कुम्हला के न रह जाए

ऐ रहगुज़रो! उसको दिलाना तो मेरी याद
वो मुझको यूँही भूल के बिसरा के न रह जाए

आ जाऊँ किसी बात पे गर याद भी उसको
जी और किसी बात से बहला के न रह जाए

---

1. लालची लोग 2. लाभ और हानि 3. बन्दी 4. शंका, भ्रम 5. हमें कई बार एक ही रचना के दो संस्करण मिले। कई कृतियाँ पहले पत्र-पत्रिकाओं में प्रकाशित होती हैं, फिर पुस्तकों में। पुस्तकों में कवि काँट-छाँट कर देते हैं। इस संकलन के चयन में हमने किताबी संस्करण को प्रामाणिक माना है। मिसाल के तौर पर हक़्क़ी की इस ग़ज़ल का यह शेर मैगज़ीन में तो छपा था, लेकिन किताब में से काट दिया गया :

रुख रहा ता-ब-सहर और ही जानिब अपना
और था मतला-ए-अनवार फ़िशाँ और तरफ़

6. पीछे की तरफ़ मुँह करके 7. पल 8. मन की अग्नि।

इक नीम-नज़र[1] दिल की ख़राबी की तरफ़ भी
ख़ूबी पे कोई नाज़ भी फ़रमा के न रह जाए

भारी है बहुत दिल की मुरादों का सफ़ीना
ये गंज-ए-गिराँ[2] बीच में दरिया के न रह जाए

है गरच-ए-सुख़न[3] हर्फ़-ए-मुहब्बत से बहुत दूर
ज़ालिम कहीं ईमा-ए-सुख़न[4] पा के न रह जाए

ऐ जान-ए-तरब[5]! देख अदा मौज-ए-हवा की
ये सर को यूँही साज़ से टकरा के न रह जाए

8

रहे क्या-क्या नक़ाबें रुख़ पे डाले
दिलों के सुख निगाहों के उजाले

बस इक ख़त पर ये कैफ़ियत है दिल की
कोई जैसे गले आ कर लगा ले

कहें क्या बिन तेरे आँखों का आलम
दिये रौशन दर-ओ -दीवार काले

निगाहों को न करते काश वीराँ
ख़यालों को गुलिस्ताँ करने वाले

है दुनिया लज़्ज़त-ए-ग़म की भी दुश्मन
जो ग़म है आज ही ऐ दिल मना ले

निभेंगे तुम से क्या अंदाज़-ए-तमकीं[6]
छलक जाते हैं हर जुंबिश[7] पे प्याले

---

1. कनखियों से देखना, तिरछी नज़र 2. भारी ख़ज़ाना 3. शेर, काव्य 4. शेर का संकेत 5. हर्षवर्धक 6. गम्भीरता के अन्दाज़ 7. हिलन, हरकत

मेरा सामाँ ये वुसअत[1] ये फ़ज़ाएँ
मेरा हासिल[2] ये नग़्मे और नाले

9

गो नज़र रह गई काफ़िर तेरी ख़ंजर बन के
मन में आती है तेरी याद मनोहर बन के

क्या मिला ख़ाक-ए-गुलिस्ताँ को गुल-ए-तर बन के
बुत सनम-ख़ाने के अच्छे रहे पत्थर बन के

दिल के मारों का नहीं ज़िक्र उन्हें भी देखो
दिल में जो दर्द लिए फिरते हैं दिलबर बन के

जाने उस जान-ए-नज़ाकत का रहा हो क्या रंग
रह गई याद में जिसकी मेरे जी पर बन के

क्या ख़बर थी कि ज़माना ही न होगा दरपै
तुम भी इक रोज़ दिखा दोगे सितमगर बन के

दिल से मिटती नहीं उस सोहबत-ए-नासाज़[3] की याद
आ ही जाता है ख़यालों में वो मंज़र[4] बन के

आसरा ढूँड लिया बेदर-ओ-दीवारी का
हम सलामत हैं तो सहरा में रहे घर बन के

हाथ आया न पता मंज़िल-ए-आज़ादी का
संग-ए-मंज़िल भी रहा राह की ठोकर बन के

उसने बोले थे कभी प्यार से 'हक़्क़ी' जो सुख़न[5]!
अब वही दिल में चुभा करते हैं नश्तर बन के

---

1. विस्तार 2. उपलब्धि 3. प्रतिकूल सहवास, वो संगत जिस में अनबन हो गई हो 4. दृश्य
5. बोल

10

मैं ख़राब-ए-राह-ए-हरम[1] सही रहें बुतकदे में हरे-भरे
वो चराग़-ए-ख़ाना-ए-दिलबरी[2] वो सनम मनोहरे साँवरे

ये दुआ है तर्क-ए-वफ़ा[3] पे भी कि न भूल जाओ ख़ुदा करे
यही वक़्त है कि दवा करो अभी ज़ख़्म दिल के हैं सब हरे

ये जुनून-ए-दिल ये सुरूर-ए-सर तेरे आस्ताने[4] की देन है
मेरी मंज़िलें मेरी रहगुज़र तेरे आस्ताँ[5] से भी थे परे

वो चराग़-ए-शौक़[6] जो गुल हुआ[7] तो जहान-ए-दिल[8] ही बदल गया
वो नज़्ज़ारा[9] गुम वो नज़र नहीं, कोई क्यों जिए कोई क्या करे

वो मेरे ख़याल का फूलबन कि जहाँ से आते हैं ये सुख़न
मेरे वहम से भी है कुछ उधर, मेरी याद से भी कहीं परे

उन्हें पास-ए-वादा[10] से आर[11] है ये न जाने कब का गुश्बार है
वो जो क़ौल[12] के थे बड़े धनी वो जो बात के थे बहुत खरे

मेरे गुलकदे[13] की हसीं कली तुझे ढूँडती है नज़र मेरी
ये ख़बर मिली है कभी-कभी कि बहार है तेरे बाग़रे[14]

कभी सुध लगी तेरे देस की तो नज़र कहाँ से कहाँ गई
मेरी जाँ मसल[15] ये ग़लत न थी, 'जो दकन गए वो न बावरे'[16]

11

अश्क-ए-बाराँ[17] को झड़ी अब न लगाने देना
कुछ तो भीगे हुए दामन को सुखाने देना

---

1. ख़ुदा के घर (काबा) के रास्ते का मतवाला 2. माशूक़ी के घर का दीपक 3. प्रेम-त्याग 4. चौखट 5. चौखट 6. लगन का दीप 7. बुझा 8. मन का संसार 9. दृश्य 10. वचन निभाना 11. लज्जा, घृणा 12. वचन, 13. वह घर जहाँ फूल ही फूल हों 14. बागरा अर्थात् बगिया, बचपन में ये बोल सुनते थे कि आगरे के बागरे में बोई थी मसूर... 15. लोकोक्ति, कहावत 16. जो दक्षिण गए वो न लौटे 17. बरसते आँसू

दोस्तो रखना ये सिमटे हुए गोशे[1] आबाद
अब कोई बज़्म से जाए तो न जाने देना

रात काली है फ़लक पर भी हैं तारे रौशन
सुबह तक एक भी दीवा न बुझाने देना

ज़लज़ले आप ही उट्ठेंगे ज़मीं की तह से
सब्र[2] पर जब्र[3] की बुनियाद उठाने देना

कान तक उसके न पहुँचे तो न पहुँचे फ़रियाद
रहगुज़ारों ही में आवाज़ लगाने देना

ग़मगुसारी[4] के लिए रिश्ता-ए-जाँ भी है बहुत
सरहद-ए-दर्द पे पहरे न बिठाने देना

हरम-ए-पाक-मुहब्बत[5] पे कोई हर्फ़ न आए
दैर[6] औहाम[7] को ढाते हों तो ढाने देना

जो भी हो इसका चलन काम है अपना 'हक़्क़ी'
लिख के दुनिया को मुहब्बत के फ़साने देना

12

अजल[8] बन के कहती है बीती उमरिया
कि कब तक चुराओगे हमसे नजरिया

सजाई थी इक रोज़ जो ताक़-ए-दिल में
कहाँ रख के भूले वो नाज़ुक गुजरिया[9]

जलाएँगे फूलों के अंगार इक दिन
चिता बन के फूँकेगी सूनी सिजरिया

---

1. कोना (बहु.) 2. धैर्य 3. अत्याचार 4. सहानुभूति 5. प्रेम का पवित्र हरम (काबा, मस्जिद) 6. बुतख़ाना, मूर्तिगृह 7. भ्रम (बहु.) 8. मृत्यु, काल 9. मिट्टी की मूरत

न जब तक कि इक दिन ख़बर आ ही पहुँची
न ली तुमने प्यारे हमारी ख़बरिया

हो मंज़ूर मिलना तो रस्ते में हाइल[1]
न जंगल न सहरा न परबत न दरिया

पहुँचता है शोर इसकी लहरों का दिल तक
छुपाएगी क्या भेद हम से चुनरिया

बँधेगी न अब कच्चे धागे में गोरी
नया कोई जादू जगाना सँवरिया

वो भेंड़ें चलीं बनके हिरनों की डारें
खड़ा रह गया सर को थामे गड़रिया

यही है जवानी की तसवीर-ए-असली
बड़े बोझ ढोती है दुहरी कमरिया

सला[2] कब से देते हैं जौलानियों[3] की
ये सरमस्त[4] नाले ये पुरशोर दरिया

चली आ रही हैं लुढ़कती चटानें
हँसे जा रहा है मगर कोई चरिया[5]

न आना मुसाफ़िर फ़क़त कर के दर्शन
उठा लाओ आँखों में सारी नगरिया

समाई न इस प्रेम-बानी की पूछो
भरे हैं यहाँ चार सम्तों[6] से दरिया

---

1. बीच में आने वाला, आड़ बनने वाला 2. आवाज़ देना, बुलाना 3. तेज़ी (बहु.) 4. उन्मत्त 5. चरवाहा 6. दिशा (बहु.)

13

सूनी-काली रात है जी पर भारी सी
आओ तुम से बात कहें इक प्यारी सी

जैसे मेघ का लश्कर आने वाला हो
बन में है कुछ हलचल कुछ तैयारी सी

लौट रहा हो जैसे बिछड़ा मीत कोई
देखो हवा क्या फिरती है मतमारी[1] सी

तुमने ही ये चुपके-चुपके बोई है
फूल रही है मन में जो फुलवारी सी

जाने अब ये क्या फूँके और क्या छोड़े
बैठ गई है रूह में इक चिंगारी सी

मुग्धम-मुग्धम[2] से हैं सारे साज़ के बोल
फिर भी लगती है कुछ बात हमारी सी

मन की बीना कितनी ही चुपचाप रहे
बिखरा देगी धुन फिर कोई न्यारी सी

गली-गली अब आवारा सी फिरती है
साज़ से जो इक बाज[3] उठी थी क्वाँरी सी

इसके पीछे बादल भी तो होते हैं
ये जो उठी है जीवन में अँधियारी सी

बीत चुकेगी रात तो आख़िर उभरेगी
दूर उफ़ुक़ पर इक सेंदुर सी धारी सी

---

1. जिसकी मति मारी गई हो 2. छुपी हुई और अनेक अर्थ रखने वाली बात 3. साज़ की आवाज़, संगीतध्वनि

पहले पानी परबत पेड़ सब अपने थे
अब तो पवन भी धूप भी है सरकारी सी

दामन पर हैं गीत के बिखरे-निखरे फूल
आई कहाँ से रंग की ये पिचकारी सी

14

कल के डर से आज ये दुनिया करती है अन्याय
कल तो अच्छी होगी बिधना[1] कल जल्दी से आए

हम किस जोगे[2] हम किस गौं[3] के जब ये कलजुग आए
जो कोई ले पाप से टक्कर वो पापी कहलाए

ऐ मेरे दो नैनों तुम इक ठौर न होने पाए
जीवन भर अब भटको तुमको कली-कली तरसाए

रूप पे मरना पुन है महापुन[4] भूक से मरना पाप
पाप भी ऐसा पाप जो चल कर लाखों के सर जाए

देखो ये सतरंगी नीला सत की न पूछो बात
जीवन भर अनजान रहे और जीवन भर परचाए

दर्द की संगत और ही कुछ है रूप की संगत और
रूप से आँखें मूँद भी लूँ तो मोह मुझे बिलमाए[5]

मौत ने आ कर ढाँपे सबके रोग और दुख और दोष
एक जनम का मारा वो जो मर के मिट नहीं पाए

चाहे जितने नील पड़े हों चाहे जितने घाव
औरत क्या वो मर्द नहीं जो छाती खोल दिखाए

---

1. किस्मत, विधि 2. लायक, योग्य 3. ग़रज़, वास्ता 4. महापुण्य 5. रोके, खींचे

आशा से हम धाए पूजे देखा ख़ूब तमाशा
कर जोड़े कर्मों से अपने जग भर से भर पाए

दीप तले अंधेर न देखें उजले नैन कठोर
जल मछली का जाल बना और नील कँवल मुस्काए

मन मेरा चकराए हक़्क़ी इन दोनों के बीच
जीभ का नारा जय भगवान और जीव का नारा हाय

15

जलेगा अब न चराग़-ए-सितम[1], कहो कि नहीं
कहेंगे हम न जफ़ा[2] को करम[3], कहो कि नहीं

ये सर-नविश्त-ए-अज़ल[4] है तो मेट दो इसको
कहाँ की लौह[5] कहाँ का क़लम, कहो कि नहीं

अभी तो मिल नहीं पाया वुजूद ही का सुराग़
अजल[6] दिखाए जो राह-ए-अदम[7], कहो कि नहीं

उठा रहे हैं वो रस्म-ए-जफ़ा, कहो कि ग़लत
बढ़ा रहे हैं वो दस्त-ए-करम[8], कहो कि नहीं

वो फिर उठाएँगे नुक़्ते[9], कहो कि नामंज़ूर
वो देने आएँगे फिर दिल को दम[10], कहो कि नहीं

---

1. अत्याचार का दीप 2. अत्याचार 3. दया, कृपा 4. अनादि काल से तक़दीर का लिखा (भाग्यलेख) 5. तख़्ती, लौह और क़लम अर्थात् अर्श (सब आकाशों से ऊपर का स्थान) पर एक तख़्ती जिस पर भविष्य में होने वाली सारी घटनाएँ लिखी हुई हैं और वह लेखनी जिसने यह सब कुछ ईश्वर की आज्ञा से लिखा है 6. मृत्यु 7. परलोक का रास्ता 8. कृपा का हाथ 9. रहस्य, तह की बात (बहु.) 10. दम देना : धोखा देना, मर जाना, आशिक़ होना

हम आप इस रह-ए-ज़ुल्मात[1] से निकल लेंगे
भरोगे तुम न रफ़ाक़त[2] का दम[3], कहो कि नहीं

बहार बाग़ में आती है घेर लो इसको
यहाँ से फिर जो उठाए क़दम, कहो कि नहीं

गया दिलों से मुहब्बत का मान कब से गया
नहीं जहाँ में वफ़ा का भरम, कहो कि नहीं

निगाह-ए-आख़िर-ए-बिसमिल[4] में कुछ तो था आख़िर
कि है तुम्हारी भी आँखों में नम[5], कहो कि नहीं

दबाव दह्र[6] का मुश्किल है टालना 'हक़्क़ी'
तुम अपने आप ही से कम से कम कहो कि नहीं

16

दिलों में जो छुपी है यास[7] देखो
और उस पर गर्मी-ए-अनफ़ास[8] देखो

1. अँधेरों का रास्ता, वह घोर अन्धकार जो सिकन्दर को अमृतकुंड तक पहुँचने में भुगतना पड़ा था। एक अमर पैग़म्बर हुए हैं हज़रत ख़िज्र। मशहूर है कि उनका काम राह भूले हुए लोगों को रास्ता दिखाकर ठीक मंज़िल तक पहुँचाना था। इसी तरह यह भी मशहूर है कि उन्हें आब-ए-हयात नाम के एक चश्मे का रास्ता मालूम था। जो इस सोते का पानी पी ले, अमर हो जाता है। सिकन्दर ने जब दुनिया जीत ली तो ख़िज्र से प्रार्थना की: मुझे आब-ए-हयात के चश्मे पर ले चलें। मैं अमृत पी कर अमर हो जाऊँगा और हमेशा-हमेशा के लिए अपनी सल्तनत पर हुकूमत का सुख भोगूँगा। ख़िज्र ने उसे बहुत समझाया कि अमर हो जाने की इच्छा चाहे कितनी भी लुभावनी हो इसमें मुसीबतें ज़्यादा हैं, सुख कम। लेकिन सिकन्दर राजहठ पर अड़ा रहा। हार कर ख़िज्र उसे अमृतकुंड की ओर ले चले। इसके बाद क्या हुआ—इस बारे में दो कहानियाँ मिलती हैं। एक कहानी के अनुसार रास्ता बहुत अँधेरा था। ख़िज्र नहीं चाहते थे कि सिकन्दर चश्मे तक पहुँचे। उन्होंने अँधेरे में सिकन्दर का साथ छोड़ दिया। ख़ुद अमृत पी लिया, अमर हो कर वापस लौट आए। सिकन्दर इधर-उधर भटकने के बाद वापस अपने ख़ेमे में चला गया। दूसरे कथानक में खिज्र और सिकन्दर दोनों चश्मे के पास पहुँचे। सिकन्दर ने देखा कि वहाँ दूर-दूर तक पड़े कई बूढ़े कराह रहे हैं, मरने की दुआएँ माँग रहे हैं। पूछने पर पता चला कि ये लोग आब-ए-हयात पी कर अमर हो गए थे। लेकिन शरीर का अपना धर्म है। आयु अधिक हो जाने से सबकी देह शिथिल थी, हाथ-पैर ढीले। सब मरना चाहते थे, लेकिन मरते कैसे। पानी पी कर अमर जो हो चुके थे। सिकन्दर यह माजरा देखकर समझ गया कि हज़रत ख़िज्र ठीक कह रहे थे। वापस लौट आया 2. साथ, दोस्ती 3. दम भरना, दावा करना 4. घायल की अन्तिम दृष्टि 5. गीला 6. काल 7. निराशा 8. साँसों की गर्मी

तमाशे और क्या हों इससे बढ़कर
दिलों के दुख बदन की प्यास देखो

वफ़ा के ज़िक्र से महकी हैं साँसें
इन अफ़सुर्दा[1] गुलों की बास देखो

कहीं दिल और कहीं नगरी है दिल की
ये सारी उम्र का बनबास देखो

ग़म-ए-दुनिया तो किसको रास आया
ग़म-ए-दिल भी न आया रास देखो

हम उसके दर्द को समझे हैं दुश्मन
हमारी लग़्ज़िश-ए-एहसास[2] देखो

चमनबंदो! उम्मीदों के चमन का
किया है तुमने कैसा नास देखो

मुरादें रौंद दो जिस सम्त पाओ
तमन्ना छीन लो जिस पास देखो

ये कहती है ज़र-अंदोज़ों[3] की हिकमत[4]
वहीं पहुँचो जिधर इफ़लास[5] देखो

मशीयत[6] के सिवा जब्र-ए-मुसलसल[7]
नहीं आता किसी को रास देखो

सुनो क्या कह गया है शेक्सपीयर
ये क्या लिखता है कालीदास देखो

वफ़ा की राह में काँटे बहुत हैं
तमन्ना है कि आए रास देखो

---

1. मुरझाया हुआ, उदास 2. अनुभूति की भूल 3. धन संचय करने वालो 4. बुद्धिमत्ता, युक्ति 5. धनहीनता, निर्धनता 6. ईश्वरेच्छा, दैवशक्ति 7. निरन्तर अत्याचार

एक ग़ज़लनुमा प्रयोग

सीने में हसरतों के हैं कुछ ताज़ा क़ाफ़िले
अमाँ-जू[1] पनाहगीर
सहरा में जैसे आन बसें गुलशनों के फूल
चुभने लगी हैं ख़ार सी कलियाँ ये बंद-बंद
दहन-बस्ता[2], दर्दमंद[3]
कब तक खिलेंगे बार-ए-ख़ुदाया[4] दिलों के फूल
शिद्दत वो बेदिली की है, छाई वो बेबसी
कि है इक याद बेनिशाँ
ज़ुल्फ़ों की बू लबों के शगूफ़े रुख़ों के फूल
क्या हुस्न क्या शबाब
ऐ वाए[5] गर न हुस्ने-नज़र[6] तक हो बारयाब[7]
चेहरों को आज तकते हैं हम बेख़ुदों के फूल

देखे हैं दिल ने ऐसे भी कुछ लम्हा-ए-हयात[8]
जब इक मिज़ा की नोक पे तुलती है कायनात
दम साधे शश-जिहात[9]
वह लम्हा-ए-हसीं था कि झोंका हवा का था
इधर आया उधर गया
इक जुंबिश-ए-नज़र[10] से खिले दो दिलों के फूल

पाई है मेरे सर में नई वहशतों ने राह
कब से ये कहकशा[11] ये सितारे ये मह्र-ओ-माह[12]
तकते थे मेरी राह
लेकिन ख़ुदा गवाह
अब तक दिलों की दीद[13] से फ़ारिग़ नहीं निगाह
सरबर हूँ बाग़ से तो समेटूँ बनों के फूल

---

1. सुरक्षा देने वाला 2. मौन, मुँह बन्द किए 3. सहानुभूति करने वाला 4. अल्लाह 5. हाय-हाय 6. अच्छे-बुरे की परख 7. पहुँच 8. जीवन के क्षण 9. चारों दिशाएँ और ऊपर नीचे की दो दिशाएँ, छह आयाम 10. दृष्टि की हरकत (इशारा) 11. आकाशगंगा 12. सूरज और चाँद 13. देखना

यूँ तो हर एक सम्त में कितने ही रास्ते
थे भटकने के वास्ते
हर जादा हसरतों की तरह पायमाल था
इस दश्त-ए-सद-जिहात[1] में
उस गुलशन-ए-मुराद[2] का मिलना मुहाल[3] था
मेरे निशान-ए-राह बने रास्तों के फूल

दामन पे जैसे फूल से बरसाए फुलझड़ी
बरहम[4] सी, बिखरी-बिखरी सी, हर सम्त[5] जस्त[6] करती
नज़र आए रौशनी
तारीकियों के सीने से टकराए रौशनी
कुछ यूँही मेरे दिल में भी
खिलते-बिखरते रहते हैं चिंगारियों के फूल

वो लाल ग़ैर हैं न ये जौहर पराए हैं
हमीं ने लुटाए हैं
धनवान हम सा कौन है गुनवान हम-सा कौन
हैं देखो अब भी काग़ज़ी सूरत में जलवागर
हद-दर्जा मोतबर[7]
औराक़ पर खिले हैं हमारे गुनों के फूल

बे-कैफ़-ओ-बेकरम[8] न रही कुछ रविश-ए-ज़ीस्त[9] दिल की
ये अश्क[10] शोला-ज़ा[11] हैं तो कैफ़-आफ़री[12] भी हैं
अफ़साना-हा-ए-उम्र-ए-रवाँ[13] की निशानियाँ हैं
ये दिल की जराहतें[14]
हैं इन जराहतों में छुपे चाहतों के फूल

---

1. सौ दिशाओं वाला जंगल 2. चाहत की बग़ीची 3. कठिन 4. क्रोधित 5. दिशा 6. छलाँग 7. विश्वस्त 8. जिसमें दया और आनन्द न हो 9. जीवन की पद्धति 10. आँसू 11. अग्नि उत्पन्न करने वाले 12. आनंद उत्पन्न करने वाले 13. जीवन की कहानियाँ 14. घाव (बहु)

कहमुकरनियाँ[1]

चौड़ा-चकला सुर्ख़ सफ़ेद
छाती में है जिसका भेद
पा न सकूँ तो हुड़के जान
ऐ सखी साजन? ना सखी पान

बाँकी छब पर जी ललचाए
मुँह खोले तो रस टपकाए
राम के संग लूँ उसका नाम
ऐ सखी साजन? ना सखी आम

---

1. कहमुकरनियों और पहेलियों की व्याख्या करते हुए हक़्क़ी लिखते हैं : कहमुकरनी ख़ास हमारी ज़बान की एक विधा है जिसका जवाब मेरे इल्म की हद तक किसी और ज़बान में मौजूद नहीं। इसकी ईजाद का सेहरा हज़रत अमीर ख़ुसरो के सर है। हज़रत की कहमुकरनियों और पहेलियों को सब ही सराहते हैं और आज भी ये पुरलुत्फ़ मालूम होती हैं। लेकिन तअज्जुब है कि ये विधा उन्हीं पर ख़त्म हो गई, रवायत आगे न चल सकी। मैंने बहुत डरते-डरते इस मैदान में क़दम रक्खा है कि ये जुरअत सिर्फ़ मुँह चिढ़ाना बनकर न रह जाए। एक तरफ़ प्राचीन नमूनों से रिश्ता जोड़ना और रंग से रंग मिलाना ज़रूरी था तो दूसरी तरफ़ कुछ आधुनिकता का पुट भी दिया है। हज़रत अमीर ख़ुसरो के बाद पहेलियाँ भी कम लिखी गईं ख़ासकर ऐसी जो उनकी जैसी बारीकी को पहुँचती हैं। हमारे शायरों ने तो इन पर कोई तवज्जो ही नहीं की। जिन अदीबों ने बच्चों के लिए लिखा उन्होंने भी इस सन्फ़ को नहीं छेड़ा। आमतौर पर जो पहेलियाँ बच्चों के रिसालों और अख़बारों में कभी-कभी नज़र आती हैं, बेतुकी सी होती हैं और लताफ़त से ख़ाली। अफ़सोस तो ये हैं कि पुरानी पहेलियाँ भी ठीक नक़्ल नहीं की जातीं। मसलन ये पहेली जो हज़रत अमीर ख़ुसरो की बाबत कई किताबों में ग़लत नक़्ल हुई है, मैंने बचपन में इस तरह सुनी थी :

बाला हो तो सबको भाए
और बढ़े तो काम न आए
ले दिया मैंने उसका नाँव
बूझ तो बूझ नहीं छोड़ दे गाँव

यहाँ 'बाला हो' (कमसिन हो या रौशन किया गया हो) ने अजीब लुत्फ़ पैदा किया है। इसी तरह 'बढ़े' दो मानी में आया है। चराग़ बुझाने को चराग़ बढ़ाना कहते हैं। तीसरे मिसरे में दिये का नाम किस ख़ूबसुरती से लिया गया है कि 'ले दिया मैंने उसका नाँव'। इन मिसरों में तब्दीली कर दी जाए तो सारी लताफ़त ख़त्म हो जाती है और इशारात भी गुम हो जाते हैं। मालूम होता है बाज़ नक़्ल करने वालों ने इन नुक़्तों को समझा ही नहीं वर्ना 'बढ़े' की जगह 'बड़ा हो' कभी न लिखते। कहमुकरनियाँ जिनकी बूझ उनके अन्दर ही आख़िरी मिसरे में मौजूद होती है, एक शोख़ सहेली अपनी हमजोली से दोहरे मानी की बात कहती है जो साजन पर भी चस्पाँ होती है और किसी और चीज़ पर भी।

आता देख के थामे डंडे
साथ लिये दो-दो मुस्टंडे
पर्दा छोड़ मैं ओट में हो ली
ऐ सखी साजन? ना साखी डोली

सौंप के उसको अपना आपा
हौल उठे हैं मन में क्या-क्या
ढिलमिल डगमग उसके भाव
ऐ सखी साजन? ना सखी नाव

दोनों हाथ से सर को घेरे
नैनों से वो नैन मिलावे
कान छुए और चूमे मस्तक
ऐ सखी साजन? ना सखी ऐनक

आए कम तरसाए ज़ियादा
मुँह दिखलाया ये जा वो जा
होगा कौन भगोड़ा ऐसा
ऐ सखी साजन? ना सखी पैसा

पहरों मुझको गोद बिठाए
छोड़ चलूँ तो बल भर लाए
सब वो भुला दे चक्की-चूल्हा
ऐ सखी साजन? ना सखी झूला

मौज में अपनी झूमे-गाए
पैर पे आ कर लोट लगाए
बिफरे तो मैं भागूँ डर कर
ऐ सखी साजन? ना सखी सागर

ओट में भी ये साथ पधारे
जब देखो तब हाथ पसारे
पानी पीवे भर-भर पोटा
ऐ सखी साजन? ना सखी लोटा

पहरों डाल रखे गलबैयाँ
जैसे ये ही मेरा सैयाँ
जब देखो छाती पे सवार
ऐ सखी साजन? ना सखी हार

टट्टू दौड़ाता जब आए
मुझको साथ बिठा ले जाए
झटके दे पर बंधन पक्का
ऐ सखी साजन? ना सखी यक्का

उँगली पकड़े पहुँचा जकड़े
पहुँचा छोड़ गले तक पहुँचे
खेंचे कान जो निकलूँ सज कर
ऐ सखी साजन? ना सखी ज़ेवर

आप ही आप लिपटता जाए
पिछली बातें रटता जाए
जो बोलूँ सो लौटा दे नटखट
ऐ सखी साजन? ना सखी कैसेट

पहरों बैठा सभा सजाए
साँग भरे और कथा सुनाए
ताकने आए पड़ोस की बीवी
ऐ सखी साजन? ना सखी टी.वी.

हाथ से जब छेड़ा थर्राई
पैर से जब दाबा गुर्राई
नापे सड़कें और बाज़ार
क्या भई नारी? ना भई कार

चाल धमकती पाँव में चक्कर
भागे भारी बोझ उठा कर
कितनों ही से रक्खे मेल
ऐ सखी साजन? ना सखी रेल

आप ही मैंने सर पे चढ़ाया
काँप रही थी जब लिपटाया
दूर से आया मेरे देस
ऐ सखी साजन? ना सखी खेस

नीचे से ऊपर को जाए
यूँ ही बैरी मोहे थकाए
साँस चढ़े और फूले सीना
ऐ सखी साजन? ना सखी जीना

रोज़ सुबह की यही कहानी
माँगे दूध और तित्ता पानी
चाह मिटे पर नींद उड़ जाय
ऐ सखी साजन? न सखी चाय

पहेलियाँ

1

सीखने वाला बोलता जाए
सिखाने वाला चुप
उससे मेरा ध्यान लड़ा है
शोर न करना—चुप!
(अता-पता : पढ़े-लिखों के काम की चीज़)

2

जिसने रख दिया सर पर हाथ
चुपकी चल दी उसके साथ
घूमे बन कर पीर की चेली
और फिर भी कहलाए अकेली
(अता पता : बरतने की चीज़ अक्सर घर के बाहर)

3

सूरत देखी या नहीं देखी
मूरत उसकी देखी-भाली
दो ढालें और तलवारें
बीच में लटकी एक दोनाली
(अता पता : पशुओं में)

4

वो कोई दरिया न समंदर
फिर भी लहरें सर से ऊपर
अक्सर उल्टी देखी नाव
बूझ बताओ सर न खुजाओ
(अता पता : सबके पास)

5

रोज़ ही झूठी कहलाए
और हरग़िज झूठ न बोले
इसमें एक लपेट है यारो
कोई तो बात को खोले
(अता पता : बरतने में)

6

कितनों ही की गरदन मार
रख दिया लाकर बीच बाज़ार
करते हो क्या रूप सिंघार
बूझो नहीं तो मानो हार
(अता पता : पहनने की चीज़, पहेली में नाम मौजूद है)

7

क़द में ऊँचा घेर में पूरा
और फिर भी कहलाए अधूरा

इतनी बात तो मैंने खोली
भूल गए क्या अपनी बोली
(अता पता : पेड़-पौधों में)

8

वो तो फिर फैले बहुत
गर कुछ तवक़्क़ुफ़ मैं करूँ
है रोज़ की घिस-घिस यही
जल वो उठे उफ़ मैं करूँ
(अता पता : आम इस्तेमाल की चीज़)

9

इक हथियार और दो हत्यारे
ये कहे आ रे वो कहे जा रे
(अता पता : कारीगरों के काम की चीज़)

10

चुपके-चुपके सबको घूरे
ऐब गिना दे सबके पूरे
जिस-तिस से रोज़ आँख लड़ाए
शर्म तो उसको आई ना आए
(अता पता : आम इस्तेमाल की चीज़, पहेली में नाम मौजूद है)

11

वो तो मेरा पहुँचा पकड़े
अब मैं करूँ क्या पर्दापोशी
आधी रात को चलते-चलते
जोड़े हाथ, करे सरगोशी
(अता पता : आम इस्तेमाल की चीज़)

12

एक ही रूप और एक ही गात
जब देखो तब दोनों साथ
थीं तो दोनों एक सी तब भी
ग़ौर किया तो एक थी खब्बी
(अता पता : आम इस्तेमाल की चीज़)

पहेलियों की बूझ—

1. किताब—कोई पढ़ रहा हो तो शोर नहीं करते।
2. छड़ी—जिसका एक अर्थ 'अकेली' भी है और बूढ़े ज़्यादा इस्तेमाल करते हैं इसलिए 'पीर (बूढ़ा) की चेली'।
3. हाथी—जिसे अधिकतर लोग नहीं देखते लेकिन उसका चित्र अक्सर दिखाई देता है। दो ढालें कान जो ढाल से मिलते-जुलते हैं, तलवारें दाँत, दोनाली सूंड़।
4. सिर, बाल, टोपी (नाव की तरह उल्टी)।
5. प्लेट—'लपेट' में नाम का इशारा है (बग़ैर धुली प्लेट झूठी कहलाती है)
6. हार—पहेली में मौजूद है।
7. नीम—आधा के अर्थ में भी आता है जैसे नीम-हकीम। 'अपनी बोली' में निबोली भी मौजूद है।
8. दियासलाई—जल्दी न बुझाओ तो फैले। 'उफ़' बुझाने के लिए की जाती है।
9. आरा और आराकश—दो आराकश इधर-उधर बैठकर लकड़ी का लट्ठा चीरते हैं।
10. आईना—नाम पहेली में मौजूद है।
11. कलाई की घड़ी—रात को बारह बजे दोनों सुइयाँ मिल जाती हैं। घड़ी की आवाज़ सिर्फ़ कान में सुनी जा सकती है (सरगोशी)।
12. जूतियों की जोड़ी—खब्बी, उलटे पाँव की जूती हुई। वैसे शक्ल में दोनों एक जैसी।

अशआर

हैरत क्या है? हमसे बढ़ कर कौन भला बेगाना होगा
ख़ुद अपने को भूल चुके हैं, तुमने क्या पहचाना होगा

कर के इक बार तेरी चश्म-ए-फ़ुसूँ-साज़[1] के सुपुर्द
फिर न पूछा कभी बंदों को ख़ुदा ने अपने

1. जादू करने वाली आँख

फ़ासले तंग हुए और फ़सीलें टूटीं
कौन से शह्र को अब कहिए मेरा शह्र है ये

वो कहिए जो हो उस ख़म-ए-अबरू[1] का इशारा
हर चंद कि गर्दन भी हो तलवार के नीचे

क्या तमाशा है कभी थाम के दामन उसका
क़िस्सा-ए-फ़रियाद[2] करूँ गर तो हँसी आ जाए

हमने ये दर्स[3] पाया ले-दे के ज़िंदगी से
अफ़साना आदमी का सच्चा है आदमी से

तुमसे उलफ़त के तक़ाज़े न निभाए जाते
वर्ना हमको भी तमन्ना थी कि चाहे जाते

नग़्मा यूँ साज़ में तड़पा मेरी जाँ हो जैसे
मेरा दम हो मेरे सीने में फ़ुग़ाँ हो जैसे

इक तमन्ना कि सहर से कहीं खो जाती है
शब को आ कर मेरे आग़ोश में सो जाती है

यूँ कहाँ होती है इक मौज-ए-नफ़स[4] में ये खटक
ऐ ख़ुशा[5] हर्फ़[6] कि पहुँचे लब-ए-ऐजाज़[7] तलक

बन गई यूँ ही सुख़न[8] में तो ज़रा नोक-पलक
मेरे लहजे में कहाँ है मेरे सीने की खटक

मुहब्बत के बंधन ये कच्चे से धागे
बड़ा दम बड़ा ज़ोर रखते थे आगे

---

1. भृकुटि का धनुषाकार 2. अनुयोग की कथा 3. शिक्षा 4. साँस की लहर 5. वाह-वाह, क्या ख़ूब 6. अक्षर 7. चमत्कारी होंठ 8. बात, बातचीत

सबा अकबराबादी

नाम : ख़्वाजा मुहम्मद अमीर। इनका जन्म 14 अगस्त, 1908 को अकबराबाद, आगरा में हुआ। 1926 से 1931 तक आगरा से मासिक 'आज़ाद' और मासिक 'शबाब-ए-उर्दू' प्रकाशित किया। सन् 1933 से 1936 तक मासिक 'मशवरा' का सम्पादन किया।

जनवरी, 1970 में उनका पहला संकलन 'औराक़े-गुल' प्रकाशित हुआ तो उनके लगभग दो हज़ार अशआर पाठकों के सामने आए। लेकिन ये अशआर भी सबा की रचनात्मकता का नमूना भर हैं। जैसा कि उनके बेटे ताजदार आदिल ने अपनी किताब 'मात होने तक' की भूमिका में पिता की उर्वर लेखनी का बयान करते हुए लिखा था, "जब ये संकलन जुड़ा तो मैंने देखा कि एक एकान्तवासी शायर अपने बहुत सारे दलाइल के साथ ख़ामोश बैठा मुझे भागता-दौड़ता देख रहा है। मैं एक लम्हे के लिए रुका और मैंने उसके क़दमों की ख़ाक चाटकर कहा कि मैं भी तुम्हारी ही एक दलील हूँ। लेकिन मैंने देखा कि बारह सौ रुबाइयात-ए-उमर ख़य्याम फ़ारसी से उर्दू रुबाई में तर्जुमा, पूरे दीवान-ए-ग़ालिब की मुकम्मल तज़मीन, पचास से ज़्यादा मरसिए—और बीस हज़ार से ज़्यादा ग़ज़ल के अशआर उसकी क़लम से निकल चुके हैं।"

सबा अकबराबादी की रचना प्रक्रिया का परिचय उनके एक पत्र से मिलता है। ताजदार आदिल का काव्य-संग्रह प्रकाशित होने से पहले उन्होंने बेटे को ख़त में लिखा था, जो काव्य-संग्रह में ही छपा :

ताजदार सल्लमहू। तुम्हारे चन्द अहबाब की ज़बानी मालूम हुआ है कि तुमने भी शेरगोई[1] की तरफ़ तवज्जो दी है और तुम्हारा एक मजमुआ-ए-क़लाम[2] भी शाया हो रहा है। ये ख़बर मेरे लिए हैरानकुन[3] भी है और मसर्रत-आमेज़[4] भी। हैरत इसकी है कि तुम्हारे रूहजान-ए-शेर[5] से मैं अब तक बेख़बर रहा और

---

1. शेर कहना 2. काव्य-संग्रह 3. आश्चर्यजनक 4. आनन्दमय 5. काव्य-प्रवृत्ति 6. ख़ुशी से भरा हुआ 7. शायर (बहु.) 8. पंक्ति

मसर्रत-आमेज़[6] इसलिए कि तुम भी 'साहिबान-ए-किताब' शोरा[7] की सफ़[8] में शामिल हो रहे हो। जब तुमने इस मैदान में क़दम रख ही दिया है तो मुनासिब मालूम होता है कि इसके नशेब-ओ-फ़राज़[1] से भी तुम्हें आग़ाह कर दिया जाए। मैंने 1919 से शेर कहना शुरू किया लेकिन मेरी ग़ज़लियात का पहला मुख़्तसर[2] मजमुआ 1970 में शाया हुआ। ये निस्फ़[3] सदी का दौर मेरी ख़ामोशी का नहीं था बल्कि 50 बरस तक मैंने शायरी के मुख़्तलिफ़ असालीब[4] का मुताला[5] भी किया, हज़ारों ग़ज़लें कहीं, हज़ारों ग़ज़लें बाँट दीं, नज़्म-गोई पर भी तवज्जो दी, फ़ारसी अदब का भी मुताला किया, तनक़ीदी मज़ामीन[6] भी पढ़े, उस अज़ीम[7] हिज़रत[8] का दौर भी देखा जिसमें कई करोड़ इंसान अपनी जन्मभूमि छोड़कर नई ज़मीनों पर आबाद हुए। शेर-गोई के लिए जो ज़रूरी मबादियात[9] हैं वो तुम्हें लिखकर देता हूँ कि इन्हें अपना शिआर[10] बनाओ :

1. असातिज़ा-ए-क़दीम[11] का बग़ौर मुताला[12] और उसमें अलफ़ाज़ का इस्तेमाल।
2. फ़ारसी शायरी का तालिब-ए-इल्माना[13] मुताला।
3. ज़बान का सहल-तरीन[14] इस्तेमाल मगर जहाँ नागुज़ीर[15] हो वहाँ अरबी; फ़ारसी अलफ़ाज़ की आमेज़िश[16] भी जाइज़[17] है।
4. हालात-ए-हाज़िरा[18], गुज़िश्ता[19] ज़िन्दगी के तजुर्बात (हालाँकि अभी तुमने सही तौर से ज़िन्दगी का कोई तजुर्बा नहीं किया है)।
5. इस्मत मुआमलात[20] यानी जज़्बात-ओ-मुशाहिदात[21] को बरहना[22] करके पेश न करना।
6. किसी की शायरी को अपना रहनुमा न बनाना बल्कि अपने लिए ख़ुद एक नया उसलूब[23] तलाश करना मगर हदूद-ए-शेर[24] को क़ायम रखना।
7. तबए-मौज़ूँ[25] के बावजूद अरूज[26] पर उबूर[27] हासिल करना मगर उरूज़ी इज़हार[28] के लिए शेर कहने से गुरेज़ करना।

---

1. ऊँच-नीच 2. सार रूप 3. अर्द्ध 4. शैली (बहु.) 5. अध्ययन 6. आलोचनात्मक लेख 7. महान 8. प्रवास 9. तत्त्व, मूलभूत अंश 10. नियम 11. पुरातन उस्ताद शायर 12. ध्यानपूर्वक 13. छात्र की तरह 14. सरस (तम) 15. अनिवार्य 16. मिलावट 17. उचित 18. आजकल के हालात 19. गुज़री हुई 20. वे विषय जिनको छिपाना चाहिए 21. भावना और अनुभव (बहु.) 22. नग्न 23. शैली 24. काव्य सीमा 25. जो शेर वज़न के अन्दर कहता हो, जिसमें कविता करने की योग्यता हो 26. छन्दशास्त्र 27. दक्षता, नैपुण्य, पारंगति 28. अभिव्यक्ति 29. प्रशंसा 30. ऊँची साहित्यिक उपलब्धि

8. वक़्ती दाद-ओ-तहसीन[29] को मेराज-ए-सुख़न[30] न समझना।
9. मुसलसल[1] मश्क़े-सुख़न[2] करते रहना मगर ऐसे अशआर को जमा न करना जो सिर्फ़ मश्क़ के लिए कहे गए हों।
10. जाहिल की दाद और साहिबान-ए-इल्म की ख़ामोशी से अपने शेर के मेयार[3] को परखने की सलाहियत[4] पैदा करना।

ये चन्द ऐसी बातें हैं जो साठ-बासठ बरस के तजुर्बात का निचोड़ हैं। अगर इनको पेश-ए-नज़र रखोगे तो शायरी की आलातरीन ख़ूबियाँ हासिल होती चली जाएँगी।

सबा ने बारह साल की उम्र में लिखना शुरू किया।

वे ख़ुद बताते हैं कि 1970 तक उन्होंने लगभग एक लाख शेर कह दिए थे। यानी हर साल में दो हज़ार अशआर। मरसिए, क़तआत, रुबाईयात अलग से। शायद इसीलिए सबा की रचनाओं में कभी-कभी करख़नदारी फ़ैक्ट्री में तेज़-रफ़्तार बनते माल की महक आ जाती है।

लेकिन सबा की कलम भले तेज़ चलती हो, उनके सोच में काफ़ी ठहराव है। बक़ौल डॉ. इबादत बरेलवी, हज़रत सबा अकबराबादी का शुमार उर्दू के बुज़ुर्ग शायरों में होता है। वे पिछले साठ साल से शायरी कर रहे हैं। सबा मानते हैं कि इंसान ने इस ज़िंदगी को सँवारने-निखारने के लिए इंक़लाबों की बुलन्दियों को छू लिया है। फिर भी मजबूर है क्योंकि तब्दीली उसका मुक़द्दर है, मौत उसका अंजाम। लेकिन वो ज़िन्दा रहा है, ज़िन्दा है और ज़िन्दा रहेगा। इसी तरह वे तसव्वुर और तजुर्बात के साँचे सबा साहिब की ग़ज़लों के अशआर ढालते हैं।

बेटे को सलाह तो दे दी। लेकिन इन सारे मापदंडों पर सबा अकबराबादी ख़ुद कहाँ तक पूरे उतरे हैं? सबा के 'चराग़-ए-बहार' की भूमिका में डॉ. अबुललैस सिद्दीकी ने लिखा था : आजकल प्रकाशित होने वाली उर्दू किताबों की छपाई और जिल्दबन्दी के बारे में वो शिक़ायत नहीं रही जो एक ज़माने में फ़ार्स्टर को थी। दिल्ली में घूमते हुए फ़ार्स्टर ने रास मसऊद मरहूम से उर्दू के सबसे बड़े शायर का नाम पूछा। जवाब में ग़ालिब सुनकर कलाम देखने की ख़्वाहिश का इज़हार किया। फ़ार्स्टर उर्दू नहीं जानता था। वो सिर्फ़ ये जानना चाहता था कि ये क़ौम अपने सबसे बड़े शायर के कलाम को किस आन-बान से शाया करती है। सो उस बेचारे ने दिल्ली की जामा मस्जिद के सामने उर्दू के कुतुबफ़रोशों से चार आने वाला दीवान-ए-ग़ालिब ख़रीदा तो सकते में रह गया। सबसे बड़ा शायर और उसका दीवान और ये हश्र। अजब क़ौम है। अब मामला कुछ बरअक़्स है।

1. निरन्तर 2. काव्य-अभ्यास 3. स्तर 4. योग्यता

बहुत ख़ूबसूरत किताबत, हसीन-ओ-जमील सर-ए-वर्क, आला दर्जे का गैटअप, बेहतरीन इम्पोर्टेड काग़ज़, ऑफ़सेट की छपाई, ग़रज़ किताब सोलह-सिंगार से आरास्ता और पैरास्ता लेकिन ज़रा घूँघट उठाकर देखें और बस। लेकिन सबा अकबराबादी के इस मजमूए की बात ज़रा मुख़्तलिफ़ है। एक तो ये कि उनकी शायरी की उम्र कमोबेश उतनी है जितनी ख़ुद मेरी उम्र है। उन्हें साठ बरस शेर कहते हो गए। उन्होंने सन् 1920 में शेर-गोई शुरू की तो मैं उस वक़्त चार बरस का था। 1922 में अकबराबाद के मौलवी सलामतउल्ला मरहूम के मकतब में टाट के फ़र्श पर बैठकर अबजद ख़्वानी करता था (अकबराबादी, वर्तमान आगरा, उ.प्र. का पुराना नाम है)। डॉ. सय्यद अब्दुल्ला को कहते सुना है कि वो अकबराबादियों के लुत्फ़-ओ-सितम के मारे हुए हैं। कि ग़ालिब और मीर दोनों अकबराबादी थे और अब क़िस्सा ताज़ा हो रहा है कि एक और अकबरआबादी से उनका साबिक़ा आन पड़ा। और वो हैं सबा अकबराबादी। सय्यद साहिब ने ठीक ही लिखा कि ग़ालिब के आशिक़ कम, लेकिन मीर के लुत्फ़-ओ-सितम के मारे हुए ज़्यादा हैं। जिसने भी इस कूचे में आवारागर्दी की है वो मीर के लुत्फ़-ओ-सितम का मारा ही मिला है। वर्ना सौ साल से ऊपर होने को आए। सन् 1810 में मीर का इन्तक़ाल हुआ था मगर अब तक उनके मारे हुए बाक़ी हैं।

सबा अकबराबादी ने रुबाइयात-ए-ख़य्याम और ग़ालिब का फ़ारसी रुबाइयों का तर्जुमा उर्दू में किया। आफ़ताब अहमद ख़ाँ उन्हें उर्दू का फिटज़्जैरल्ड मानते हैं। सबा ने ग़ालिब की तज़मीनें भी की हैं जो अब तक अप्रकाशित हैं।

कृतियाँ : 'ज़मज़मा-ए-पाकिस्तान' (मिल्ली नज़्मों का मजमुआ 1946), 'ज़िक्र-ओ-फ़िक्र' (सलाम और मनक़िबत का मजमुआ 1938), 'औराक़-ए-गुल' (ग़ज़लें, 1970), 'सर-ब-कफ़' (मरसिए, 1980), 'शहादत' (मरसिए, 1981), 'चराग़-ए-बहार' (ग़ज़लें, 1982), 'हमकलाम' (ग़ालिब की फ़ारसी रुबाइयात का उर्दू रुबाई में अनुवाद, 1987)

29 अक्टूबर, 1991 को इस्लामाबाद में इनका निधन हो गया।

ग़ज़लें

1

शमअ का नूर आरज़ी[1] है मियाँ
रौशनी दिल की रौशनी है मियाँ

माहीयत[2] पर किसी की ग़ौर न कर
जो नज़र आए बस वही है मियाँ

मीर साहिब[3] बता गए सबको
तेरे लब की जो नाज़ुकी है मियाँ

बेसबब इंतज़ार है तेरा
एक आदत सी हो गई है मियाँ

मेरी दुनिया में और सब कुछ है
बस फ़क़त आपकी कमी है मियाँ

मयकदे बंद हो गए जबसे
मुस्तक़िल[4] दौर-ए-सरख़ुशी[5] है मियाँ

हमें क्या मस्तियाँ दिखाते हो
हमने बरसों शराब पी है मियाँ

आदमीयत[6] है जिससे शर्मिंदा[7]
वो भी दरअस्ल[8] आदमी है मियाँ

---

1. अस्थायी 2. वास्तविकता 3. मीर तक़ी मीर, उनका शेर है :

नाज़ुकी उसके लब की क्या कहिए
पंखुड़ी इक गुलाब की सी है

4. निरन्तर, स्थायी 5. हल्के नशे का दौर 6. मानवता 7. लज्जित 8. वास्तव में

जेब-ओ-दामाँ[1] की ख़ैर माँग 'सबा'
आमद[2]-आमद बहार की है मियाँ

2

ज़ह्न में सिलसिला-ए-इश्क़ की रूदाद नहीं
याद रखने की थी हर बात मगर याद नहीं

बेड़ियाँ टूट के टूटे नहीं ज़िंदान-ए-रसूम[3]
जिस्म आज़ाद हैं रूहें अभी आज़ाद नहीं

ख़ुदफ़रामोशी-ए-उम्मीद[4] के सदक़े, ख़ुश हूँ
ऐ मेरे भूलने वाले मुझे कुछ याद नहीं

उस मुहब्बत का हवस नाम मुनासिब होगा
जिस मुहब्बत की किसी दर्द पे बुनियाद नहीं

मुतमइन[5] हुस्न ने समझा है मुसीबत पे 'सबा'
बात ये है कि मुझे आदत-ए-फ़रियाद नहीं

3

सिर्फ़ ज़र्रे[6] नहीं क़दमों में दिल-ए-ज़ार[7] भी है
आपको कुछ ख़बर-ए-शोख़ी-ए-रफ़्तार भी है

जिन्स-ए-नायाब[8] सही अपनी मुहब्बत लेकिन
कोई दुनिया में मुहब्बत का ख़रीदार भी है

वक़्त जल्लाद भी होता है मुआलिज[9] ही नहीं
वक़्त के हाथ में नश्तर नहीं तलवार भी है

देखें आवारगी-ए-शौक़ को क्या आए पसन्द
राह में धूप भी है साया-ए-दीवार भी है

---

1. जेब और दाम 2. आगमन 3. संस्कारों या परम्पराओं की क़ैद 4. आशा की आत्मविस्मृति 5. सन्तुष्ट 6. कण (बहु.) 7. दुखी मन 8. अप्राप्य वस्तु 9. चिकित्सक

रहम ख़ुद दीदा-ए-पुरशौक़[1] पे आता है हमें
ताब-ए-जलवा[2] भी नहीं हसरत-ए-दीदार[3] भी है

हाय इस क़ाफ़िला-ए-शौक़[4] में रहज़न[5] के सिवा
सब को नींद आई हुई है कोई बेदार[6] भी है

4

जहाँ में सोहबत-ए-अह्ल-ए-जहाँ[7] ज़रूरी है
मुसाफ़िरों के लिए कारवाँ ज़रूरी है

मेरे सहरा में बहारों का असर भी है सबा
दिल-ए-वीराँ में ख़याल-ए-गुलो गुलज़ार भी है

मेरे ख़याल की रिफ़अत[8] पे नक़्श-ए-पा[9] हों तेरे
इस आसमान पे इक कहकशाँ[10] ज़रूरी है

पसंद आएगी यकरंगी-ए-बहार[11] किसे
चमन के वास्ते फ़स्ल-ए-ख़िज़ाँ[12] ज़रूरी है

ये सोच-सोच के रखते हैं वो ज़मीं पे क़दम
कहाँ है ग़ैर-ज़रूरी, कहाँ ज़रूरी है

छुटें क़फ़स[13] से तो उजड़े चमन को देख आएँ
तवाफ़-ए-ख़ार-ओ-ख़स-ए-आशयाँ[14] ज़रूरी है

मआल-ए-कार[15] अजल[16] हो कि ज़िंदगी दिल की
निगाह-ए-यार-तिरा इम्तिहाँ ज़रूरी है

बग़ैर-ए-दोस्त न जन्नत में ख़ुश है न दोज़ख़ में
कोई मुक़ाम हो इक हमज़बाँ[17] ज़रूरी है

---

1. अभिलाषापूर्ण आँखें, अधिक चाह से भरी हुई आँखें 2. दर्शन की सहनशक्ति 3. दर्शन की अभिलाषा 4. अभिलाषा का क़ाफ़िला 5 बटमार 6. जागा हुआ 7. दुनिया वालों की संगत 8. उच्चता 9. पद-चिह्न 10. आकाशगंगा 11. वसन्त की एकरसता 12. पतझड़ का मौसम 13. पिंजरा, क़ैद 14. घोंसले के घास-तिनकों की परिक्रमा 15. काम का नतीजा 16. मृत्यु 17. एक राय, एक भाषा बोलने वाला मित्र

जवाब क्या दूँ इलाही सवाले-बर्क़[1] ये है
चमन ज़रूरी है या आशियाँ ज़रूरी है

मिला है दाग़े-वफ़ा तीरगी-ए-दिल[2] को 'सबा'
वहीं चराग़ जला है जहाँ ज़रूरी है

5

वो जोश वो शबाब वो सूरत नहीं रही
जिस पर कभी था नाज़ वो दौलत नहीं रही

वजहे-सुकूने-दिल जो इबादत[3] नहीं रही
सज्दों की अब जबीं[4] को ज़रूरत नहीं रही

जितनी थीं तेरे इश्क़ में सब काम आ गईं
अब ज़िंदगी में कोई मुसीबत नहीं रही

जिस दिन से तर्क-ए-सैर-ए-चमन[5] कर चुके हैं हम
कलियों को मुस्कुराने की आदत नहीं रही

जब से समझ लिया कि तुम्हें सब अज़ीज[6] हैं
इस दिल में अब किसी से अदावत[7] नहीं रही

वो दिन भी थे कि सिर्फ़ मुहब्बत थी और दिल
अब दाग़ रह गया है मुहब्बत नहीं रही

जिस से किया सवाल, बहारें कब आएँगी
उसने समझ लिया मुझे वहशत नहीं रही

उस जज़्बा-ए-अबस[8] में थी क्या सारी कायनात
कुछ भी नहीं रहा जो मुहब्बत नहीं रही

तुमने भी कब हिजाब[9] उठाया कि जब हमें
इक जुंबिश-ए-निगाह[10] की मुहलत नहीं रही

---

1. बिजली का सवाल 2. मन का अँधेरा 3. उपासना 4. माथा 5. बाग़ की सैर छोड़ना
6. प्रिय 7. दुश्मनी 8. व्यर्थ भावना 9. पर्दा, लज्जा 10. दृष्टि की हिलन

नाआशना-ए-रस्म-ओ-रह-ए-दोस्ती[1] हैं हम
या दोस्तों में रस्म-ए-मुरव्वत नहीं रही

लो अर्ज़-ए-मुद्दआ[2] पे ख़फ़ा हो रहे हैं वो
अब अर्ज़-ए-मुद्दआ की भी हसरत नहीं रही

अह्द-ए-फ़िराक़[3] था कि परीशान ख़्वाब था
जब आँख खुल गई शब-ए-फ़ुरक़त[4] नहीं रही

माना बहुत शराब है उस चश्म-ए-मस्त में
कैसे पियूँ कि पीने की आदत नहीं रही

हम जैसे कुछ ग़रीबों के घर जल गए तो क्या
ये तो हुआ कि शह्र में ज़ुल्मत[5] नहीं रही

थी दौलत-ए-अलम[6] दिल-ए-बेआरज़ू के पास
वो भी तेरे करम की बदौलत नहीं रही

ख़ून-ए-जिगर सिमट के तबस्सुम[7] में आ गया
आँखों को आँसुओं की ज़रूरत नहीं रही

छुट कर वतन से इतने ग़रीब-उल-वतन[8] मिले
आज़ुर्दगी-ए-आलम-ए-ग़ुरबत[9] नहीं रही

बस इक 'सबा' नहीं है तो कोई कमी नहीं
दुनिया नहीं रही कि मुहब्बत नहीं रही

6

सोना था जितना अह्द-ए-जवानी में सो लिये
अब धूप सर पे आ गई है आँख खोलिये

1. दोस्ती के मेल-जोल से अपरिचित 2. उद्देश्य की प्रार्थना 3. वियोग की प्रतिज्ञा 4. विरह की रात 5. अन्धकार 6. दुख की दौलत 7. मुस्कुराहट 8. प्रवासी, परदेसी 9. परदेसियों की दशा का दुख।

याद आ गया जो अपना गिरेबाँ बहार में
दामन से मुँह लपेट लिया और रो लिये

अब और क्या करें तेरे तर्क-ए-सितम[1] के बाद
ख़ुद अपने दिल में आप ही निश्तर चुभो लिए

परवाना-ए-रिहाई -ए-ख़ामा[2] तो मिल गया
लेकिन हुज़ूर अब दर-ए-ज़िंदाँ[3] भी खोलिए

अपने लिए तअय्युन-ए-मंज़िल[4] कोई नहीं
जो भीड़ जिस तरफ़ को चली साथ हो लिए

था नागवार-ए -तब्अ[5] तुझे सादगी-ए-इश्क़
ले आज हमने पलकों में मोती पिरो लिए

हर इक ब-ज़ोम-ए-ख़्वेश[6] जहाँ हो सुख़न-शनास[7]
बेहतर ये है 'सबा' कि वहाँ कुछ न बोलिए

7

उस निगाह-ए-नाज़ ने मिलकर न पहचाना मुझे
जो निगाह-ए-नाज़ कर सकती थी दीवाना मुझे

अजनबी की तरह गुज़रा हूँ जहाने-इश्क़ से
कौन नावाक़िफ़ था फिर भी किसने पहचाना मुझे

मैं दयार-ए-हुस्न के आदाब से वाक़िफ़ नहीं
तुम कभी आना तो अपने साथ ले जाना मुझे

पारसाई[8] तेरे रस्ते में हैं कितने मरहले[9]
दो क़दम चलता हूँ मिल जाता है मयख़ाना मुझे

---

1. अत्याचार-त्याग 2. लेखनी की रिहाई का आदेशपत्र 3. कारागार का दरवाज़ा 4. निश्चित मंज़िल 5. स्वभाव को नापसन्द 6. अपने ग़लत विचार में 7. काव्य-मर्मज्ञ 8. संयम 9. मंज़िल, कठिन काम (बहु.)

मैं तुम्हारा दिल दुखाऊँ मुझसे हो सकता नहीं
तुम सुनाते काश मेरे ग़म का अफ़साना मुझे

सुब्ह से ता-शाम कोई आशना मिलता नहीं
शाम होते ही बुला लेता है मयख़ाना मुझे

इन्क़िलाब-ए-दह्र[1] ने आँखों पे डाला है असर
आज हर अपना नज़र आता है बेगाना मुझे

मुस्तक़िल जलना कुजा[2] और जल के बुझ जाना कुजा
शमअ का शोला नज़र आता है परवाना मुझे

भर के रख ली है मेरे हिस्से की साक़ी ने शराब
कोई अब ला दे उठाकर मेरा पैमाना मुझे

जब मिला है आपका दामन तो सज्दा[3] कर लिया
आपने अब तक समझ रक्खा है दीवाना मुझे

अल्लाह-अल्लाह हैरत-ए-नज़्ज़ारा[4] उनको देखकर
हो गया दुश्वार[5] ख़ुद अपना नज़र आना मुझे

दो जहाँ से मुँह छुपाए फिर रहा था हश्र में
फिर भी इक पहचानने वाले ने पहचाना मुझे

रहगुज़ार-ए-शौक़ में ये कह के जाता है 'सबा'
गुम अगर हो जाऊँ मैं तो ढूँडने आना मुझे

8

मेरी पलकों की नमी याद तो करते होंगे
वो मुझे दिल में कभी याद तो करते होंगे

---

1. काल का परिवर्तन 2. कहाँ 3. माथा टेकना 4. दर्शन के बाद विस्मय की स्थिति 5. कठिन

अभी भूले तो न होंगे मेरी गुस्ताख़ नज़र
इश्क़ की बेअदबी याद तो करते होंगे

उनकी शोख़ी पे जो लब तक मेरे आ जाती थी
अब वो मुहतात[1] हँसी याद तो करते होंगे

वो मुहब्बत के इशारे वो निगाहों के पयाम[2]
शौक़ की नामाबरी[3] याद तो करते होंगे

वो मेरे अश्क[4] फ़रामोश[5] नहीं कर सकते
ग़म की बेराहरवी[6] याद तो करते होंगे

याद तो होगी मेरी आह सहरगाही[7] की
नाला-ए-नीम-शबी[8] याद तो करते होंगे

कुछ न कुछ दिल पे मुहब्बत का असर तो होगा
न सही रोज़ कभी याद तो करते होंगे

कूचागर्दी का मेरी ध्यान तो आता होगा
पा के सुनसान गली याद तो करते होंगे

ए सबा सिर्फ़ यही सोच के ज़िंदा हूँ मैं
न मिलें वो न सही याद तो करते होंगे

9

किसी से आँख मिला के ज़माना-साज़ी[9] क्या
शराबख़ाने में दावा-ए-पाक़बाज़ी[10] क्या

फ़सुर्दगी[11] निखर उट्ठी ख़िजाँ में फूल खिले
तेरे लबों से हुई ये करिश्मा-साज़ी क्या

---

1. सावधान, सतर्क 2. सन्देश 3. पत्र ले जाना 4. आँसू 5. भुलाना 6. बुरी राह चलना, कुमार्ग गमन 7. सुबह-सवेरे की 8. आधी रात को आर्तनाद 9. अवसरवादिता, छल 10. सदाचार का घमंड 11. उदासी

बला-ए-जाँ है हमें मुख़्तसर सी इक शब-ए-ग़म
तुम्हारे गेसू-ए-शब-रंग की दराज़ी[1] क्या

जमी हुई है नज़र आशियाँ के तिनकों पर
क़फ़स में बर्क़-ए-चमन से निगाह-बाज़ी क्या

हर इक तलब का तक़ाज़ा वही विसाल-विसाल
हक़ीक़तें हैं पस-ए-पर्दा-ए-मजाज़ी[2] क्या

जो दिल में आग लगाकर मिज़ाज पूछते हैं
कोई बताए उन्हें वज्ह-ए-दिल-गुदाज़ी[3] क्या

यही रहा जो ख़ुम-ए-अबरू-ए-बुताँ का खिंचाव
ख़ुदा को सज्दा करेगा कोई नमाज़ी क्या

नज़र उठा के न देखा नियाज़मंदों[4] को
हुज़ूर ऐसे भी अंदाज़-ए-बेनियाज़ी क्या

क़दम तो उठ नहीं सकते ख़याल चलता है
हमें थकाएगी अब राह की दराज़ी[5] क्या

यही तो कहना है उनसे हमें मुहब्बत है
ज़रा सी बात में फ़िक्र-ए-सुख़न-तराज़ी[6] क्या

है एतिमाद[7] ख़ुद अपने ही दस्त-ओ-बाज़ू पर
मुक़द्दरात[8] से उम्मीद-ए-कारसाज़ी[9] क्या

मुझे तो नश्शे में कुछ भी नज़र नहीं आता
तेरी नज़र में हैं आसार-ए-दिलनवाज़ी[10] क्या

सजा रहे हो फिर अपने जिगर के ज़ख़्मों को
'सबा' फिर आज है क़स्द-ए-चमन-तराज़ी[11] क्या

---

1. लम्बाई 2. अवास्तविक पर्दे के पीछे, भौतिक पर्दे के पीछे 3. दिल के पिघलने का कारण 4. भक्त, परिचित 5. लम्बाई 6. कविता के लिए विचार 7. भरोसा 8. भाग्य में लिखी हुई बातें 9. बिगड़े हुए कामों को बनाने की आशा, ईश्वर की कृपा की आशा 10. दोस्ती या सांत्वना के लक्षण 11. बाग़ को चित्रित करने का इरादा

10

हो नज़र की जहाँ कमी मालूम
उन अँधेरों में रौशनी मालूम

तुमसे होती है ज़िंदगी मालूम
ये हुआ है हमें अभी मालूम

है हमारी नज़र की पुरकारी[1]
तेरे जलवों की सादगी मालूम

बरहमी[2] देखते रहे तेरी
न हुआ राज़-ए-बरहमी मालूम

उसने ये कह के इल्म-ए-ज़ीस्त[3] दिया
जा तुझे कुछ न हो कभी मालूम

दिल में सौ ज़ख़्म मुस्कुरा उट्ठे
जब लबों पर हुई हँसी मालूम

ये समझ लो कि जल उठा गुलशन
जब हवा में हो ताज़गी मालूम

न हुआ इल्म कुछ ख़ुदाई का
हो गई अपनी बंदगी मालूम

दिल-ए-बेमुद्दआ[4] के महफ़िल में
हो रहे हैं वो मुद्दई[5] मालूम

कू-ए-जानाँ[6] की रुत निराली है
धूप होती है चाँदनी मालूम

शिद्दत-ए-इंतज़ार-ए-मर्ग[7] न पूछ
ज़ीस्त होती है जाँ-कनी[8] मालूम

---

1. चालाकी, चतुराई 2. क्रोध, अप्रसन्नता 3. जीवन का ज्ञान 4. वह मन जिस पर दावा नहीं किया गया 5. दावा करने वाला 6. प्रेमिका की गली 7. मृत्यु की प्रतीक्षा की तीव्रता 8. शरीर से प्राण निकलने की अवस्था

उसके ईमान[1] को सलाम करो
वो जिसे लुत्फ़े-काफ़िरी[2] मालूम

शाख़-ए-गुल पर अगर क़फ़स हो
सबा आशियाँ की न हो कमी मालूम

11

दिल उन तजल्लियों[3] के उजाले में रह गया
इक चाँद था सिमट के जो हाले[4] में रह गया

शायद वही था हासिल-ए-सहरा-ए-ज़िंदगी[5]
काँटा जो मेरे पाँव के छाले में रह गया

वो आ के और नज़्अ[6] की मुद्दत बढ़ा गए
बीमारे-ग़म उलझ के सँभाले में रह गया

उसकी वफ़ा पे नाज़ करे ज़ौक़-ए-बंदगी[7]
वो बरहमन[8] जो मर के शिवाले में रह गया

उतरा गले से ज़हर-ए-हलाहल[9] तो रूह था
वो ख़ून का था घूँट जो प्याले में रह गया

देखा है हमने हादिसा-ए-बर्क़-ओ-आशियाँ[10]
बल खा के इक धुआँ सा उजाले में रह गया

सहरा ग़ुरूर-ए-वुसअत-ए-सहरा[11] में साथ-साथ
गुम हो के मेरे पाँव के छाले में रह गया

---

1. धर्म पर दृढ़ विश्वास, विश्वास (माशूक़ पर विश्वास) 2. नास्तिकता का आनन्द (माशूक़ीयत का आनन्द) 3. प्रकाश, आभा, तेज (बहु.) 4. महान व्यक्तियों के चारों ओर दिखाई पड़ने वाला रौशनी का दायरा, प्रभामंडल, चाँद, सूरज के गिर्द पड़ा हुआ घेरा (शशिमंडल, रविमंडल) 5. रेगिस्तान रूपी जीवन की उपलब्धि 6. प्राणों का अन्त, दम टूटना 7. पूजा की रसिकता 8. ब्राह्मण 9. तीव्र और प्रचंड विष 10. घोंसले और बिजली की दुर्घटना 11. रेगिस्तान के विस्तार का गर्व

ज़ाहिद[1] हरम में खेंच के ले आए हैं मुझे
ईमान तो बिछड़ के शिवाले में रह गया

मुतलक[2] मज़ाक़-ए-मस्ती-ए-ग़म ने नज़र न की
बादा[3] छलक-छलक के प्याले में रह गया

तारीख़-ए-बाग़[4] देख के ऐ बाग़बाँ बता
है किसके दिल का दाग़ जो लाले[5] में रह गया

ज़ालिम दिल-ए-सबा का लहू ख़ुश्क हो चुका
वो ख़ून अब निचोड़ जो लाले[6] में रह गया

12

ख़ाक-ए-दिल[7] मरकज़-ए-असरार[8] है तुम क्या जानो
यही साहिल यही मझधार है तुम क्या जानो

हाँ हमें अक्स से अपने ही मुहब्बत होगी
इश्क़ को किससे सरोकार है तुम क्या जानो

न उड़ाओ मेरी मिज़गाँ[9] पे हँसी आँसू की
कोई मंसूर[10] सर-ए-दार[11] है तुम क्या जानो

---

1. इस दुनिया के सुखों से ज़्यादा परलोक की चिन्ता करने वाला उपदेशक। धार्मिक दृष्टि से तो ये गुण प्रशंसनीय हैं, लेकिन उर्दू कविता में ज़ाहिद उपहास का पात्र माना जाता है। वह हमेशा यही उपदेश देता रहता है कि शराब और इश्क़ से बचो, वर्ना बाद में नरक भोगना पड़ेगा। प्यार, मोहब्बत, मेले-ठेले की बजाय रोज़ों-नमाज़ों में दिल लगाओ। चूँकि वह स्वर्ग में मिलने वाले सुखों की तुलना में इस दुनिया के मौज-मज़े को हिकारत की नज़र से देखता है, ज़ाहिद कुल मिला कर सूखा, चिड़चिड़ा और घोर उपदेशी लगता है 2. बिलकुल 3. शराब 4. उपवन का इतिहास, 5. लाल रंग का एक फूल 6. दिल 7. मन की धूल 8. रहस्यों का केन्द्र 9. पलक 10. ईरानी सूफ़ी मंसूर का पूरा नाम था : मंसूर-अलहल्लाज। चिन्तन करते-करते मंसूर वहाँ पहुँच गया जहाँ भक्त को अपने और भगवान में, आत्मा और परमात्मा में कोई अन्तर नहीं दिखाई देता। भारतीय वेदान्त में यह स्थिति प्राप्त होने पर जीव ने कहा है : अहम् ब्रह्मोऽस्मि, यानी मैं स्वयं ब्रह्म हूँ। मंसूर ने यही बात अरबी भाषा में कहते हुए 'अनहलक़' का नारा बुलन्द किया। दक़ियानूसी धर्मगुरु मंसूर की दार्शनिक उपलब्धि का सही मर्म न समझ पाए। उन्हें लगा कि मंसूर, नमरूद की तरह ख़ुदा होने का दावा कर रहा है। इस्लाम में ईश्वर एक है, निराकार है। कोई दूसरा ईश्वर होने का दावा नहीं कर सकता। कट्टर मौलवियों को मंसूर की बात धर्मद्रोह लगी। उसे फाँसी की सज़ा दी गई। मंसूर हँसते-हँसते सूली पर चढ़ गया। उर्दू कविता में मंसूर परम्परा-भंजन, दृढ़ निश्चय, आत्म-बलिदान और ईश्वर से मिलने की प्रबल अभिलाषा का प्रतीक है 11. फाँसी पर

झुक के मिलता है जो दुश्मन तो सँभलकर रहना
ये तवाज़ो[1] ख़ुम-ए-तलवार है तुम क्या जानो

दोस्तो! क्यों मेरी वहशत पे क़ियास-आराई[2]
एक राज़-ए-निगह-ए-यार है तुम क्या जानो

क्या ख़बर टूट पड़े किस पे निगाह-ए-क़ातिल
दस्त-ए-मदहोश में तलवार है तुम क्या जानो

की हैं जलवों से तसव्वुर में ख़ताएँ क्या-क्या
इश्क़ मासूम गुनहगार है तुम क्या जानो

साया-ए-दौलते-दुनिया में न बैठो लोगो
ये तो गिरती हुई दीवार है तुम क्या जानो

रहनुमाओ तुम्हें सोना है तो सो जाओ मगर
राहज़न राह में बेकार है तुम क्या जानो

तुम तो वो सादा हसीं हो कि सताते भी नहीं
कौन हसरत-कश-ए-आज़ार है तुम क्या जानो

चाँदनी रात में ऐ बाम पे सोने वालो
हम हैं और साया-ए-दीवार है तुम क्या जानो

अपने गेसु-ए-परीशाँ[3] से उलझने वालो
जो मेरा उक़दा-ए-दुश्वार[4] है तुम क्या जानी

हमको बुक़रात-ओ-फ़लातून[5] भी मिलते हैं 'सबा'
हर तरफ़ बस यही तकरार है तुम क्या जानो

---

1. आदर, आवभगत 2. अटकल लगाना, विचार करना 3. बिखरे हुए बाल 4. कठिन गुत्थी, जटिल समस्या 5. बुकरात और अफ़लातून। बुकरात : प्राचीन यूनान का विख़्यात हकीम जिसने यूनानी चिकित्सा-शास्त्र में बहुत बड़े काम किए और सारी चिकित्सा पद्धतियों को पुस्तक के रूप में इकट्ठा कर इस विद्या को दुनिया में आम कर दिया। अफ़लातून : प्राचीन यूनानी विद्वान और दार्शनिक, प्लेटो

13

गिरया-ए-ऐश[1] सही गिरया-ए-मातम[2] न सही
तेरा दामन मेरे अश्कों का सहारा हो जाए

छोड़ देता है हर इक राहनुमा को पीछे
वो मुसाफ़िर जिसे ख़ुद अपना भरोसा हो जाए

मिलती-जुलती सी थी कुछ इश्क़-ओ-हवस की सूरत
ख़ुद इशारा न करे हुस्न तो धोका हो जाए

फ़ितरत-ए-इश्क़[3] से मजबूर बना बैठा हूँ
इख़्तियारात[4] से लूँ काम तो क्या-क्या हो जाए

तेरे हाथों से मुझे ख़ून-ए-तमन्ना है क़ुबूल
और रंगीन ज़रा अह्द-ए-तमन्ना हो जाए

ख़ंदा-ए-गुल[5] का नतीजा तो अभी देखा है
हम भी हँस लें जो ज़माने को गवारा हो जाए

सबकी तक़दीर में होती नहीं रुसवाई-ए-इश्क़[6]
वर्ना हर शख़्स बड़ी शान से रुसवा[7] हो जाए

आलम-ए-यास[8] के छाए हुए सन्नाटे में
दिल जो टूटे तेरी आवाज़ का धोका हो जाए

किस सलीक़े से मुझे इश्क़ ने बख़्शा था 'सबा'
वो गिरेबाँ[9] जो ज़माने का तमाशा हो जाए

---

1. भोग-विलास का रोना 2. शोक का रोना 3. प्रेम की प्रकृति 4. अधिकार (बहु.) 5. फूल की हँसी 6. प्रेम की बदनामी 7. बदनाम 8. निराशा की दशा 9. वस्त्र का गला

14

जवानी ज़िंदगानी है न तुम समझे न हम समझे
ये इक ऐसी कहानी है न तुम समझे न हम समझे

मुहब्बत ने हज़ारों तरह हम दोनों को समझाया
मुहब्बत ग़ैरफ़ानी[1] है न तुम समझे न हम समझे

ज़मीं पे रहने वालों की ख़लिश[2] अह्ल-ए-मुहब्बत[3] से
बला-ए-आसमानी[4] है न तुम समझे न हम समझे

हमारे और तुम्हारे वास्ते[5] में इक नयापन है
मगर दुनिया पुरानी है न तुम समझे न हम समझे

मुहब्बत हमने-तुमने एक वक़्ती[6] चीज़ समझी थी
मुहब्बत जाविदानी[7] है न तुम समझे न हम समझे

गुज़रवा दी जवानी रूठने में और मनाने में
घड़ी भर की जवानी है न तुम समझे न हम समझे

अदा-ए-कम-निगाही ने किया रुसवा मुहब्बत को
ये किस की मेहरबानी है न तुम समझे न हम समझे

बक़ा-ए-हुस्न-ओ-उलफ़त[8] पर यक़ीं कितना था दोनों को
यहाँ हर चीज़ फ़ानी[9] है न तुम समझे न हम समझे

15

कोई वक़्ते-सुकूँ ऐ गर्दिश-ए-अय्याम[10] आ जाए
क़फ़स की सुब्ह आ जाए चमन की शाम आ जाए

असीरी[11] में सकत[12] गर बाज़ुओं की काम आ जाए
लिपट कर सहन-ए-गुलशन से परों में दाम[13] आ जाए

---

1. अनश्वर 2. चुभन 3. प्रेम करने वाले 4. दैवी आपत्ति 5. सम्बन्ध 6. अस्थायी, सामयिक 7. हमेशा रहने वाली, अनश्वर 8. सौन्दर्य और प्रेम की अनश्वरता 9. नश्वर 10. कालचक्र 11. क़ैद 12. बल, शक्ति 13. जाल

सता इतना न ऐ आवारगी ईज़ा-पसंदों[1] को
थकें और थक के दिल में ख़्वाहिश-ए-आराम आ जाए

दुआ कर तश्नाकामी[2] ये जुमूद-ए-मयकदा[3] टूटे
तेरी तक़दीर से गर्दिश[4] में शायद जाम आ जाए

असीरों[5] का असीरों पर कभी एहसाँ नहीं होता
ये ज़िंदा[6] है यहाँ कोई किसी के काम आ जाए

निगाहों पर कशिश[7] की दिल पे तुहमत[8] बेक़रारी की
मुक़द्दर अपना-अपना जिसपे जो इलज़ाम आ जाए

तेरे मिलने का क्या इमकान[9] लेकिन हम भी इनसाँ हैं
कभी मुमकिन है दिल में ये ख़याल-ए-ख़ाम[10] आ जाए

नया काफ़िर[11] क़दम रखने से बुतख़ाने में डरता है
मबादा[12] लब पे घबरा कर ख़ुदा का नाम आ जाए

अभी वो मेरी चुप को अपनी रुसवाई बताते हैं
नहीं मालूम इसके बाद क्या इलज़ाम आ जाए

लबों को वक़्त-ए-आख़िर ज़िक्र-ए-दुनिया से बचाना है
ख़ुदा का हो तुम्हारा हो किसी का नाम आ जाए

तुझे ऐ हँसने वाले क्या ख़बर है वुसअत-ए-ग़म[13] की
ख़ुशी दुनिया की ज़ेर-ए-दामन-ए-आलाम[14] आ जाए

सुकूत-ए-मुस्तक़िल[15] छाया हुआ है उनकी महफ़िल में
सबा शायद यहाँ दिल का धड़कना काम आ जाए

---

1. यातना की इच्छा रखने वाले, पीड़ाप्रेमी 2. प्यास 3. शराबख़ाने की ठप्प पड़ी हुई गति 4. चक्कर 5. क़ैदी (बहु.) 6. आकर्षण 7. कारागार 8. आरोप 9. सम्भावना 10. असंगत और मिथ्या विचार, भ्रम 11. नास्तिक 12. ऐसा न हो 13. दुख का विस्तार 14. दुखों के दामन के नीचे 15. स्थायी मौन

16

याद आती हैं जवानी की करम-फ़रमाइयाँ[1]
ज़ह्न में बिखरी हैं कुछ टूटी हुई अंगड़ाइयाँ

ग़मक़दे[2] में हैं अभी तक अह्द-ए-माज़ी[3] के नक़ूश
हैं दर-ओ-दीवार पर उस दौर की परछाइयाँ

याद आती हैं तो उठती है दबी चोटों में टीस
वो घटाएँ वो फ़ज़ा का रँग वो पुरवाइयाँ

एहतियात-ए-शौक़[4] के आलम[5] में भी तशहीर-ए-शौक[6]
वो सिसकती नेकनामी वो जवां रुसवाइयाँ

वो हवा-ए-सुब्ह-गाही[7] में सुकूत-ए-मुस्तक़िल[8]
वो सुकूत-ए-शाम में बजती हुई शहनाइयाँ

वो दमकती जगमगाती ज़ौ-फ़िशां[9] बज़्म-ए-ख़याल[10]
वो महकती मुस्कुराती जागती तन्हाइयाँ

आह वो वीराना-ओ-सहरा में याद-ए-रूए-यार[11]
हाय वो दश्त-ओ-बियाबाँ में चमन-आराइयाँ

वो मुहब्बत का झिजकना एहतियात-ए-शौक़ में
वो निगाह-ए-शर्मगीं की हौसला-अफ़ज़ाइयाँ

वो हरीम-ए-हुस्न[12] में अंदाज़-ए-इस्तक़बाल-ए-इश्क़[13]
इक गदा-ए-हुस्न[14] के तेवर की वो दाराइयाँ[15]

वो किसी के लाल लब से एतिराफ़-ए-आशिक़ी[6]
वो दिल-ए-पुरशौक़ में एहसास की गहराइयाँ

---

1. दया करना, कृपा करना (बहु.) 2. शोक का घर 3. अतीत 4. अभिलाषा की सावधानी 5. दशा 6. अभिलाषा की बदनामी 7. सुबह-सवेरे की हवा 8. स्थायी मौन 9. प्रकाशमान 10. कल्पना की सभा 11. प्रेमिका के मुखड़े की याद 12. प्रेमिका का घर 13. प्रेम के स्वागत के ढंग 14. सौन्दर्य का भिक्षुक 15. बादशाहतें 16. प्रणय-स्वीकृति

मेरे-उनके दरमियाँ वो ज़ाहिर-ओ-बातिन[1] का फ़र्क़
वो बज़ाहिर दूरियाँ वो बातिनन यकजाइयाँ[2]

वो सिसकती कसमसाती डूबती नब्ज़-ए-ह्या[3]
वो खनकती गुनगुनाती बोलती रुसवाइयाँ

अब सियहख़ाना है मेरा और मुकम्मल ख़ामुशी
ऐ सबा अब सिर्फ़ मैं हूँ और मेरी तन्हाइयाँ

अशआर

है तेरी याद ख़ुद-फ़रामोशी[4]
किसको सोचें तेरे ख़याल के बाद

था मलाल इख़्तियार में अपने
और अब क्या करूँ मलाल के बाद

दिल में कब तक रहे उम्मीद का वीरान महल
अब तो ये कुहना[5] इमारत भी गिरा दी जाए

उन्हीं का नाम लिये जाओ ताकि सो जाऊँ
वो एक नाम हर इक दास्ताँ से बेहतर है

ये हमीं हैं कि तेरा दर्द छुपा कर दिल में
काम दुनिया के बदस्तूर[6] किए जाते हैं

वो कहीं तो पहुँचेंगे जो बहक के चलते हैं
गुमरही[7] से भी अक्सर रास्ते निकलते हैं

---

1. एकत्रता (बहु.) 2. निकटता 3. लाज की नाड़ी 4. आत्मविस्मृति 5. पुरानी 6. यथावत, पहले की तरह 7. पापप्रवृत्ति, रास्ता भूलना

सबा इकराम

नाम : नज़्म-उल-हक़। इनका जन्म 28 जून, 1945 को बिहार के शह्र हज़ारीबाग में हुआ।

शिक्षा : बी.ए., डी.आई.एल.एल. और डिप्लोमा-इन-पर्सनल-मैनेजमेंट। दो बार देश छोड़ा। पहले पाकिस्तान बनने पर हिन्दुस्तान। फिर बँगलादेश बना तो कराची गए। कराची में आदमजी काटन मिल्ज़ में पर्सनल ऑफ़िसर रहे। दो-दो बार जिलावतन होने के बावजूद सबा के कलाम में शिकायत और झुँझलाहट नहीं है। सिर्फ़ उन प्यारे देशों से बिछड़ने का अफ़सोस है जिनकी नदियाँ, ताल और हरियालियाँ आज भी सबा इकराम को हाथ उठा-उठा कर अपने पास बुलाती हैं। पतंग, पीपल, पीपल जैसे शब्द उनकी रचनाओं में बनावटी नहीं, बुनावटी लगते हैं। हिन्दू बिम्ब विधानों से सनी उनकी कविता में बंगाल के जलमग्न गाँव भी हैं और हिन्दुस्तान की बेमुरव्वत भीड़ें भी। सबा इकराम की कलम इन भीड़ों से गाँवों तक की रसयात्रा में ज़ख़्मी मगर तेज़ क़दम चल रही है।

कृतियाँ : 'संग-ए-मील', 'सूरज की सलीब'।

ज़ह्र ही ज़ह्र की दवा है

बरह्ना[1] पिंडली पे
साँप ख़्वाहिश की उँगलियों के
जो सरसराए
तो लज़्ज़तों[2] की हथेलियों में
कबूतरों के गुदाज़ जिस्मों
की धीमी गर्मी
सुलग उठी है
कि कर्ब[3] अपने बदन का
सूखे लबों से
अब झाँकने लगा है
ख़ुद अपने ख़ूँ का तेज़ाब
रग-रग में दौड़ता है

मुझे तो अब कोई नाग डस ले
कि ज़ह्र ही, ज़ह्र की दवा है

अग्नि परीक्षा

और हर शब[4] उसी आग से
अब गुज़रता हूँ मैं
अन-किए पाप की
यूँ सज़ा काटता हूँ
कि शायद किसी सुब्ह

---

1. नग्न 2. आनन्द 3. दुख 4. रात।

शीशे को देखूँ
तो माथे पे मेरे ये कालिख न हो
राम की नीची नज़रें उठें
और क्षमा के हसीं फूल
मुझ पर निछावर करें
क़हर-ए-आतिश[1]
बने भाग्य बहरूपिए का
मगर काश दिल मान ले
मैं वो सीता नहीं हूँ
जिसे सिर्फ़ इक बार
इस इम्तिहाँ से गुज़रना पड़ा था
कि मेरा हरण तो
इसी तरह हर रोज़ होगा
कि हर सुब्ह रावण है
हर रात अग्नि परीक्षा मुक़द्दर मेरा।

सूरज की सलीब

सियाह रंग चादर तनी रात की
जिसपे
तारों के पैबंद[2] के आईने
जगमगाए
मसाइब[3] से आज़ाद लम्हों में वो
और मैं
दोनों इक-दूसरे से मिले
मुस्कुराए
महीब[4] और काले शजर[5]
दूधिया रंग चादर में लिपटे हुए
बा-अदब
लाइनों में खड़े

---

1. अग्नि-कोप 2. जोड़ 3. मुसीबत (बहु.) 4. भयानक 5. पेड़

हम जिधर चल पड़े
रास्ते झिलमिलाए
मगर मंज़िलें
और न कोई पता मंज़िलों का कहीं
सुरमई रास्ते
आज फिर ख़त्म पर आ गए
चाँदनी जैसे धीमी पड़ी
और ज़र्दा गई
शब ने अपने परों को समेटा
फिसलते हुए ख़्वाब
अँधी गुफाओं की जानिब बढ़े
और फिर
ज़ाफ़रां रंग कुहरे में
ठिठरी हुई सुब्ह की खाई है
इक सलीब-ए-सियह की तरह
जब वो ख़ुर्शीद[1] उभरा
तो मैं उस पे मसलूब[2] था

आईने का आदमी

सुब्ह के ज़ाफ़रानी लबों पर
जो शफ़क़त[3] की हलकी सी मुस्कान थी
एक ठिठरी हुई रात की धुंद में
खो चुकी है
मेरे छोटे भाई ने
मुझको लिखा है
कि आँगन में जो नीम का पेड़ था
अबके तूफ़ान में गिर चुका है
वहाँ ठंडी छाँव नहीं
धूप का सिलसिला है
मगर खोज में नान-ओ-नफ़क़ा[4] की

1. सूरज 2. टँगा हुआ 3. कृपा, सहानुभूति 4. रोटी-रोज़ी

निकला हुआ
एक कमज़ोर सा आदमी
अपने ख़्वाबों की
बैसाखियों पर टँगा
ज़िंदगी भर जो
सूखे हुए होंट की पपड़ियों से
कुएँ तक के
बेअंत रस्तों पे चलता रहा
आज भी वो मेरे सामने
आईने में खड़ा है

समंदर का उगला हुआ झाग

प्यास के
गहरे दरियाओं के बीच
मैं इक जज़ीरे में बैठा
ख़ुद अपनी ही आँखों का
सदियों से हूँ मुंतज़िर
एक दिन
उनको एहसास की नाव पर
बहते झरनों के पीछे
रवाना किया था
कि वो मीठे पानी से
हिस्सा मेरा माँग लाएँ
तो मैं क़र्ज़
तश्ना-लबी का उतारूँ
मगर अब ये लगता है
बहते हुए पानियों में कहीं
बहते ख़्वाबों की हमराह
आँखें मेरी बह गई हैं
कि मेरा मुक़द्दर
समंदर का उगला हुआ झाग है

ग़ज़लें

1

बिखरे ख़्वाब के मंज़र लिख
हर इक लफ़्ज़ को नश्तर लिख

फिर तू हुक़्म सफ़र का दे
पहले सात समंदर लिख

आँख में सपने हीरों के
हाथ में कंकर-पत्थर लिख

मैं भटका रहगीर सही
मुझको मील का पत्थर लिख

मुझको शौक़-ए-शहादत[1] दे
उसके हाथ में ख़ंज़र लिख

ज़ीस्त[2] है ख़ित्ता सेहवन[3] का
ग़म को मस्त क़लंदर लिख

2

उसको देखूँ तो कभी मैं भी कि वो कैसी है
मेरे पीछे जो 'सबा' घर में मेरे रहती है

जलते साँसों के घने दश्त[4] में जारी है सफ़र
जाँ अभी क़हृ के ख़तरों से कहाँ छूटी है

अब कोई ख़्वाबों का झूला भी लगाए तो कहाँ
शब के पेड़ों की हर इक शाख़-ए-हसीं टूटी है

---

1. बलिदान की अभिलाषा 2. जीवन 3. सिंध के इस क़स्बे में लाल शहबाज़ क़लंदर का मज़ार है 4. जंगल

उसके आँगन में खड़े नीम की चंचल छाया
शाम से ही मेरी दहलीज़ पे आ बैठी है

गुम हुई है 'सबा' लोहे के पुलों के नीचे
गाँव की शोख़ नदी शह्र में जब पहुँची है

3

थककर जब भी बैठ गया हूँ मैं पीपल की छाँव में
'गौतम आया', 'गौतम आया' शोर मचा है गाँव में

खोज में उसकी शह्रों-शह्रों घूम रहा हूँ सदियों से
जिसका नाम लिखा है मेरी हाथों की रेखाओं में

मत ले जाओ धूप के उस जंगल में बोझल आँखों को
चुभ जाएँगे ख़ारे हक़ीक़त[1] ख़्वाब के कोमल पाँव में

अपने मन की आशाओं के फूल पिरोना काम मेरा
मानी[2] की ख़ुशबू तुम सूँघों शब्दों की मालाओं में

सूरज की किरनों की बरछी रूह को ज़ख़्मी करती है
आओ यारो, लौट चलें हम, तंग-ओ-तार[3] गुफाओं में

4

हवा-नसीब बनाया, सफ़र लिखा उसने
तमाम उम्र क्यों दर-ब-दर लिखा उसने

सुलगती धूप की मानिंद ज़ीस्त दी, लेकिन
न सायबान, न कोई शजर लिखा उसने

तमाम शह्र पे बेनाम ख़ौफ़ तारी है
ये जिन का, भूत का, किसका असर लिखा उसने

---

1. यथार्थ के काँटे 2. अर्थ 3. तंग और अँधेरी

ये और बात कि उनवाँ बना दिया मुझको
ग़मों के क़िस्से का एक-इक सतर लिखा उसने

अब आए ख़ौफ़ सा घर के ख़याल से मुझको
ये कैसा दिल में सर-ए-शाम डर लिखा उसने

5

साया तन्हाई का शब भर घर की निगरानी करे
नाग फन काढ़े हवा दिल की निगहबानी करे

दिल का हर एहसास माँगे मुझसे पैकर[1] शेर का
जामा[2] लफ़्ज़ों का तलब[3] मानी[4] कि उरयानी[5] करे

फिर थके एहसास को ढाले थके अलफ़ाज़ में
फिर ब-तर्ज़-ए-मिर्ज़ा[6] कोई ग़ज़ल-ख़्वानी करे

ख़्वाब की सूरत को पिघलाए हक़ीक़त की तपिश
बिच्छू अपने डंक से पत्थर को भी पानी करे

हर क़दम होता है मुझको अपनी आहट का गुमाँ
हर क़दम पीछा सदा इक जानी-पहचानी करे

लाख समझाओ चले पहचाने रस्ते छोड़कर
ये सबा इकराम तो बस अपनी मनमानी करे

6

तीरगी में पेड़ भी नज़रों से ओझल हो गए
वक़्त-ए-शब लम्हे सफ़र के कितने बोझल हो गए

ख़्वाहिशों के खेत थे प्यासे भरी बरसात में
और जब सूखे की रुत आई तो जलथल हो गए

---

1. आकृति 2. वस्त्र 3. माँगना 4. अर्थ 5. नग्नता 6. मिर्ज़ा ग़ालिब की शैली में

थक गया सूरज भी मेरे घर का रस्ता भूलकर
मेरे आँगन में घनेरे शब के पीपल हो गए

नर्म फूलों पर हुए थे हमलाज़न[1] झोंके मगर
क्या हुआ पत्तों को जो पत्ते भी बेकल हो गए

फेंक देगा ये जहाँ अख़बार की सूरत हमें
देखना इक रोज़ कि गुज़रा हुआ कल हो गए

सरहदों से कब कटे एहसास के रिश्ते सबा
घर कहीं कोई जला हम लोग बेकल हो गए

7

हर पल जो काटती है मुझे धार ही तो है
इकराम अपनी साँस भी तलवार ही तो है

ऊँची इमारतों के नगर में मेरे लिए
जा-ए-पनाह[2] साया-ए-दीवार ही तो है

हटती है सामने से मेरे कब ये देखिए
अपनी अना[3] भी राह की दीवार ही तो है

रद्दी के भाव बेचने निकले हुए हैं लोग
ये ज़िंदगी पढ़ा हुआ अख़बार ही तो है

8

कब खेत उम्मीदों के तह-ए-आब[4] न आए
किस रुत में निराशाओं के सैलाब न आए

कुछ लोग मदद को तो किनारों पे खड़े थे
पर डूबने वाले ही सर-ए-आब[5] न आए

---

1. आक्रामक 2. वह स्थान जहाँ सुरक्षित रहा जा सके 3. अहम 4. पानी के नीचे 5. पानी के ऊपर

ऐ ज़ीस्त हुए दोस्त मेरे सुर्ख़रू जिनसे
मुझको तेरी महफ़िल के वो आदाब न आए

इस शह्र में शर्मिंदा हर एक दर पे न होते
क्यों हाथों को हम संग[1] तले दाब न आए

डरता हूँ सबा कसरत-ए-बारान-ए-करम[2] से
दिल रेत का घर है कहीं सैलाब न आए

9

ज़र्द हो बर्ग-ए-शिकस्ता या हरा, ले जाएगी
जो मुक़द्दर में हवा के है हवा ले जाएगी

मैं तो हूँ इक क़तरा-ए-शबनम, किरन इक सुब्ह की
मुझको पत्तों की हथेली से उठा ले जाएगी

थक के मैं गिर जाऊँगा इक दिन चटानों में कहीं
और ये परवाज़ बाल-ओ-पर उड़ा ले जाएगी

उम्र भर का चैन, जीने की हवस, दिल का सुकूँ
कुछ न कुछ तो रात लज़्ज़त का सिला ले जाएगी

10

वक़्त के दश्त में चौंके हुए आहू की तरह
हम परीशान अज़ल से रहे ख़ुशबू की तरह

बंद दरवाज़ों के अंदर जो हुई थी इक बात
शह्र में फैल गई फूल की ख़ुशबू की तरह

शब की तन्हाई में नग़्मा-सा बिखर जाता है
सूखे पत्तों में इक आवाज़ है घुँघरू की तरह

---

1. पत्थर 2. दया की बारिश की अधिकता

इक हसीं जिस्म को आग़ोश में भरने के लिए
आरज़ू फैली हुई है किसी बाज़ू की तरह

हिज्र का दर्द कई सदियों से बैठा है सबा
दिल के पीपल की घनी छाँव में साधू की तरह

11

माज़ी[1] को भूल जाइए, फ़र्दा[2] को छोड़िए
लम्हात-ए-हाज़िरा[3] का 'सबा' रस निचोड़िए

हर इक क़दम पे मिलते हैं सीमीं बदन ख़ुदा
शह्रों में आ के देखिए पर्बत को छोड़िए

हाइल रहेंगे बीच में मलबूस कब तलक
मिलने की आरज़ू है तो दीवार तोड़िए

कहलाने को तो उनके ही कहलाइए मगर
मौक़ा मिले तो ग़ैरों से भी रिश्ता जोड़िए

मुँह बोले दोस्तों से भी मिलिए मगर 'सबा'
हर रोज़ अपने आप से मिलना न छोड़िए

12

लब पर मचलते लफ़्ज़ों को चख कर न देख ले
वो पेड़ नीम का मेरे अन्दर न देख ले

दिल ख़्वाहिशों के कूचे में निकला तो है मगर
वो तिफ़्ल-ए-दर्द[4] फिर कहीं पत्थर न देख ले

रस्ते कई बदल के मैं लौटा हूँ शह्र से
डर था कि वो अज़ीज कहीं घर न देख ले

---

1. अतीत 2. आने वाला कल, भविष्य 3. गुज़रते हुए क्षणों 4. वेदना-शिशु

बरहम बहुत है आज वो हर एक शख़्स से
अपना ही आईने में वो पैकर न देख ले

बूँदें लहू की सूँघती बिल्ली वो दर्द की
दिल का लहूलुहान कबूतर न देख ले

हैं पौदा लाजवंती का ख़्वाबों की मूरतें
'इकराम' वक़्त हाथ लगाकर न देख ले

13

ये और बात है अब उठ रहे हैं पत्थर भी
हम इस नगर में वगर्ना चले हैं तनकर भी

मरा था डूब के वो ख़्वाहिशों के दरया में
खुली जो लाश की मुट्ठी मिला न कंकर भी

हर इक क़दम पे थी इक भीड़ दोस्तों की खड़ी
हर इक क़दम पे था रस्ते में जान का डर भी

घरों से निकली सड़क पर घरों की वीरानी
हवा चली तो उड़े अधजले कलंडर भी

खुले दरीचे के अंदर तो फेंककर देखो
अकेला घर जो हुआ चीख़ उठेगा पत्थर भी

न दर क़फ़स का खुला और न तीलियाँ टूटीं
गुज़र गया यूँही 'इकराम' सन् बहत्तर भी

अशआर

वो जिसने पहना हुआ है मुझको है और कोई
उतरना जिसको है तन से इक दिन, मैं वो क़बा हूँ

अपने माथे पे ज़ख़्म किसने सहे
पत्थरों पर गुलाब किसने लिखा

यूँ तन्हा रहना कहाँ मेरे बस की बात 'सबा'
अकेले घर में किसी का निवास लगता है

इक चीख़ दब के रह गई नारों के दरमियान
आगे जुलूस बढ़ गया इक लाश रौंदकर

डरा-डरा सा, सहमा-सहमा ख़ामोशी के जंगल में
जो पत्तों पर रेंग रहा था आवाज़ों का साया था

फ़ुरसत कहाँ कि ले कोई ग़ैरों से इंतिक़ाम
ख़ुद से ही दुश्मनी में अब उलझे हुए हैं लोग

मिस्ल-ए-शजर उगेगी इस आँगन में शाम को
पत्तों की तरह घर में बिखर जाएगी ये रात

अब आसमानी लगती है उनको मेरी सदा
मैं हो गया बुलंद कि ठिगने हुए हैं लोग

बच्चे खड़े सड़क पे 'सबा' देखते रहे
दो-मंज़िले की छत पे गिरी जा के वह पतंग

मैं होटलों के नगर में तलाश करता हूँ
वो सोंधी बास जो मिट्टी के बर्तनों में है

ज़िंदा की सलाख़ों में टँगी छोड़ के आँखें
इक रोज़ चले जाएँगे क़ैदी ये क़फ़स के

पीतल के भाव मुझको उठा लो दुकान से
बिकने को आज निकला हूँ सोने की कान से

सलीम कौसर

नाम : मुहम्मद सलीम। इनका जन्म सन् 1947, पानीपत, ज़िला करनाल में हुआ। शिक्षा : सिन्ध बोर्ड से उर्दू फ़ाज़िल, पेशा : पाकिस्तान टेलीविज़न कारपोरेशन के स्क्रिप्ट्स-डिपार्टमेंट से जुड़े रहे। कई अख़बारों और रिसालों (इक़दाम, राज़दाँ, ऐलान, आग़ाज़) के लिए काम किया। 'नई आवाज़' के असिस्टेंट-एडिटर रहे।

परवीन शाकिर ने लिखा था : सलीम कौसर का अदब से लगाव टेबुल-मैनर्स की तरह सिर्फ़ आभिजात्य दिखावा नहीं, बल्कि उस परम्परा का पालन है जहाँ मेहमान की ख़ातिर-तवाज़ो के लिए ख़ैमे का चराग़ गुल कर दिया जाता था। मुहब्बत उसके यहाँ ट्रेन के सफ़र में इत्तिफ़ाक़ी[1] तौर पर मिलने वाली हमसफ़र औरत से अगले स्टेशन तक की आँख-मिचौली भर नहीं, एक पा-ब-जूलाँ[2] सफ़र है। ये फ़ैसला करना मुश्किल है कि वो हिज्र[3] का शायर है या हिजरत[4] का। उसके यहाँ दोनों तजुर्बे लगातार ओवरलैप करते हैं बल्कि कहीं-कहीं तो उनकी केमिस्ट्री ही बदल जाती है। जो नशात[5] वो अपने हिज्र से उठाता है और जो हज़्ज़[6] उसे अपनी हिजरत से मिलता है जो दो सरहदों के दरमियान नो-मैन्स-लैंड का फ़र्क़ ही मिटा देता है। सलीम कौसर छाँव के धूप तक बहाल रहने की दुआ माँगता है मगर दरबदरी[7] का ज़ायका भी ज़ुबान पर ताज़ा रखना चाहता है। वो वस्ल[8] के किसी लम्हे को रायगाँ[9] नहीं समझता मगर ऐसे किसी रास्ते पर यक़ीन भी नहीं रखता जो अलग न करता हो। और यही सलीम कौसर का रास्ता है।

ऐसा क्यों और कैसे?

'ये चराग़ है तो जला रहे' की भूमिका में सलीम कौसर जवाब देते हैं : एक नस्ल ने मुझे जवान होते देखा है दूसरी को मैं बढ़ते हुए देख रहा हूँ। दोनों पीढ़ियाँ एक जलते हुए चराग़ की रौशनी में दिलों की मुसाफ़तें[10] तय करती चली जाती हैं। एक-दूसरे की कहानियों, दास्तानों और दुख-सुख के मौसमों

---

1. आकस्मिक 2. पाँव में बेड़ी पड़ी हुई 3. वियोग, विरह 4. प्रवास 5. आनन्द 6. मज़ा, सुख 7. भटकाव, दर-दर भटकना 8. मिलन 9. व्यर्थ 10. दो स्थानों के बीच की दूरी, यात्रा (बहु.)

के मरहम ही नहीं हमसफ़र भी ठहरती हैं। विनाश की कोई लहर बसारतों[1] की दहलीज़ पर रखे हुए इस चराग़ की लौ को छू नहीं पाती। मेरी कविता इसी चराग़ से टूटती हुई रौशनी का एक बाब[2] है, एक दुआ है, एक यक़ीन है। मेरी जगी हुई रातों का सिलसिला मेरे बचपने ही से मेरे ख़्वाबों से जुड़ा रहा। कोई है जो मुझे सोने नहीं देता। कोई है जो मेरी आवाज़ से आवाज़ मिलाए जाता है और मेरे दिल में और मेरी आँखों में रौशनी भरे जाता है, और मैं उस रौशनी में रक़्स करता हूँ। मुसाफ़त की वो रात भी अजीब थी जब में बेतहाशा अँधेरों को अपने हाथों और पैरों से हटाता हुआ इस ख़राबे की तरफ़ मुड़ा था जहाँ अँधेरे महताब[3] निगल जाते हैं। इस ख़राबे[4] के रहने वालों के बारे में एक कहावत बड़ी मशहूर थी कि वो घरों की दीवारों में बने हुए ताक़चों पर जमी हुई कालख को खुरच कर उजाले तराशने और एक-दूसरे को देखने और पुकारने की हवस में गूँगे हो जाते। अँधेरे दरवाज़े की ओट से उन पर हमलावर हो जाते। सुना है फिर वो अपनी बीनाई[5] गँवा बैठे और यूँ वो 'गूँगे' और 'अन्धे' उजाले तराशने की ख़्वाहिश में अँधेरों के आदी हो गए।

(लेकिन मैं ऐसों में नहीं था) मुसाफ़त की वो रात भी अजीब थी जब मैं बेतहाशा अँधेरों को अपनी हाथों और अपने पैरों से हटाता हुआ इस ख़राबे की ओर मुड़ा था जहाँ अँधेरे महताब निगल जाते हैं। मैंने ताक़चों में जमी हुई कालख को उतार फेंका और अपने हाथों और अपने पैरों से लिपटी हुई मुसाफ़त की मंज़िलआशना[6] मिट्टी की ख़ुशबू से ताक़चों की वीरानी को भर दिया। मैं गूँगा और अन्धा नहीं हुआ कि मैं तो अँधेरों की बयाज़[7] पर रौशनी का मंज़रनामा[8] लिख रहा हूँ। मुझसे पहली नस्ल के कुछ लोगों ने भी अँधेरों की सतह पर रौशनी की लहर खेंची है और मेरे बाद आने वाली नस्ल से भी कुछ 'सरफिरे' रौशनी के इस हाले को अपने चाँद के साथ आगे बढ़ाएँगे। ये लकीरें कहीं साफ़, कहीं धुँधली ज़रूर हैं मगर इन्हीं लकीरों में कई चेहरे झिलमिल-झिलमिल कर रहे हैं जो अदब[9] के प्लानिंग-अफ़सरों को दिखाई नहीं देते।

सन् 1981 में जब मेरा मजमूआ-ए-कलाम 'ख़ाली हाथों में अर्ज़-ओ-समा' पहली बार शाया हुआ तो उस पर कड़ी आलोचना का एक सिलसिला इन प्लानिंग-अफ़सरों के ड्राइंग-रूमों से चला। बहुत से तो मुझे 'शायर' क़रार न देते हुए अपनी ममलुकत[10] से निकल जाने का हुक्मनामा सुना रहे थे। और

---

1. दृष्टि (बहु.) 2. द्वार, परिच्छेद 3. चाँद 4. निर्जन और अन्न-जल रहित स्थान, ऐसा प्रदेश जिस पर दुश्मन का राज हो 5. आँखों की ज्योति 6. मंज़िल से परिचित 7. नोटबुक या कॉपी जिसमें कवि अपनी रचनाएँ हाथ से लिखता है 8. दृश्यलेख 9. साहित्य 10. राज्य, सत्ताक्षेत्र

फिर-फिर उनके देखते ही देखते 'ख़ाली हाथों में अर्ज़-ओ-समा' के दो एडीशन छपे (यहाँ से और एक हिन्दुस्तान, लखनऊ से)। सन् 1981 से अब तक इस मजमूए को किसी भी 'ब्यूरोक्रेट शायर' की पब्लिक रिलेशंस से पैदा होने वाली शुहरत से ज़्यादा पढ़ा गया। ये अदब के प्लानिंग-अफ़सर हमें बताना चाहते हैं कि अच्छा साहित्य क्या होता है, और अच्छे शेर में कौन-कौन सी 'आफ़ाक़ी रम्ज़ें'[1] होनी चाहिए और मैं सोचता हूँ कि ये लोग अच्छी शायरी के तमाम लक्षण जानने के बावजूद ख़ुद अच्छी तख़लीक़[2] से क्यों महरूम हैं। आख़िर ख़राबी कहाँ है? क्या ये वाक़ई उर्दू शायरी के प्लानिंग-अफ़सर हैं? शायद ऐसा ही है क्योंकि बहुत से लिखने वाले इनकी भेंट चढ़ गए। मैंने उस वक़्त भी इन फ़ुज़ूल आवाज़ों पर ध्यान नहीं दिया था और अब भी मुआमला वही है। मुझे मालूम है हम अपनी ख़ामियों के इज़हार के बग़ैर मुकम्मल नहीं हो पाते और ये इज़हार कहीं दानिस्ता[3] और कहीं नादानिस्ता इंसानी फ़िक्र में दर आता है। मगर वो जो शेर में एक वालिहानापन[4] की लहर, एक एहसास की ख़ुशबू, एक तजुर्बे का माहौल, एक मुशाहिदे[5] का मंज़र, एक कैफ़ियत का हुजूम दिल की धड़कनों पर रक़्स करता है, मुझे पढ़ने वाले और मुझे सुनने वाले इसके हिसार[6] से कभी नहीं निकले। उन्होंने मुझे बेतहाशा प्यार दिया। उनके और मेरे दरमियान मुहब्बत का, एतिबार का और यक़ीन का ऐसा राबता[7] है जिसे प्लानिंग-अफ़सर की साज़िशी और शिकस्तख़ूर्दा[8] लहरें कभी मुन्क़ते[9] नहीं कर पाईं।

मेरी जंग ज़्यादा शदीद है। जब इस जंग का आग़ाज़ हुआ था मैं अकेला था। अब ये जंग आधी लड़ी जा चुकी है। मैं आधा रह गया हूँ। जंग जारी है। और अब? अब एक ताज़ादम लश्कर चारों ओर से मुझे घेरे है। ये मेरे लोग हैं। बड़े अजीब हैं ये मेरे लोग। ये उर्दू शायरी के वतनपरस्तों का गिरोह है। लेकिन वतनपरस्ती से मुराद हुकूमतपरस्ती नहीं कि 'मुझे गुफ़्तगू अवाम से है'। ये किसी शनाख़्ती-कार्ड[10] के बग़ैर अपने होने का ऐलान है।

मैं जानता हूँ कि ये जंग लड़ते-लड़ते मेरा वुजूद टुकड़े-टुकड़े हो जाएगा। मैं भी ख़ाक में मिल जाऊँगा और फिर? फिर वतनपरस्ती का तमग़ा किसी और सीने पर सजा दिया जाएगा। मगर ये मसअला सिर्फ़ मेरा ही तो नहीं। मुझसे पहली नस्ल के कुछ लोगों का मुक़द्दर यही रहा है और शायद मेरे बाद आने वाले 'सरफिरों' का अलमिया[11] भी यही ठहरे। मगर मैंने बताया तो है कि मेरी शब-बेदारियों[12] का सिलसिला मेरे बचपन ही से मेरे ख़्वाबों से जुड़ा हुआ है।

---

1. सांसारिक रहस्य 2. रचना 3. जान-बूझ कर 4. प्रेमोन्माद 5. अनुभव 6. परिधि 7. सम्पर्क 8. हारी हुई 9. विच्छिन्न 10. आइडेंटिटी-कार्ड, पहचान-पत्र, 11. त्रासदी, 12. रतजगों

कोई है जो मुझे सोने नहीं देता। कोई है जो मेरी आवाज़ से आवाज़ मिलाए जाता है और मेरी आँखों में और मेरे दिल में रौशनी भरे जाता है। भरे जाता है। यक़ीन की इस बाज़ग़श्त[1] से निकलना मेरे जैसे 'ग़ैर-तरक़्क़ीपसन्द' शायर के बस में नहीं। मेरी शायरी में हरियाली इसी मिट्टी की देन है। ये जो आपको हिज्र[2] नज़र आ रहा है ये महज़ हिज्र नहीं, ये तो वस्ल के इंतिहाई क़ुव्वतिया से पैदा होने वाला वो मौसम है जहाँ हिज्र, हिज्र नहीं रहता। बल्कि इश्क़ के आईनाख़ाने में नफ़्स-ए-मुतमइन्ना[3] का अक्स बन जाता है। और ये जिसे आप दो मुहब्बत करने वाले जिस्मों और रूहों का ज़ाती[4] तअल्लुक़नामा समझ रहे हैं ये महज़ ज़ाती और शख़्सी तअल्लुक़नामा नहीं, ये तो अपने दुख-सुख से पैदा होने वाला अम्न का, आशती का और मुहब्बत का वो दौरानिया[5] है जिसके इज़हार में शायर चराग़ की तरह जलता और पिघलता रहता है।

मेरी जंग ज़्यादा शदीद[6] है। मेरे पास कोई बड़ा उहदा भी नहीं जिससे मरऊब[7] हो कर मेरी शायरी को सराहा जाने लगे। मेरा तअल्लुक़ 'तरक़्क़ीपसन्दों' से भी नहीं जिनकी एयरकंडीशंड कारों को भूख और ग़रीबी से बेहाल गलियाँ और महल्ले तंग पड़ जाते हों और जो खुली सड़कों से गुज़रते हुए तरक़्क़ीपसन्दी के 'इलहाम' में मुब्तिला हों और ऊँची हवेली या बंगले की छत से या उनकी अधखुली खिड़की के परदों से झाँकते हुए सहन में लगे हुए बागीचे को सँवारते हुए माली और उसके अतराफ़[8] खिंची हुई दीवार को और ऊँचा करते हुए मज़दूर के पसीने में 'मार्कसिस्ट नज़रिया' तलाशते हों। मैं कोई सरमायादार भी नहीं हूँ कि अदब के प्लानिंग-अफ़सरों की ख़्वाहिशों को जदीद सहूलतें फ़राहम कर के अपने हक़ में दम तोड़ता हुआ फ़ैसला लिखवा लूँ। मुग़ल होने के बावजूद मेरे मिज़ाज में दरबारी रंग भी नहीं आया कि क़सीदागोई[9] के एवज़ किसी दरबार से

---

1. अनुगूँज 2. वियोग 3. वह मनोवृत्ति जो आत्मा में सन्तोष उत्पन्न करती है 4. व्यक्तिगत 5. अवधि 6. प्रचंड, कठिन 7. रोब में आया हुआ, दबा हुआ 8. चारों ओर 9. क़सीदे की विधा में कोई अच्छी कविताएँ तो नहीं लिखी गईं लेकिन शब्दों, उपमाओं, शैलियों का एक पूरा आडम्बर जाल मिलता है। क़सीदे कहने की शुरुआत अरब में हुई। मध्यकालीन अरब में किसी एक शासक का राज नहीं था। सैकड़ों क़बीले थे जो अक्सर आपस में लड़ते-झगड़ते रहते थे। जो योद्धा इन लड़ाइयों में बहादुरी से लड़ता उसकी तारीफ़ में नज़्में लिखी जातीं, आल्हा-ऊदल की तरह लड़ने वाले की ख़ासी बढ़ा-चढ़ा कर तारीफ़ की जाती। आहिस्ता-आहिस्ता न सिर्फ़ योद्धा बल्कि उस के साथियों, हथियारों, घोड़ों की तारीफ़ में भी कविताएँ लिखी जाने लगीं। फ़ारसी भाषा में क़सीदे की शुरुआत अरबी के प्रभाव से हुई। चूँकि ईरानी साम्राज्य की स्थापना हो चुकी थी और आपस में एक-दूसरे का सिर काटने को उतारू क़बीलाई सरदारों की मुठभेड़ें कम हो गई थीं, इसलिए फ़ारसी के कवियों ने ज़्यादातर क़सीदे बादशाहों की तारीफ़ में कहे। अच्छा →

→ क़सीदा कहने वाले को इनाम मिलता था। धीरे-धीरे उन शासकों की प्रशंसा में भी क़सीदे लिखे जाने लगे जिन्होंने कभी लड़ाई का मुँह तक न देखा था, जिनकी तलवारें दीवारों पर टँगी ज़ंग खाती रहती थीं। जब ऐसे क़सीदे कुछ हास्यापद लगने लगे तो कवि पेट की ख़ातिर युद्ध-शौर्य की बजाय राजाओं के वैभव, ऐश्वर्य और दूसरे गुणों का बयान करने वाले क़सीदे लिखने लगे। कई अन्य शैलियों की तरह उर्दू वालों ने क़सीदा कहने की परम्परा सीधी फ़ारसी से ली है। ईरान की तरह भारत में भी मुग़ल बादशाह एक था लेकिन नवाब, राजा, ज़मींदार, सूबेदार, घुड़सवार सैकड़ों। कवियों को जहाँ कहीं इनाम की झलक दिखाई देती, वहीं क़सीदागोई पर क़लम तोड़नी शुरू कर देते। उर्दू के बड़े-बड़े कवियों ने क़सीदे लिखे हैं। मिसाल के तौर पर मिर्ज़ा ग़ालिब ने महारानी विक्टोरिया की शान में फ़ारसी का क़सीदा और उर्दू में नवाब रामपुर के अलावा अन्तिम मुग़ल सम्राट बहादुर शाह ज़फ़र से इनाम हासिल करने के लिए क़सीदा लिखते हुए कहा था कि

शाहे-रौशन-दिल, बहादुरशह, कि है
राज़-ए-हस्ती उस पे सर-ता-सर खुला

यानी अन्तर्यामी सम्राट बहादुर शाह पर जीवन के रहस्य पूरी तरह खुल गए (हैं)। मुग़लों के बाद अंग्रेज़ आए तो राजों-रजवाड़ों के साथ-साथ उर्दू कवियों ने अंग्रेज़ अफ़सरों की शान में क़सीदे लिखने शुरू किए। लॉर्ड विलियम बैंटिक जैसे अंग्रेज़ शासक ये मानते थे कि ईस्ट इंडिया कम्पनी को भारत में पाँव जमाने के लिए देसी परम्पराएँ बनाए रखनी चाहिए। शुरू-शुरू में ईस्ट इंडिया कम्पनी के अंग्रेज़ अफ़सरों ने दरबारी ठाठ और रस्म-क़ायदे निभाने के लिए क़सीदे सुने, इनाम भी दिए। लेकिन 1857 के बाद जब ब्रिटेन का खूँटा भारत में पूरी तरह गड़ गया तो अंग्रेज़ों ने अतिशयोक्तिपूर्ण ख़ुशामद की क़सीदा परम्परा को सरकारी समारोहों से उड़ा दिया। क़सीदे ख़ानबहादुरों, रायसाहिबों और कुँवरों की घरेलू महफ़िलों तक सीमित रह गए। उर्दू के कुछ महत्त्वपूर्ण क़सीदे धर्म और राजनीति के क्षेत्र में भी कहे गए हैं। फ़र्क़ इतना है कि धार्मिक और राजनीतिक व्यक्तियों की शान में कहे गए क़सीदों की शैली थोड़ी गम्भीर और सन्तुलित रहती है। जिसकी शाान में क़सीदा कहा जा रहा हो उस व्यक्ति के जाने-माने महत्त्व और गुणों की प्रशंसा पर ज़्यादा ध्यान दिया जाता है, बेसिर-पैर की हवा बाँधने पर कम। क़सीदा लिखने की कोई निश्चित विधा नहीं है। इसे किसी भी छन्द में लिखा जा सकता है। अक्सर लम्बी बहर का इस्तेमाल होता है। एक क़सीदे में कितने अशआर हों, ये कवि की मर्ज़ी पर है। ज़्यादातर क़सीदों में पन्द्रह शेर रखने का रिवाज है। लेकिन पचास शेर के क़सीदे भी मिलते हैं। सन् पचास के बाद लिखे गए उर्दू साहित्य में क़सीदे का एक नया रूप उभरा है : गद्य क़सीदा। जब कोई कवि अपना संकलन प्रकाशित करता है तो दूसरे कवियों, आलोचकों, लेखकों से भूमिका, प्राक्कथन, लिखने को कहता है। होना तो यह चाहिए कि इन टिप्पणियों में एक लेखक दूसरे की कला, शैली, तथ्य, कथ्य का सन्तुलित विवेचन या आलोचनात्मक मूल्यांकन करे। पर होता ये है कि ऐसी ज़्यादातर टिप्पणियों में यूरो-अमरीकन कवियों, दार्शनिकों, उपन्यासकारों, कलाकारों यहाँ तक कि मूर्तिकारों के नामों, हवालों की रेल-पेल से पृष्ठ पर पृष्ठ रँग देने के बावजूद सार सिर्फ़ इतना निकलता है कि यही अकेले, अस्ली, निख़ालिस कवि हैं बाक़ी समकालीन चुग़द; या ऐसा है जी कि इनके कहने पर मैंने लिख दी, बाक़ी आप ख़ुद पढ़ कर देख लें; या क्या धरतीफाड़ क़लमकारी की है मेरे इस यार, भाई, हमप्याला, परिचित, पट्ठे ने! इस सीरीज़ के लिए शोध के दौरान मैंने दर्जनों ऐसी टिप्पणियाँ पढ़ी हैं। ये इबारतें एक-दूसरे →

कोई ख़िलअत[1] ही ले आऊँ। मैं तो बस शायर हूँ निरा शायर। मैंने कहा न मेरी जंग ज़्यादा शदीद है। (मेरे लिए) वो बस्ती भी एक नज़्म है जहाँ लोग अपनी माँओं, बीविओं, बच्चों और महबूबाओं को सोता छोड़कर रातों को अँधेरे से लड़ने निकलते हैं।

मगर ये कौन लोग हैं, जो सुबह की पहली किरन के साथ ही उन्हें क़त्ल कर रहे हैं?

मैं एक नज़्म लिखना चाहता हूँ, कि मैं एक मज़दूर और मक़तूल बाप का शायर बेटा हूँ।

दरख़्तों की वो क़तारें भी नज़्म हैं जिनकी शाख़ों पर थके-हारे और लहूलुहान परिन्दे सुबह-शाम बसेरा करते थे और जिनके हरियाले लम्स[2] से हवाएँ सुर्ख़रू होती थीं। वो लोग भी शायरी ही का हिस्सा हैं जिन्होंने हरी-भरी छाँव वाले ये पेड़ लगाए थे।

मगर ये कौन लोग हैं जो इन पेड़ों को जड़ों से काट रहे हैं और मुझे ख़बर नहीं? या फिर मुझे ख़बर है और मैं ख़ामोश हूँ। मैं दरख़्तों की उन क़तारों को, उनकी हरियाली को, उनकी छाँव को और थके-हारे और लहूलुहान और ताज़ादम परिन्दों की ख़ुशख़राम[3] उड़ानों को और उन हाथों को जिन्होंने ये पेड़ लगाए थे और जिन हाथों को पहली बहार के आख़िरी दिनों में काट दिया गया था, अपनी शायरी में नुमूयाब[4] देखना चाहता हूँ और नुमूयाबी के इस मौसम में शजरकारी[5] करने वालों को अपनी ताज़ा नज़्मों में साँस लेता हुआ, हँसता-मुस्कराता और ज़िन्दा देखना चाहता हूँ।

ये ज़मीन भी एक नज़्म है जिस पर सफ़्फ़ाक[6] हाथों ने लकीरों के पिंजरों में जानदारों को क़ैद कर दिया है। मैं इस ज़मीन के उस कोने तक जाना चाहता हूँ एक नज़्म की जुस्तजू[7] में कि 'मुक़द्दस किताब'[8] में यही लिखा है : पस ज़मीन पर चलो फिरो, फिर देखो। झुटलाने वालों का कैसा अंजाम हुआ।

→ की पीठ खुजाने को बेताब नौसिखियों ने नहीं, डॉ. वज़ीर आग़ा अहमद नदीम क़ासमी, सहर अंसारी, मुशफ़िक़ ख़्वाज़ा, डॉ. अबुल्लैस सिद्दीक़ी, मुहम्मद अली सिद्दीक़ी जैसे धुरंधरों तक ने लिखी हैं। इन लेखकों के नाम उदाहरण भर के लिए दे रहा हूँ। ये अकेले इस बीमारी के मरीज़ नहीं। मुझे भूमिका या सम्मति के शीर्षक से कविता-संग्रहों के फ़्लैप्स पर छपने वाली सामग्री में अक्सर क़सीदानुमा बयान मिले। फ़र्क़ सिर्फ़ इतना था कि मूल्यांकन के नाम पर उंडेली गई ये प्रशस्तियाँ पद्य में थीं, परम्पराबद्ध क़सीदे गद्य में लिखे जाते थे 1. राज की ओर से सम्मानार्थ दिए जाने वाले वस्त्र, धन-सम्पत्ति आदि 2. स्पर्श 3. सुगामी 4. उगा हुआ 5. पेड़ लगाना 6. निष्ठुर 7. तलाश 8. पवित्र किताब (क़ुरआन शरीफ़)

मगर पहले मैं उस 'दस्तक' पर नज़्म लिखना चाहता हूँ, जो हो चुकी है और लोग जिसके इंतज़ार में है। मैंने कहा न मेरी जंग ज़्यादा शदीद है। ये जंग चराग़ों के जलने और हवा के चलने के दरमियान एक एतिबार, एक यक़ीन और मुसलसल दुआओं के लम्हों के असर में फ़ैसले का इंतज़ारिया[1] है और अह्ल-ए-इंतज़ार[2] पर ये इंतज़ारिया एक ज़िम्मेदारी है। एक ऐसी ज़िम्मेदारी जिससे उह्दा-बर-आ[3] होने के लिए उम्र की आख़िरी साँस तक अपने रब से, अपने आप से और इस कायनात से मुकालमा[4] करना पड़ता है। मैं उह्दों और कुर्सियों और चालाकियों और अय्यारियों[5] से बेनियाज़ और उस रवैये से अलग-थलग एक एतिबार के लिए जंगआज़मा हूँ कि मैं शायरी को एतिबार का मौसम-ए-जारिया[6] समझता हूँ और एतिबार के इस मौसम-ए-जारिया में उसी अफ़ज़ल-ओ-आला-सिफ़ात ज़ात[7] के हुज़ूर दुआगो[8] हूँ। मैं जानता हूँ बल्कि मैं इस तजुर्बे से आगाह हूँ कि इंसान के लिखे हुए लफ़्ज़ों में उसकी लगाई हुई सदा में इतनी ताक़त नहीं कि फैल सके, उड़ सके या पहुँच सके अगर वो अफ़ज़ल-ओ-आला-सिफ़ात ज़ात उसे परवाज़[9] का परवाना[10] अता न करे।

शायरी का तजुर्बा तो लहू की ताल पर रक़्स करता है और रक़्स में तो निढाल और बेहाल होने के लम्हे आते-जाते रहते हैं। निढाल और बेहाल होने के इन्हीं आते-जाते लम्हों में शायर पर अपने ज़र्फ़[11] की कुशादगी[12] की हद तक असरार[13] मुनकशिफ़[14] होते हैं और ये 'इनकिशाफ़िया' जब अपनी हैरतों में लफ़्ज़ बनता है तो शायर फ़िगार उँगलियों से उसे काग़ज़ पर उतारता है और जब ये लफ़्ज़ शायरी का रूप धारते हैं तो ज़ख़्मी पलकों से चुन कर दूसरों की आँखों में ख़्वाब को यक़ीन के साथ सजा देता है। मगर काग़ज़ पर उतारे हुए इन लफ़्ज़ों को शायरी बनाना मेरे बस में कहाँ। ये तो उसी अफ़ज़ल-ओ-आला-सिफ़ात ज़ात का हुनर है जिसने ये लफ़्ज़ बनाए और जो इनकी तहों में छुपे हुए इनके असरात[15] को जानता है। मैंने अपनी ज़ख़्मी पलकों से चुनकर ये ख़्वाब आपकी आँखों में सजा तो दिए हैं लेकिन इन्हें रौशन ताबीर में बदलना मेरे इख़्तियार में नहीं। एतिबार के इस मौसम-ए-जारिया को धनक रंगों से सजाना भी उसी का कमाल है। मेरा ये यक़ीन ही मेरी शायरी की आबरू है। मैं तो बस एक सदा लगा रहा हूँ। अपनी आवाज़ में और अपने लफ़्ज़ों में और मेरा वुजूद[16] इस आवाज़ में

---

1. जिसकी प्रतीक्षा की जाए 2. प्रतीक्षा करने वाला 3. लक्ष्य प्राप्त करना 4. वार्तालाप 5. धूर्तता (बहु.) 6. (मौसम को) बनाए रखने का साधन 7. महोत्तम और सर्वोपरि गुणोंवाला, ईश्वर 8. प्रार्थी 9. उड़ान 10. आदेशपत्र 11. विचक्षणता, मेधाविता 12. विस्तार, फैलाव 13. रहस्य 14. प्रकट 15. प्रभाव (बहु.) 16. अस्तित्व।

और इन लफ़्ज़ों में चराग़ की तरह जल रहा है और पिघल रहा है। पिघल रहा है और जल रहा है। और जब आप ये लफ़्ज़ पढ़ रहे हैं और ये सदा सुन रहे हैं तो अपने आप से पूछिए इसमें सच के सिवा क्या है?

कृतियाँ : सलीम कौसर के दो संग्रह प्रकाशित हो चुके हैं। ख़ाली हाथों में अर्ज़-ओ-समा (1981), ये चराग़ है तो जला रहे (1987)।

मेरी बच्ची

मेरी नन्ही बच्ची मुझ से कहती है
अब्बू रात गए तक आख़िर जागते क्यों हो?
बेटी मैं रातों को अक्सर शेर लिखा करता हूँ
मेरी बच्ची हैरत से मुझको तकती है
और कहती है
अब्बू
ऐसे शेर न लिक्खो
जिनको लिखने की पादाश[1] में रातों को भी नींद न आए
हाँ बेटी तुम सच कहती हो
लेकिन बात ही कुछ ऐसी है
मैं जो सच्चे शेर लिखूँगा
लोग तुम्हें ज़िंदा जानेंगे
दुनिया तुम से प्यार करेगी
अच्छे अब्बू
ऐसा है तो
आज से फिर हम भी जागेंगे

दुआ

बाम-ओ-दर चुप साधे चुके हैं
ताक़ में इक मिट्टी का दिया अँधियारों से बातें करता है
मेरे बच्चे मेरी झूटी बातें सुन कर अभी सोए हैं
रात का आख़िरी पहर है मैं हूँ
सच्चे मालिक!

---

1. फल, सज़ा, परिणाम

आज मैं पहली बार दुआ को हाथ उठाए
तुझ से इतना चाहता हूँ
जब तक मेरे बच्चे जागें
मेरी सारी झूटी बातें सच्ची कर दे

आओ कमरे से निकलते हैं

आओ कमरे से निकलते हैं कहीं चलते हैं
रौज़न-ए-हब्स[1] में ठहरी हुई ज़िंदाँ[2] की हवा
पा-ब-ज़ंजीर किए जाती है
हर तरफ़ ख़ौफ़ भरी आँखों में
एक तलवार सी लहराती है
कोई दर[3] बाज़[4] नहीं
ज़ेर-ए-लब भी कोई आवाज़ नहीं
ऐसा अंदेशा-ए-कमयाबी-ए-हर्फ़
कुछ भी तो याद नहीं
हम कोई बात सलीक़े से नहीं कहते थे
उस पे भी शोख़ी-ए-गुफ़्तार का आलम ये था
एक पल चुप भी नहीं रहते थे
आओ कमरे से निकलते हैं कहीं चलते हैं

दूर पेड़ों से उलझती हुई ख़्वाबीदा हवा का दामन
चुपके से खेंचते हैं
आओ कहीं बैठते हैं
हम वही आब-ओ-हवा भी है वही
असर-ए-आब-ओ-हवा कोई नहीं
साँस लेने की सज़ा भी है वही
और फिर ऐसी सज़ा कोई नहीं

तेशा-ए-जब्र[5] से टकराए हुए हाथों में
नामा-ए-अह्द-ए-वफ़ा भी है वही

1. उमस का छेद 2. कारागार 3. दरवाज़ा 4. खुला 5. अत्याचार की कुदाल

इसमें भी बू-ए-वफ़ा कोई नहीं
और अगर है
तो पता कोई नहीं

आओ फिर ऐसा करें
दिल में जो कुछ भी है तहरीर करें पानी पर
या फिर इक-दूजे की पेशानी पर
आब और आग के इस खेल में मालूम नहीं
कौन है किसकी निगहबानी पर
फिर भी महसूस तो होता है हमें
कोई मामूर[1] है निगरानी पर
कोई आवाज़
कोई हर्फ़-ए-सदा
ज़ेर-ए-लब कोई दुआ
या कोई चीख़ कि सन्नाटे की दीवार गिरे
और लगातार गिरे
आओ कमरे से निकलते हैं कहीं चलते हैं
हम जो हैरानी से इक-दूसरे को तकते हैं

ग़ज़लें

1

इज्ज़[2], ख़ाकसारी[3] क्यों, फ़ख़्र-ए-कज-कुलाही[4] क्या
जब मुहब्बतें की हैं फिर कोई गवाही क्या

हम रुतों के मुजरिम हैं हर हवा की नज़रों में
तेरी पारसाई[5] क्या, मेरी बेगुनाही क्या

वस्ल का कोई लम्हा रायगाँ[6] नहीं लेकिन
जो अलग न करता हो ऐसा रास्ता ही क्या

1. नियुक्त 2. नम्रता, असमर्थता 3. विन्रमता 4. प्रभुता का घमंड 5. संयम 6. निष्फल

तुम तो आँखों वाले थे, अक्स मिल गया होगा
मैं सदा का बेचेहरा, मेरा आईना ही क्या

शब-गज़ीदा[1] लोगों को नींद से उलझना है
रात की मुसाफ़त[2] में रज़्म-ए-सुब्ह-गाही[3] क्या

जाने कब बिगड़ जाएँ, जाने कब सँवर जाएँ
दस्त-ए-कूज़ागर में हैं, अपना आसरा ही क्या

तुम सलीम शायर हो शुहरतों पे मत जाओ
मसनद-ए-फ़क़ीरी[4] पर ख़ब्त-ए-बादशाही[5] क्या

2

हर नज़र सूरज-गज़ीदा[6] है भला देखेगा कौन
धूप की शिद्दत है अब रंग-ए-सदा[7] देखेगा कौन

लोग ऊँचा कर रहे हैं हर दर-ओ-दीवार को
जो ज़मीं में सो रही है वो बला[8] देखेगा कौन

झूट की पागल हवा चेहरों को ज़ख़्मी कर गई
ख़ुद से ख़ौफ़ जाने लगे तो आईना देखेगा कौन

मेरी आँखों की ज़मीनें आज तक प्यासी रहीं
मेरे दिल में आके दश्त-ए-कर्बला देखेगा कौन

ख़ुद को पहने फिर रहा हूँ मौसमों के शह्र में
मेरी उरयानी[9] को अब मेरे सिवा देखेगा कौन

जल उठी यादें तो छुप जाएँगे तेरे ख़द-ओ-ख़ाल
बुझ गईं आँखें तो तेरा रास्ता देखेगा कौन

---

1. रात का काटा हुआ या डसा हुआ 2. यात्रा 3. प्रात:काल के लिए संघर्ष 4. फ़क़ीर का तकिया, सन्तों-मलंगों की चौकी, धर्मप्राण सिद्धों का प्रतिष्ठान 5. बादशाही का सिरफिरापन 6. सूरज का डसा हुआ 7. आवाज़ का रंग 8. विपत्ति 9. नग्नता

रौशनी बीनाई[1] की दुश्मन भी होती है सलीम
सुब्ह के आँगन में शब का ख़ूँबहा[2] देखेगा कौन

3

इस आलम-ए-हैरत-ओ-इबरत[3] में कुछ भी तो सराब[4] नहीं होता
कोई पल बेकार नहीं जाता कोई लम्हा ख़्वाब नहीं होता

इक उम्र नुमू[5]-ए-ख़्वाहिश में मौसम के जब्र[6] सहे तो खुला
हर ख़ुशबू आम नहीं होती हर फूल गुलाब नहीं होता

इस लम्हा-ए-ख़ैर-ओ-शर[7] में कहीं इक साअत[8] ऐसी है जिसमें
हर बात गुनाह नहीं होती सब कार-ए-सवाब[9] नहीं होता

मेरे चार तरफ़ आवाज़ें और दीवारें फैल गई हैं मगर
कब तेरी याद नहीं आती और जी बेताब नहीं होता

यहाँ मंज़र[10] से पसमंज़र[11] तक हैरानी ही हैरानी है
कभी अस्ल[12] का भेद नहीं खुलता कभी सच्चा ख़्वाब नहीं होता

कभी इश्क़ करो और फिर देखो इस आग में जलते रहने से
कभी दिल पर आँच नहीं आती कभी रंग ख़राब नहीं होता

मेरी बातें जीवन-सपनों की मेरे शेर अमानत नस्लों की
मैं शाह के गीत नहीं गाता मुझसे आदाब नहीं होता

---

1. आँखों की ज्योति 2. प्राणों का मूल्य। पुराने क़बीलाई क़ानून में किसी की हत्या हो जाने पर मृतक के उत्तराधिकारियों या परिवार को जान का मुआवज़ा पैसों में देकर राज़ी करने की क्रिया को ख़ूँबहा कहते थे 3. विस्मय और चेतावनी से भरी दुनिया 4. मृगतृष्णा 5. उगना 6. अत्याचार 7. अच्छाई और बुराई का क्षण 8. क्षण 9. पुण्य का काम 10. दृश्य 11. पृष्ठभूमि 12. यथार्थ

4

सब अपने आँगन से ख़ुश्क पत्ते समेटते हैं किसे पता है
हवा ने फिर मौसमों का ताज़ा निसाब[1] पेड़ों पे लिख दिया है

हमारी आवारगी पे असरार-ए-आब-ओ-गिल[2] मुनकशिफ़[3] हुए हैं
हम ऐसे सहराइयों ने यूँ भी समंदरों का सफ़र किया है

न मेरा इसरार[4] है न इसमें तुम्हारी मजबूरियाँ हैं शामिल
ये गोशा-ए-आफ़ियत[5] पड़ा है ये बाब-ए-वहशत[6] खुला हुआ है

बहुत पुरानी ग़ज़ल का मिसरा कि याद आता नहीं मुझे भी
उसे भी अपनी किसी कहानी का कोई किरदार भूलता है

मैं कुछ भी बोलूँ मैं कुछ भी लिक्खूँ मगर वही इक सदा[7] मुसलसल
ये बात हमने कही हुई है ये लफ़्ज़ हमने लिखा हुआ है

तमाम हंगाम-ए-हा-ओ-हू[8] में जो दिल को खेंचे हैं अपनी जानिब
बस एक बच्चों की गुफ़्तगू है और एक दरवेश की सदा है

सलीम तन्हाइयों के आसेब रूह तक में उतर गए हैं
मगर ख़ुदा जानता है कब का लिया-दिया काम आ गया है

5

तुम क्या जानो इश्क़ में गुज़रे लम्हे क्या बेकार गए
प्यार तो जीवन की बाज़ी थी तुम जीते हम हार गए

हिज्र में जागते लम्हो[9] तुमको याद हो तो इतना बतलाओ
कितने चाँद निकल कर डूबे और कितने तहवार[10] गए

जलती हुई सड़कों पर रक़्साँ[11] धूल भरा सन्नाटा था
हम जो सुलगती तन्हाई के ख़ौफ़ से कल बाज़ार गए

---

1. पाठ्यक्रम 2. पानी और मिट्टी के रहस्य 3. प्रकट 4. हठ 5. शान्त स्थान 6. भय का दरवाज़ा 7. आवाज़ 8. शोर के वक़्त 9. क्षण (बहु.) 10. त्योहार 11. नाचते हुए

जिनको आँगन-आँगन सींचा मौसम-मौसम लहू दिया
धूप चढ़ी तो उन पेड़ों के साए पस-ए-दीवार[1] गए

अब आँखों के सूनेपन में मंज़र[2] टूटते रहते हैं
जबसे दिल की बस्ती उजड़ी यादों के ब्योपार गए

वो जुगनू वो जगमग चेहरे गलियों का सरमाया[3] थे
अंधी सुब्ह की सरहद पर जो रात की पूँजी वार गए

जिससे बग़ावत[4] की पादाश[5] में मेरा क़बीला क़त्ल हुआ
गाँव के उस ख़ूनी मेले में मेरे सारे यार गए

हम क्या जानें यार 'सलीम' कि नफ़रत कैसी होती है
हम बस्ती के रहने वाले शह्र में पहली बार गए

6

दिल के काले हर्फ़ उड़े, फैले तो आँखों तक गए
रात अँगीठी से उट्ठे शोले दरीचों तक गए

बारिशों में बह गई थी सब्ज़ मौसम की धनक
तितलियों के ग़ोल[6] जब तक बंद कलियों तक गए

दूर तक फैले हुए हैं ज़र्द[7] तहरीरों[8] के नक़्श[9]
अब के मौसम के तक़ाज़े कितने चेहरों तक गए

जिसकी दीवारों ने रोका सर्दियों की धूप को
साए उस ऊँची हवेली के, मकानों तक गए

एक पगडंडी कि जो पुख़्ता[10] सड़क से क्या मिली
गाँव के क़िस्से, जहाँ से हो के, शह्रों तक गए

---

1. दीवार के पीछे 2. दृश्य 3. पूँजी 4. विद्रोह 5. दंड, नतीजा 6. झुंड 7. पीली 8. लेख, रचना 9. चित्र, बेल-बूटे, उभरा हुआ चिह्न 10. पक्की

तेरी सोचें गर तेरी शुहरत[1] का बाइस[2] थीं तो फिर
तेरी मजबूरी के ग़म क्यों तेरे बच्चों तक गए

अपनी बस्ती में सभी घर एक जैसे थे 'सलीम'
पूछते अपना पता हम कितने लोगों तक गए

7

मैदाँ हवा के हाथ में जाने नहीं दिया
ख़ुद जल बुझे, चराग़ को बुझने नहीं दिया

इक बार वक़्त छोड़ गया था यूँ ही हमें
फिर उसका साथ तक कभी हमने नहीं दिया

मुश्किल नहीं था आख़िरी हमले का रोकना
लेकिन तेरी सदा ने सँभलने नहीं दिया

उसने भी हद-ए-सूद-ओ-ज़ियाँ[3] खेंच कर रखी
मैंने भी फ़ासलों को सिमटने नहीं दिया

जिसने अता[4] किया है वही जानता भी है
ये मंसब-ए-सुख़न[5] मुझे तुमने नहीं दिया

सब वार ख़ुद पे झेल लिये थे मगर 'सलीम'
दुश्मन को अपने सामने मरने नहीं दिया

8

मैं ख़याल हूँ किसी और का मुझे सोचता कोई और है
सर-ए-आईना[6] मेरा अक्स है पस-ए-आईना[7] कोई और है

---

1. प्रसिद्धि 2. कारण 3. लाभ और हानि की सीमा 4. प्रदान 5. शायरी का पद या अधिकार
6. आईने के ऊपर 7. आईने के नीचे

मैं किसी के दस्त-ए-तलब[1] में हूँ तो किसी के हर्फ़-ए-दुआ[2] में हूँ
मैं नसीब हूँ किसी और का मुझे माँगता कोई और है

अजब एतिबार-ओ-बे-एतिबारी के दरमियान है ज़िंदगी
मैं क़रीब हूँ किसी और के मुझे जानता कोई और है

मेरी रौशनी तेरे ख़दो-ख़ाल[3] से मुख़्तलिफ़[4] तो नहीं मगर
तू क़रीब आ तुझे देख लूँ तू वही है या कोई और है

तुझे दुश्मनों की ख़बर न थी मुझे दोस्तों का पता नहीं
तेरी दास्ताँ कोई और थी मेरा वाक़िआ[5] कोई और है

वही मुंसिफ़ों की रिवायतें वही फ़ैसलों की इबारतें
मेरा जुर्म तो कोई और था पर मेरी सज़ा कोई और है

कभी लौट आएँ तो पूछना नहीं देखना उन्हें ग़ौर से
जिन्हें रास्ते में ख़बर हुई कि ये रास्ता कोई और है

9

कोई याद ही रख़्त-ए-सफ़र[6] ठहरे कोई राहगुज़र अनजानी हो
जब तक मेरी उम्र जवान रहे और ये तसवीर पुरानी हो

कोई नाव कहीं मँझधार में डूबे चाँद से उलझे और इधर
मौजों की वही हलक़ाबंदी दरिया की वही तुग़यानी[7] हो

इसी रात और दिन के मेले में तेरा हाथ छुटे मेरे हाथों से
तेरे साथ तेरी तन्हाई हो मेरे साथ मेरी वीरानी हो

यूँ ख़ाना-ए-दिल में इक ख़ुशबू आबाद है और लौ देती है
जूँ बाद-ए-शिमाल[8] के पहरे में कोई तन्हा रात की रानी हो

---

1. चाहने वाला हाथ 2. प्रार्थना का अक्षर 3. चेहरे के नक़्श और तिल 4. भिन्न 5. घटना
6. सफ़र का सामान 7. बाढ़ 8. उत्तरी हवा

क्या ढूँडते हैं क्या खो बैठे किस उजलत[1] में हैं लोग यहाँ
सर-ए-राह कुछ ऐसे मिलते हैं जैसे कोई रस्म निभानी हो

हम कब तक अपने हाथों से ख़ुद अपने लिए दीवार चुनें
कभी तुझसे हुक्म-उदूली[2] हो कभी मुझसे नाफ़रमानी[3] हो

कुछ यादें और किताबें हों मेरा इश्क़ हो और याराने हों
इसी आब-ओ-हवा में रहना हो और सारी उम्र बितानी हो

10

मुँडेर पर चराग़ रख दिए हैं ख़ुद जलाएगा
वो आने वाला शख़्स जाने किस तरफ़ से आएगा

तो तय हुआ न, उस गली के मोड़ तक तो साथ हैं
पर उस गली के मोड़ तक भी इक ज़माना आएगा

उदास परबतों से सर्दियों की बर्फ़ आ मिली
मगर ये रब्त[4] धूप की किरन से टूट जाएगा

जो लोग हिज्र की मुसाफ़तों[5] में थक के सो गए
ख़याल-ए-मौसम-ए-विसाल[6] ही उन्हें जगाएगा

वो अजनबी तो शह्र छोड़कर कभी का जा चुका
किताब-ए-दिल की रूनुमाई[7] में किसे बुलाएगा

तू अपने हर्फ़ उसके नाम कर के ख़ुद को भूल जा
ये अह्द-ए-बेहुनर[8] है किसको मोजज़ा[9] दिखाएगा

सिवाय इसके अपनी तीरगी में आप जल उठें
'सलीम' शबज़दों को कौन रौशनी दिखाएगा

---

1. शीघ्रता 2. आज्ञापालन न करना 3. उद्दंडता 4. सम्पर्क 5. यात्रा (बहु.) 6. मिलन के मौसम का ख़याल 7. मुँह दिखाई, विमोचन 8. निर्गुणों का युग 9. चमत्कार

11

ज़ख़्म-ए-एहसास अगर हम भी दिखाने लग जाएँ
शह्र के शह्र इसी ग़म में ठिकाने लग जाएँ

जिसको हर साँस में महसूस किया है हमने
हम उसे ढूँडने निकलें तो ज़माने लग जाएँ

अब्र से अब के हवाओं ने ये साज़िश[1] की है
ख़ुश्क पेड़ों पे समर[2] फिर से न आने लग जाएँ

काश अब के तेरे आने की ख़बर सच्ची हो
हम मुँडेरों से परिंदों को उड़ाने लग जाएँ

शेर का नश्शा[3] जो उतरे कभी इक पल के लिए
ज़िंदगी हम भी तेरा क़र्ज़ चुकाने लग जाएँ

सोचते ये हैं तेरा नाम लिखें आँखों पर
चाहते ये हैं तुझे सबसे छुपाने लग जाएँ

इस तरह दिन के उजाले से डरे लोग 'सलीम'
शाम होते ही चराग़ों को बुझाने लग जाएँ

12

तहज़ीबें[4] आसारों[5] में ज़िंदा हैं
लोग अभी तक ग़ारों[6] में ज़िंदा हैं

जाने वालों को मालूम नहीं है
ख़ुशबुएँ दीवारों में ज़िंदा हैं

चश्म-ए-गुरेज़ाँ[7] एक नज़र इस जानिब
हम तेरे बीमारों में ज़िंदा हैं

---

1. षड्यंत्र 2. फल 3. नशा 4. सभ्यता (बहु.) 5. अवशेष, पुरानी इमारतों के खंडहर (बहु.)
6. गुफा 7. आँख चुराने वाले

गूँज कहीं सन्नाटे में ढलती है
आवाज़ें कुहसारों में ज़िन्दा हैं

कोई किसी की राए[1] नहीं है यहाँ
जैसे सब दरबारों में ज़िंदा हैं

साँस तो और फ़ज़ा[2] में लेते हैं हम
लेकिन दुनियादारों में ज़िंदा हैं

जिनमें वहशत बैन[3] किया करती है
हम भी उन बाज़ारों में ज़िंदा हैं

तुम तो अपने दुख के बोझ तले हो
हम अपने आज़ारों[4] में ज़िंदा हैं

13

दूर तक फैला हुआ इक वाहिमा[5] रह जाएगा
तू नहीं होगा तो इन आँखों में क्या रह जाएगा

अपने दरवाज़े पे दस्तक दूँगा तेरे नाम की
ख़ुद से मिलने का यही इक रास्ता रह जाएगा

हर्फ़[6] परछाईं की सूरत नींद में बह जाएँगे
और किताब-ए-उम्र[7] का सफ़हा[8] खुला रह जाएगा

रफ़्ता-रफ़्ता तू भी इक दिन भूल जाएगा मुझे
एक दिन मुझको भी तेरा ध्यान सा रह जाएगा

तेरे साथी तेरे दुश्मन की तरफ़ हो जाएँगे
इस भरे मेले में तू बेआसरा रह जाएगा

टूटते पत्ते गवाही देंगे मौसम के ख़िलाफ़
सूखती शाख़ों पे मंशूर-ए-हवा[9] रह जाएगा

---

1. मत, विचार 2. वातावरण 3. रोना 4. आपत्ति (बहु.) 5. भ्रम 6. अक्षर 7. उम्र की किताब 8. पृष्ठ 9. हवा का घोषणापत्र

हर ज़माने के लिए ज़िंदा हवाला हूँ 'सलीम'
मैं चला जाऊँगा मेरा तज़्किरा[1] रह जाएगा

14

अपने होने का यहाँ इस तरह अंदाज़ा लगा
शब[2] के गुंबद में सहर[3] के नाम आवाज़ा लगा

फैल जाएँगे हवा से तेरी ख़ामोशी के रंग
अपने चेहरे पर न अपनी सोच का ग़ाज़ा[4] लगा

कल तेरे घर में भी फेंकेगा कोई सूरज की डोर
आज ही आँगन में इक पौदा तरोताज़ा लगा

दश्त-ए-तन्हाई में गूँजी जब सदा-ए-बाज़गश्त[5]
दूर तक बिखरा हुआ हस्ती[6] का शीराज़ा[7] लगा

इत्तिफ़ाक़न[8] आईने का ध्यान आया था मुझे
दफ़अतन[9] चेहरे पर आ के संग-ए-ख़मयाज़ा[10] लगा

कब से हूँ सर पर सँभाले आसमानों का वुजूद[11]
मेरी पस्ती[12] से मेरी अज़मत[13] का अन्दाज़ा लगा

रात के पिछले पहर क्यों जागता है तू 'सलीम'
कौन आता है भला अब घर का दरवाज़ा लगा

15

कटते ही फ़स्ल कैसी पनाहें निकल पड़ीं
फिर आस्तीं को छोड़ के बाँहें निकल पड़ीं

इक-दूसरे के कितने मिज़ाज-आश्ना[14] थे हम
और फिर भी इख़्तिलाफ़[15] की राहें निकल पड़ीं

---

1. चर्चा 2. रात 3. सुबह 4. लाली 5. अनुगूँज की ध्वनि 6. अस्तित्व 7. संघटन 8. सहसा 9. सहसा 10. परिणाम का पत्थर 11. अस्तित्व 12. पतन 13. महानता 10. प्रकृति से परिचित 11. मतभेद

जब भी ज़मीं ने अपने ख़ज़ाने तलब किए
ले कर मकीनों[1] को कमींगाहें[2] निकल पड़ीं

जब ख़ौफ़ था तो कोई भी छुपने की जा[3] न थी
अब डर नहीं तो कितनी पनाहें निकल पड़ीं

इक क़त्ल को छुपाने की ख़ातिर वो रन पड़ा
दस्तार[4] गिर गई तो कुलाहें[5] निकल पड़ीं

उस आँख ने वो इज़्न-ए-मुसाफ़त[6] दिया 'सलीम'
रस्ते सिमट गए तो निगाहें निकल पड़ीं

16

देखना दश्त-ए-नज़र में वो भी मंज़र आएगा
शाम की दहलीज़ पर दिन का गदागर[7] आएगा

सौंप दो इक-दूसरे को अपने चेहरों के नक़्श[8]
बेहिसी[9] का दौर चल निकला है घर-घर आएगा

दिल के शीशे पर न लिक्खो राज़ की बातें कभी
आँख की खिड़की खुली है अक्स बाहर आएगा

तुम ज़मीन-ए-मक़तल-ए-हस्ती[10] ज़रा सजने तो दो
हर कोई अपनी सलीबें ख़ुद उठा कर आएगा

आगही[11] का ख़ौफ़ तो फिर आगही का ख़ौफ़ है
बेइरादा भी तेरे हाथों में पत्थर आएगा

रौशनी की आस में तू घर का दरवाज़ा न खोल
तीरगी[12] का ख़ौफ़ सिमटेगा तो अन्दर आएगा

---

1. निवासी (बहु.) 2. शिकार की ताक में छिपकर बैठने का स्थान 3. जगह 4. पगड़ी 5. वो टोपी जो सरहरदी पगड़ी के नीचे पहनी जाती है 6. यात्रा का बुलावा 7. भिक्षुक 8. रूप-रेखाएँ 9. चेतना का अभाव 10. अस्तित्व का बधस्थान 11. ज्ञान 12. अँधेरा

17

विसाल क्या था कि ये हिज्र भी ग़ज़ब आया
वो जा चुका है तो फिर मौसम-ए-तलब आया

फ़ज़ा में एक से लम्हों की बाज़गश्त रही
सहर हुई तो हमें एतिबार-ए-शब आया

बदन-पहेलियों आँखों में टूट-फूट गईं
न उसने ही कभी बूझा न मुझ को ढब आया

अभी तो दिन की मुसाफ़त में हैं निढाल[1] बदन
सवाद-ए-शाम[2] में फिर इम्तिहान-ए-शब[3] आया

बड़े दिनों से न सोया हूँ और न जागा हूँ
तेरी जुदाई में ये मोड़ भी अजब आया

अब उसका नाम दरख़्तों पे लिखते फिरते हैं
हम उसको भूल रहे थे वो याद जब आया

कभी किया तो नहीं शिकवा-ए-ग़म-ए-दौराँ[4]
अगरचे हम पे ये इलज़ाम बेसबब[5] आया

बिछड़ने वाला उसूल-ए-सफ़र[6] से वाक़िफ़[7] था
ग़ुबार-ए-राहगुज़र[8] हो गया हूँ तब आया

उसे तो ख़ैर किसी आसमां से निस्बत[9] थी
'सलीम' तू भी हमारे कहे में कब आया

18

तुझको ढूँडे है गुज़रता हुआ पल-पल जानाँ
देख हम कब से खड़े हैं सर-ए-मक़्तल[10] जानाँ

1. थके हुए 2. साँझ की कालिमा 3. रात की परीक्षा 4. सांसारिक दुखों का उलाहना 5. अकारण 6. यात्रा के नियम 7. परिचित 8. रास्ते की धूल 9. सम्बन्ध 10. वध स्थान पर

अब भी होंटों पे उलझते हैं तेरे नाम के हर्फ़
अब भी साँसों में महकता है वो आँचल जानाँ

अब भी आँगन में किसी दश्त की वीरानी है
अब भी गलियों में वही मौसम-ए-जलथल जानाँ

अब भी तसवीर में इक चेहरा बुलाता है मुझे
अब भी आईने में इक अक्स है ओझल जानाँ

अब भी आँखों में किसी ख़्वाब का सन्नाटा है
अब भी है सतह पे गहराई की हलचल जानाँ

अब भी कुछ इश्क़ के आदाब हैं हम लोगों में
अब भी इस शह्र में हम लोग हैं पागल जानाँ

डूबता जाता है बेवस्ल[1] चराग़ों का धुआँ
फैलता जाता है इक हिज्र[2] मुसलसल[3] जानाँ

हमसे कुछ तेरे मरासिम[4] ही बड़े गहरे थे
वर्ना सहराओं में रुकते नहीं बादल जानाँ

19

चुकाने हैं वो क़र्ज़े सतह पर हैं या कहीं ज़ेर-ए-ज़मीं[5] हैं
अभी इस ख़ाकदाँ[6] में तुम भी ज़िंदा हो मरे हम भी नहीं हैं

अभी मैदान में हम अपने पैरों पर खड़े हैं, हार कैसी
अभी तो खेल का आग़ाज़[7] है, तुम भी यहीं हम भी यहीं हैं

तुम्हारा क्या कि तुम मौसम की हर साज़िश में हिस्सेदार ठहरे
हमें देखो हवा का ज़ोर कितना था बुझे फिर भी नहीं हैं

---

1. जिनका मिलन न हुआ हो 2. वियोग 3. निरन्तर 4. मेल-जोल, प्रेम-व्यवहार 5. धरती के नीचे 6. मिट्टी का प्याला, संसार 7. प्रारम्भ

20

ये विसाल[1] है कि फ़िराक[2] है दिल-ए-मुब्तिला[3] को पता रहे
जो ये फूल है तो खिला रहे जो ये ज़ख़्म है तो हरा रहे

तेरे इंतज़ार के सिलसिले हैं मियान-ए-दस्तक-ओ-दर[4] कहीं
यही आस है तो बँधी रहे ये चराग़ है तो जला रहे

यूँही भूले-भटके जो आ गए हैं इधर तो इतनी हवा न दे
कि ग़ुबार-ए-कू-ए-मलामताँ[5] कोई वाक़िआ[6] तो छुपा रहे

किसी चश्म-ए-वादा[7] की लहर है बड़ा दिल-गिरिफ़्ता[8] ये शह्र है
सो हवा-ए-महरम-ए-दोस्ताँ[9] तेरे सिलसिलों का पता रहे

ये सराए सुब्ह के साथ ही मुझे छोड़नी है ग़ज़ाल-ए-शब[10]
तेरी चश्म-ए-रम्ज़-ओ-कनाया[11] में कोई ख़्वाब है तो सजा रहे

21

अभी सीने में दिल और आँख में तसवीर ज़िंदा है
कोई तो ख़्वाब है जिसके लिए ताबीर[12] ज़िंदा है

अजब अंदेशा-ए-सूद-ओ-ज़ियाँ[13] के दरमियाँ हैं हम
कि फ़र्द-ए-जुर्म[14] ग़ायब है मगर ताज़ीर[15] ज़िंदा है

पलट कर देखना आदत नहीं तेरी, मगर फिर भी
सबुक-रफ़्तारी-ए-दुनिया[16] अभी इक तीर ज़िंदा है

सितम-ईजाद[17] लम्हों में लबों को सी दिया, लेकिन
अभी दस्त-ए-दुआ[18] में हलक़ा-ए-तासीर[19] ज़िंदा है

---

1. मिलन 2. वियोग 3. पीड़ित मन 4. दस्तक और दरवाज़े के बीच 5. धिक्कार या निंदा की गली की धूल 6. घटना 7. वचन देने वाली आँख 8. उदास 9. दोस्तों के भेद जानने वाली हवा 10. रात का सूरज, रात का हिरण 11. वह आँख जिसमें रहस्य और गुप्त संकेत हों 12. स्वप्नकाल 13. लाभ और हानि की शंका या भय 14. अभियोग-पत्र 15. दंड 16. दुनिया की तेज़ चाल (चलना) 17. बहुत बड़ा अत्याचारी, जो नए-नए अत्याचारों का आविष्कारक हो 18. प्रार्थना के लिए उठा हुआ हाथ 19. प्रभावक्षेत्र

ज़रा तुम ख़ानमाँ-बरबाद[1] लोगों की तरफ़ देखो
इन उजड़ी बस्तियों में कब से शह्र-ए-मीर[2] ज़िंदा है

जुनूँ-आसार शह्रों से अभी राँझा नहीं लौटा
समय की टूटती पगडंडियों में हीर ज़िंदा है

गिरोह-ए-कुश्तगाँ[3] में बचने वाले एक हम ही हैं
हमारे सिर में सौदा[4] पाँव में ज़ंजीर ज़िंदा है

'सलीम' इतना समझने ही में उम्रें बीत जाती हैं
न कोई लफ़्ज़ मुर्दा है न हर तहरीर[5] ज़िंदा है

---

1. जिसका घरबार और धन आदि सब नष्ट हो गया हो, अभागा 2. मीर का शह्र यानी दिल्ली। दिल्ली उजड़ने पर मीर मुहम्मद तक़ी मीर जब दिल्ली से चले तो सीधे लखनऊ आए। जैसा कि मुसाफ़िरों का दस्तूर है, एक सराय में उतरे। मालूम हुआ कि एक जगह मुशायरा है। उसी वक़्त ग़ज़ल लिखी और मुशायरे में शामिल होने के लिए पहनी क़दीमाना खिड़कीदार पगड़ी, पचास गज के घेर का जामा, इस्तोलिए का एक पूरा थान कमर से बँधा, उस में लटकता एक टपरीदार—तह किया हुआ रूमाल, मशरू का पाजामा, डेढ़ बालिश्त ऊँची नोक वाली नागफनी की अनीदार जूती, कमर में एक तरफ़ सैफ़ यानी सीधी तलवार, दूसरी तरफ़ कटार और हाथ में जरीब। जब महफ़िल में दाख़िल हुए तो शह्र लखनऊ के बाँके जवान मीर का यह हुलिया देखकर हँसने लगे। मीर साहिब बेचारे परदेसी, पहले ही मन टूटा हुआ था। इस हँसी से और भी उदास हो कर एक तरफ़ ख़ामोश बैठ गए। शमा उनके सामने आई तो दोबारा सबकी नज़र पड़ी। कुछ लोगों ने पूछा : हुज़ूर का वतन कहाँ है? मीर साहिब ने ये क़तआ फ़िलबदीह कह कर ग़ज़ल में शामिल किया।

क्या बूदो-बाश पूछो हो पूरब के साकिनो
हमको ग़रीब जान के हँस-हँस पुकार के
दिल्ली जो इक शह्र था आलम में इंतिख़ाब
रहते थे मुंतख़िब ही जहाँ रोज़गार के
उसको फ़लक ने लूट के वीरान कर दिया
हम रहने वाले हैं उसी उजड़े दयार के

सबको मालूम हुआ कि ये तो मीर हैं। बड़े शर्मिन्दा हुए। मीर साहिब से माफ़ी चाही। सुबह होते-होते शह्र भर में फैल गया कि मीर साहिब तशरीफ़ लाए हैं। जब यह ख़बर नवाब आसफ़-उद्दौला के पास पहुँची तो उन्होंने अदब से मीर को बुलाया और दो सौ रुपए महीने का वज़ीफ़ा बाँध दिया 3. क़त्ल कर दिए गए लोगों का दल 4. बावलापन 5. लेख्य, रचना।

22

ख़ुद को किरदार[1] से ओझल नहीं होने देता
वो कहानी को मुकम्मल नहीं होने देता

संग भी फेंकता रहता है कहीं साहिल से
और पानी में भी हलचल नहीं होने देता

कासा-ए-ख़्वाब[2] से ताबीर[3] उठा लेता है
फिर भी आबादी को जंगल नहीं होने देता

धूप में छाँव भी रखता है सिरों पर लेकिन
आसमाँ पर कहीं बादल नहीं होने देता

अब्र भी भेजता रहता है सदा बस्ती में
गली-कूचों में भी जलथल नहीं होने देता

रोज़ इक लहर उठा लाता है बेख़्वाबी[4] की
और पलकों को भी बोझल नहीं होने देता

फूल ही फूल खिलाता है सर-ए-शाख़-ए-वुजूद[5]
और ख़ुशबू को मुसलसल नहीं होने देता

आलम-ए-ज़ात[6] में दरवेश बना देता है
इश्क़ इंसान को पागल नहीं होने देता

23

ज़रा सी देर को मंज़र सुहाने लगते हैं
फिर उसके बाद यही क़ैदख़ाने लगते हैं

मैं सोचता हूँ कि तू दर-ब-दर न हो, वरना
तुझे भुलाने में कोई ज़माने लगते हैं

---

1. पात्र 2. स्वप्न का प्याला 3. स्वप्नफल 4. नींद न आना, अनिद्रा 5. अस्तित्व की डाली पर
6. जीवनावस्था, अस्तित्व, संसार।

कभी जो हद से बढ़े दिल में तेरी याद का हब्स[1]
खुली फ़ज़ा में तुझे गुनगुनाने लगते हैं

जो तू नहीं है तो तुझसे किए हुए वादे
हम अपने आप से अक्सर निभाने लगते हैं

अजीब खेल है जलते हैं अपनी आग में हम
फिर अपनी राख भी ख़ुद ही उड़ाने लगते हैं

ये आने वाले ज़माने मेरे सही, लेकिन
गुज़िश्ता[2] उम्र के साए डराने लगते हैं

निगारख़ाना-ए-हस्ती[3] में कैसा पा-ए-सबात[4]
कहीं-कहीं तो क़दम डगमगाने लगते हैं

24

जिन्हें ख़्वाबों से इनकारी बहुत है
उन आँखों में भी बेदारी बहुत है

निहायत ख़ूबसूरत हैं वो चेहरा
मगर जज़्बात से आरी[5] बहुत है

उसे मैं याद रखना चाहता हूँ
मगर इसमें भी दुश्वारी बहुत है

सबब हो कोई तो बतलाएँ भी हम
कि गिरया[6] रात से तारी[7] बहुत है

बहुत मसरूफ़ियत[8] की जा[9] है
दुनिया मगर लोगों में बेकारी बहुत है

मुझे भी मुहलत-ए-यक-दो-नफ़स[10] दे
मुझे भी ज़िंदगी प्यारी बहुत है

---

1. उमस 2. गुज़री हुई 3. अस्तित्व का चित्रालय या मूर्तिगृह 4. पाँव की स्थिरता या दृढ़ता 5. भावनाओं से वंचित, भावनाहीन 6. रोना 7. छाया हुआ 8. संलग्नता 9. जगह 10. एक-दो साँस की फ़ुर्सत

इधर आज़ा[1] बिखरते जा रहे हैं
उधर दुश्मन की तैयारी बहुत है

यही नान-ए-जवीं[2] महनत है मेरी
इसी मेहनत में सरशारी[3] बहुत है

इसी मिट्टी में हैं अफ़लाक[4] मेरे
इसी में ख़ू-ए-सरदारी[5] बहुत है

इन्हीं लोगों में हैं कुछ लोग मेरे
मेरे लोगों में ख़ुद्दारी[6] बहुत है

सुख़न का बोझ कैसे उठ सकेगा
जो पत्थर है यहाँ भारी बहुत है

मेरे साहिल समंदर रोकते हैं
'सलीम' इतनी वफ़ादारी बहुत है

25

दिल-ए-सीमाब-सिफ़त[7] फिर तुझे ज़हमत[8] दूँगा
दूर-उफ़्तादा[9] ज़मीनों की मुसाफ़त[10] दूँगा

अपने अतराफ़[11] नया शह्र बसाऊँगा कभी
और इक शख़्स को फिर उसकी हुकूमत दूँगा

इक दिया नींद की आग़ोश में जलता है कहीं
सिलसिला ख़्वाब का टूटे तो बशारत[12] दूँगा

क़िस्सा-ए-सूद-ओ-ज़ियाँ वक़्फ़-ए-मुदारात हुआ[13]
फिर किसी रोज़ मुलाक़ात की ज़हमत दूँगा

---

1. अंग (बहु.) 2. जौ की रोटी, मोटी-झोटी रोटी 3. परिपूर्णता, मस्ती 4. आकाश (बहु.) 5. स्वामित्व का स्वभाव या प्रकृति 6. स्वाभिमान, आत्मसम्मान 7. पारे जैसा चंचल मन, व्याकुल मन 8. कष्ट 9. दूरवर्ती, दूर बसा हुआ 10. यात्रा 11. चारों ओर 12. शुभ संवाद 13. मेहमाननवाज़ी के तकल्लुफ़ में नफ़े-नुक़सान की बात न कही जा सकी

मैंने जो लिख दिया वो ख़ुद है गवाही अपनी
जो नहीं लिक्खा अभी उसकी शहादत[1] दूँगा

एक सफ़हा[2] कहीं तारीख़[3] में ख़ाली है अभी
आख़िरी जंग से पहले तुम्हें मुहलत[4] दूँगा

26

तेरे चेहरे से अयाँ[5] है कोई तेरे जैसा
तुझमें इक और निहाँ[6] है कोई तेरे जैसा

किश्त[7] नादीदा-ओ-बेआब[8] है मेरे जैसी
सूरत-ए-अब्र[9] रवाँ है कोई तेरे जैसा

तू तो मौजूद है फिर कौन नहीं है मौजूद
ऐसा लगता है यहाँ है कोई तेरे जैसा

तेरी आँखों से छलकता है मेरे इश्क का ज़हृ
मेरे सीने में निशाँ है कोई तेरे जैसा

अब कहीं जा के तो महसूस हुआ है मुझको
अब क़रीब-ए-रगे-जाँ[10] है कोई तेरे जैसा

मैं तुझे देखता हूँ देर तलक सोचता हूँ
मिलने वालों में कहाँ है कोई तेरे जैसा

मेरे दुश्मन मैं तुझे क़त्ल तो कर दूँ लेकिन
शहृ में कौन जवाँ है कोई तेरा जैसा

---

1. गवाही 2. पृष्ठ 3. इतिहास 4. मौक़ा 5. स्पष्ट 6. छिपा हुआ 7. खेती 8. अदृष्ट और सूखी 9. घटा की तरह 10. सबसे बड़ी ख़ून की रग (जो दिल में जाती है) के क़रीब

27

रिमझिम-रिमझिम शाख़ें बरसें सावन रुत लहराए
ख़ुशबू बीच पतंग बँधें और डोर उलझती जाए

याद रुपहली किरनें सूरज रथ से ऐसे उतरें
मैं आगे बढ़ जाऊँ साया रस्ते में रह जाए

धूप नहाता रेवड़ सूखी घास में ठहरा पानी
किसकी राह तके है गड़रिया बंसी होंट लगाए

वो चेहरा वो गली वो रस्ता और वो भूलभुलैयाँ
याद का पागल पंछी ध्यान के पिंजरे से टकराए

गुमसुम आँगन चुप दरवाज़े आँगन अक्स से ख़ाली
अब के बरस तहवार पे भी कुछ लोग तो घर नहीं आए

रोज़ाना सूनी राहों पर आस का जाल बिछाकर
कोयले से कच्ची दीवार पर एक लकीर बढ़ाए

जुग बीता इक लहर उठी थी हमने क़बीला छोड़ दिया
लोग हुए धन-दौलत वाले हम शायर कहलाए

सूफ़ी तबस्सुम

नाम : सूफ़ी ग़ुलाम मुस्तफ़ा। तख़ल्लुस: तबस्सुम। सूफ़ी तबस्सुम उन क़लन्दरों में से थे जो मुक़ाबलों में शरीक तो होते हैं लेकिन अव्वल आने के बाद इनआम लेने से इनकार कर देते हैं। जब वो चर्च मिशन स्कूल, अमृतसर, में नवीं क्लास में थे तो शह्र में एक मुशायरा हुआ। सदारत जलियाँवाला बाग़ के हीरो डॉ. सैफ़ुद्दीन किचलू कर रहे थे। पूरे शह्र में मुशायरे की धूम थी। सूफ़ी तबस्सुम भी जाना चाहते थे लेकिन दाख़िला कार्ड से था और नौवीं जमात के एक लौंडे को कार्ड कौन देता। चर्च मिशन स्कूल के मास्टरों में एक शायर मौलवी मोहम्मद दीन ग़रीब भी थे। उनके शागिंदों ने मुशायरे के कार्ड की फ़रमाइश की तो मौलवी साहिब ने शागिंदों को एक मिसरा दे कर कहा, "जो इस मिसरे की तरह में सबसे पहले शेर कहेगा, कार्ड पाएगा।" सूफ़ी ग़ुलाम मुस्तफ़ा इस मुक़ाबले में अव्वल आए। मौलवी साहब ने बड़ी तारीफ़ की और कार्ड दिया। लेकिन कहते हैं कि सूफ़ी तबस्सुम का दिल इस मुक़ाबलेबाज़ी से ऐसा खट्टा हुआ कि मुशायरा तो हुआ, लेकिन वो गए नहीं।

अपनी रचनाओं की तरफ़ यही रवैया तबस्सुम की वयस्क ज़िन्दगी में भी जारी रहा। अपने संकलन 'अंजुमन' में लिखते हैं : शेर कहते हुए कम-ओ-बेश पैंतालीस बरस गुज़र चुके हैं। इतनी तवील मुद्दत[1] की अदबी काविशों[2] के मुक़ाबले में ये मजमूआ हक़ीर[3] सा मालूम होता है। कहने को बहुत से शेर कहे लेकिन तबीअत की बेनियाज़ी[4] कहिए या क़सलमंदी[5], कभी सँभाल कर रखने की तौफ़ीक़[6] न हुई। जो कुछ कहा काग़ज़ों के पुर्ज़ों पर लिखा, दोस्तों को सुनाया। मौक़ा मिला तो किसी मुशायरे में पढ़ दिया। किसी को पसन्द आया तो उसने उठाकर किसी रिसाले या अख़बार में छाप दिया। बाक़ी पुर्ज़ों की नज़्र हो गया। मेरी शायरी की इब्तिदा फ़ारसी से हुई थी, बाद में उर्दू और फिर पंजाबी

---

1. लम्बा समय 2. चिन्ता, जिज्ञासा 3. छोटा, तुच्छ 4. बेपरवाही 5. सुस्ती 6. उत्साह, उमंग, दैवयोग से ऐसे कारण पैदा हो जाना जिनसे मनचाही चीज़ मिलने में आसानी हो

शेर कहने की नौबत आई। अदबी शऊर और ज़िम्मेदारी का एहसास बढ़ा तो दो-एक मर्तबा कलाम को बक़ायदा लिखने की कोशिश भी की लेकिन फिर भी कुछ ऐसे हालात पेश आए कि तबीअत में बेदिली पैदा हो गई। सन् 1928 में दो बयाज़[1] कश्मीर के सफ़र में ज़ाया हो गए। उनमें ज़्यादातर 1922 से 1927 तक का ऐसा उर्दू-फ़ारसी कलाम था जो कहीं छपा न था। इसी तरह 1953 में एक मजमूआ ईरान की सैयाहत[2] में कहीं खो गया। मेरा जो कलाम छपा है, वो भी इस मजमूए में शामिल नहीं कर सका क्योंकि बहुत से अख़बारों और रिसालों की पुरानी जिल्दें अब नायाब हो चुकी हैं और उन्हें तलाश करना मेरी हिम्मत से बाहर था। ज़ाहिर है कि इन हालात के होते हुए मुझे अपने कलाम के किसी मजमूए को छापने की जुरअत क्यों कर हो सकती थी लेकिन अक़ीदतमंद[3] शार्गिद और अज़ीज दोस्त हमेशा तक़ाज़ा करते रहे और उनके पैहम[4] इसरार[5] पर कुछ कलाम जमा हो गया। बाज़ अज़ीजों ने इसके फ़राहम[6] करने और तरतीब देने में ग़ैरमामूली ज़हमतें भी उठाईं।

सूफ़ी तबस्सुम का जन्म 4 अगस्त, 1899 को अमृतसर में हुआ। शह्र के चर्च मिशन हाई स्कूल से मैट्रिक और ख़ालसा कॉलेज से बी.ए. किया। बी.ए. के आख़िरी साल में एफ.सी. कॉलेज, लाहौर आ गए जहाँ से बी.ए. आनर्स करने के बाद इस्लामिया कॉलेज, लाहौर से एम.ए. और सेंट्रल ट्रेनिंग कॉलेज से बी.टी. किया। सन् 1927 में सेंट्रल ट्रेनिंग कॉलेज, लाहौर में पढ़ाना शुरू किया। सन् 1930 में गवर्नमेंट कॉलेज, लाहौर आ गए। वहीं से रिटायर हुए। पच्चीस साल यूनिवर्सिटी में फ़ारसी और उर्दू की क्लासें लीं। रिटायर होने के बाद छह साल तक ख़ाना-ए-फ़रहंगे ईरान के डायरेक्टर रहने के साथ-साथ सिविल सर्विस एकैडमी और फ़िनांस सर्विसेज़ एकैडमी में उर्दू पढ़ाई। दो साल साप्ताहिक 'लैल-ओ-नहार' के सम्पादक रहने के अलावा रेडियो पाकिस्तान से भी जुड़े थे।

सूफ़ी साहब ने शायरी की शुरुआत तख़ल्लुस 'असग़र' से की। लेकिन बचपन में बहुत हँसोड़ थे। इसलिए उनके उस्ताद हक़ीम फ़ीरोजुद्दीन ने उन्हें तबस्सुम तख़ल्लुस दिया। तबस्सुम ने नज़्मों से ज़्यादा ग़ज़लें कही हैं। फ़ारसी में कविता के साथ-साथ गद्य भी लिखा है। चूँकि बचपन से ही धार्मिक माहौल में रहे इसीलिए बहुत से धार्मिक आन्दोलनों से जुड़े। पर प्रोग्रेसिव राइटर्स मजलिस के साथ भी काम किया। सरकारी नौकर होने के बावजूद स्वतंत्रता आन्दोलन

---

1. एक कापी, नोटबुक जिसमें कवि रचनाएँ अपने हाथ से लिखता है 2. पर्यटन 3. श्रद्धालु 4. निरन्तर, बार-बार 5. कई दफ़ा कहना, हठ करना 6. संग्रहीत, इकट्ठा

के दौरान उनकी क़ौमी नज़्में दैनिक 'ज़मींदार', 'इंक़लाब' और 'पारस' वगैरह में प्रकाशित होती रहीं। किताबें हैं : 'अंजुमन' (फ़ारसी उर्दू पंजाबी कलाम का संग्रह), 'झूलने' (बच्चों की नज़्में), 'मुसलमानों का इल्मे जुग़राफ़िया और शौक़-ए-सैयाहत', 'जाह-ओ-जलाल' (ड्रामा), 'हिकमत-ए-क़ुरान' (दीनी), 'अल्लामा इक़बाल' (दो पंजाबी के ड्रामे)।

जब 07 फ़रवरी, 1978 में मृत्यु हुई तो सूफ़ी तबस्सुम की कहानियों, नाटकों, लेखों की सात-आठ पांडुलिपियाँ तैयार थीं। ये पांडुलिपियाँ अभी तक अप्रकाशित हैं।

ग़ज़लें

1

सौ बार चमन महका, सौ बार बहार आई
दुनिया की वही रौनक़[1] दिल की वही तन्हाई

इक लहज़ा[2] बहे आँसू, इक लहज़ा हँसी आई
सीखे हैं नए दिल ने अंदाज़-ए-शकेबाई[3]

जलवों[4] के तमन्नाई[5] जलवों को तरसते हैं
तस्कीन[6] को रोएँगे जलवों के तमन्नाई

देखे हैं बहुत हम ने हंगामे मुहब्बत के
आग़ाज़[7] भी रुसवाई[8] अंजाम भी रुसवाई

दुनिया ही फ़क़त[9] मेरी हालत पे नहीं चौंकी
कुछ तेरी भी आँखों में हल्की-सी चमक आई

ये बज़्म-ए-मुहब्बत[10] है, इस बज़्म-ए-मुहब्बत में
दीवाने भी शैदाई[11], फ़रज़ाने[12] भी शैदाई

2

अभी आग़ाज़-ए-उलफ़त[13] का असर आह-ओ-फ़ुग़ाँ[14] तक है
न जाने इंतिहा-ए-शौक़[15] की गर्मी कहाँ तक है

---

1. चमक-दमक 2. पल 3. धीरज के अन्दाज़ 4. दर्शन (बहु.) 5. इच्छुक 6. सांत्वना, सन्तोष 7. प्रारम्भ 8. बदनामी 9. केवल 10. मुहब्बत की महफ़िल 11. प्रेमी 12. बुद्धिमान, चतुर 13. प्रेम का प्रारम्भ 14. रोना-धोना 15. अभिलाषा की चरम सीमा

हरीम-ए-काबा[1] तक या मंज़िल-ए-कू-ए-बुताँ[2] तक है
ख़ुदा जाने जहान-ए-इश्क़ की वुसअत[3] कहाँ तक है

निशाँ मिलते हैं हर इक रहगुज़र में जब्हा-साई[4] के
सुराग़ उनका नहीं मालूम किसके आस्ताँ[5] तक है

यहीं से गर भटक जाएँ तो फ़रमाओ किधर जाएँ
वो जिनकी ज़िन्दगानी राह-ए-बज़्म-ए-दोस्ताँ[6] तक है

किसी के नाज़नीं[7] दिल में उतर जाए तो क्या हो
अभी तो दास्तान-ए-दर्द-ओ-ग़म[8] मेरी ज़ुबाँ तक है

हमीं तन्हा नहीं हैं मयकदे में बैठने वाले
रसाई[9] हज़रत-ए-वाइज़[10] की भी पीर-ए-मुग़ाँ[11] तक है

---

1. ख़ुदा का घर 2. बुतों के कूचे की मंज़िल। बुतख़ाना (बुत : मूर्ति, ख़ाना : घर), जहाँ बुतों को रखा जाए। चूँकि माशूक़ की उपमा सौन्दर्य-मूर्ति से दी जाती है, इसलिए बुतख़ाने से अक्सर अभिप्राय होता है : माशूक़ के रहने उठने-बैठने की जगह। इस्लाम में मूर्तिपूजा की सख़्त मनाही है। मूर्तियों की पूजा करना कुफ्र, धर्मविरोधी आचरण है। लेकिन प्रेम ये सब बन्धन कहाँ समझता है। प्रेमी के लिए माशूक़ एक बुत है। उसे बुतपरस्ती भाती है। प्रेमाराधक सामाजिक परम्पराएँ तोड़ने से नहीं हिचकिचाते। इसलिए प्रेमियों को अक्सर बुतपरस्त और काफ़िर कहा जाता है। यह सारी रासलीला हिन्दुओं के गोपीभाव से बहुत मिलती-जुलती है। वैसे प्राचीन ईरान वाले भी बड़ी सुन्दर मूर्तियाँ गढ़ते थे। किन्तु ये बुत देवी-देवताओं के थे, मनुष्यों के, या काल्पनिक ऐतिहासिक चरित्रों के, इस बारे में कोई निर्णायक प्रमाण नहीं मिलता। ईरान में इन मूर्तियों के प्रदर्शनालय को बुतख़ाना कहा जाता था 3. विस्तार 4. माथा रगड़ना 5. चौखट 6. दोस्तों की महफ़िल का रास्ता 7. कोमल 8. दुख की कहानी 9. पहुँच 10. धर्मोपदेशक। कई मस्जिदों में नमाज़ पूरी हो जाने पर वाइज़ द्वारा भाषणों की प्रथा होती है। चूँकि वाइज़ का काम सिर्फ़ लैक्चर देना है, इसलिए वे अक्सर एक ही बात को दोहरा-दोहराकर, चबा-चबाकर, लम्बे-लम्बे वाक्यों में लपेटने के लती होते हैं। वाइज़ के लिए प्रेमी उपहास और दया का पात्र है। प्रेमी के लिए वाइज़ घृणा और तिरस्कार का पात्र। वाइज़ जन्नत का लुभावा दे कर ईश्वरीय प्रेम का प्रचारात्मक भाषण उँड़ेलता है, दुनियावी इश्क़ की निंदा करता है। उर्दू कविता में प्रेमी का वाइज़ को जवाब होता है : मुझे अदृश्य परलोक से क्या लेना? मेरा सुख तो यहीं है, यहीं है, यहीं है। कृपया अपना भाषण और बोर करना बन्द करें 11. प्रमुख पुजारी, शराबख़ाने का इंचार्ज। पीर-ए-मुग़ाँ का मूल अर्थ इस्लाम धर्म की स्थापना से पहले प्रचलित, ईरान की धार्मिक परम्पराओं में मिलता है। प्राचीन ईरानी अग्नि को ईश्वर का रूप मानते थे। मंदिरों में चौबीसों घंटे अग्नि जलाए रखते, ज्वालाओं को पूजते। आधुनिक भारत के अग्निपूजक पारसी इन्हीं ईरानियों के वंशज हैं। इन मंदिरों में प्रसाद के तौर पर हर दर्शनार्थी को एक-दो घूँट शराब दी →

3

तूने कुछ भी न कहा हो जैसे
मेरे ही दिल की सदा हो जैसे

यूँ तेरी याद से जी घबराया
तू मुझे भूल गया हो जैसे

इस तरह तुझसे किए हैं शिकवे
मुझको अपने से गिला हो जैसे

यूँ हर इक नक़्श पे झुकती है जबीं
तेरा नक़्श-ए-कफ़-ए-पा हो जैसे

तेरे होंटों की ख़फ़ी[1] सी लरज़िश[2]
इक हसीं शेर हुआ हो जैसे

4

उट्ठी है जो क़दमों से वो दामन से उड़ी है
क्या-क्या निगह-ए-शौक़[3] पे ज़ंजीर पड़ी है

वो यास[4] का आलम है कि हर एक नज़र पर
महसूस ये होता है, जुदाई की घड़ी है

→ जाती। प्राचीन आर्यों की भाँति, ईरानी अग्निपूजकों के लिए सुरा, ईश्वरीय कृपा से मिले प्राकृतिक सुखों का उपभोग थी। अग्निमंदिर के पुजारी का नाम था : मुग़। पुजारियों का प्रबन्धकर्ता था : पीरे-मुग़ाँ। पीर : आदरणीय, बूढ़ा। शराब की भट्टियाँ इन वयोवृद्ध प्रबन्धकर्ताओं की देख-रेख में चलतीं। पीरे-मुग़ाँ शराब ढालने, मंदिरों में भिजवाने, भक्तों में बँटवाने की व्यवस्था करते। समय के साथ-साथ लोगों ने माँग की कि मंदिरों से बाहिर भी शराब मुहैया कराई जाए। इस माँग को वही पूरा कर सकता था जिसे शराब खींचने की कला, नुस्ख़े, तकनीक आते हों। जनता की माँग और व्यापारिक लाभ को देखते हुए पीरे-मुग़ाँ ने अपने घरों पर शराबख़ाने खोल दिए। शराब पिलाने के लिए सुन्दर, नवयुवक लड़के रखे जो साक़ी कहलाते थे। शराब अगर घटिया होती, साक़ी मदतमीज़ी करता, जाम ख़ाली पड़ने लगता तो पीने वाले पीरे-मुग़ाँ, पीरे-मुग़ाँ की दुहाई मचाते। कविता में पीरे-मुग़ाँ एक स्नेहिल बुज़ुर्ग का प्रतीक है 1. छिपी हुई 2. कँपकँपाहट 3. चाहत-भरी दृष्टि 4. निराशा

यूँ देखिए तो मरहला-ए-शौक़[1] है यक गाम[2]
चलिए तो यही एक क़दम राह कड़ी है

हर एक क़दम पर है किसी याद का साया
हर राहगुज़र[3] में कोई दीवार खड़ी है

हर गुंचे[4] के चेहरे से उभरते हैं तेरे नक़्श
हर गुल में तेरे हुस्न की तसवीर जड़ी है

खेली थी कभी हुस्न से तेरे निगह-ए-शौक़
इतना है तुझे याद, यही बात बड़ी है

नासेह[5]! तेरी बातों से कटी हिज्र की ये शाम
इक और फ़साना कि अभी रात पड़ी है

क्या जानिए क्या था तेरा अन्दाज़-ए-तबस्सुम[6]
हर देखने वाले की नज़र मुझ पे पड़ी है

5

हर एक नक़्श तेरे पाँव का निशाँ सा है
हर एक राहगुज़र तेरा आस्तां सा है

कहीं सिमट के न रह जाए हिम्मत-ए-परवाज़[7]
कि शाख़-शाख़ पे पिनहाँ इक आशियाँ सा है

---

1. चाहत का कठिन काम 2. एक क़दम 3. रास्ता 4. कली 5. नसीहत करने वाला। दुनिया भले ही प्रेमी की दुश्मन हो, नासेह उसका शुभचिन्तक है। नासेह कोई भी हो सकता है। मित्र, परिचित, पड़ोसी, रिश्तेदार या कोई राह चलता। नासेह प्रेमी के हित-चिन्तन का कर्तव्य दो तरह से पूरा करता है : प्रेमी को समझा-बुझाकर, प्रेमी का अनर्गल-प्रलाप सहकर। सारे इश्क़ के मारे खटिया भले ही न पकड़ें, पर माशूक़ की बेरुखी से परेशान अक्सर दिखाई देते हैं। तब नासेह समझाता है : किसी के पीछे जान गँवान से क्या फ़ायदा? छोड़ो उस बेवफ़ा को और काम-धन्धे में लगो तो अपना भी भला कर पाओगे और दुनिया का भी। नासेह की ऐसी बातें सुन कर कई बार प्रेमी बिदक उठता है। उसे लगता है कि मेरा दोस्त है या दुश्मन जो माशूक़ छोड़ने जैसी वाहियात सलाह दे रहा है। कई बौखलाए हुए प्रेमी नासेह को भला-बुरा भी कहने लगे, लेकिन नासेह सुन लेता है 6. मुस्कराने का तरीका 7. उड़ने का साहस

अभी गुलों की नज़र से नज़र नहीं मिलती
अभी फ़ज़ा-ए-चमन में धुआँ-धुआँ सा है

न जाने शौक़ की वो रात कट गई कैसे
हर एक लम्हा जहाँ उम्र-ए-जाविदाँ[1] सा है

उजड़ गई है मेरी कायनात-ए-दिल[2] फिर भी
मेरी निगाह में आबाद इक जहाँ सा है

ज़ुबाँ पे नाम भी आता है तेरा रुक-रुककर
हर एक तार-ए-नफ़स[3] दिल का पासबाँ[4] सा है

ये किसने आज जगाई है अह्द-ए-रफ़्ता[5] की याद
ये कौन दिल के क़रीं[6] आज नौहा-ख़्वाँ[7] सा है

लगे हैं दिल से उभरने, वफ़ा के अफ़साने
कि अपने हाल पे फिर कोई मेहरबाँ सा है

6

मुहब्बत किस क़दर सहर-आफ़रीं[8] मालूम होती है
कि वो जो बात कह दें दिलनशीं[9] मालूम होती है

इलाही क्यों असर होता नहीं उन बेवफ़ाओं पर
हमें तो बात अपनी दिलनशीं मालूम होती है

दिल-ए-नादाँ[10] ने खाए हैं मुहब्बत में फ़रेब इतने
कि उस क़ाफ़िर[11] की हाँ भी अब नहीं मालूम होती है

तेरे कूचे में आलम है ये अपनी ख़ाकसारी का
निशान-ए-सज्दा[12] में पिनहां[13] जबीं[14] मालूम होती है

---

1. अनश्वर 2. मन का संसार 3. श्वास का तन्तु 4. निरीक्षक 5. गुज़रा हुआ ज़माना 6. निकट 7. विलाप करने वाला 8. जादू करने वाली 9. दिल में बैठ जाने वाली 10. मूर्ख मन 11. नास्तिक (माशूक़) 12. माथा टेकने के स्थान पर निशान 13. छिपा हुआ 14. माथा

फ़राग़त[1] और क़यामत की फ़राग़त, हमको जन्नत भी
किसी काफ़िर के कूचे की ज़मीं मालूम होती है

तबस्सुम आ गया उनके लबों पर हाल-ए-दिल सुनकर
हमारी दास्ताँ सहर-आफ़रीं मालूम होती है

तबस्सुम किसकी जलवा-रेज़ियां[2] हैं बज़्म-ए-इमकाँ[3] में
कि जो शय है निगाहों में हसीं मालूम होती है

7

जबसे उनका वो इल्तिफ़ात[4] नहीं
ज़िंदगी मौत है हयात[5] नहीं

मैं गुनहगार ही सही ज़ाहिद[6]!
तुझसे मोमिन की भी नजात[7] नहीं

कीजिए आप दूर के वादे
ज़िंदगी है तो कोई बात नहीं

हमने माना कि ऐब है रिंदी[8]
ज़ुह्द[9] भी ख़ूबी-ए-हयात[10] नहीं

इश्क़ की दास्ताँ सर-ए-महफ़िल[11]
ये कोई राज़-ए-क़ायनात[12] नहीं

लोग क्यों इस पे जान देते हैं
ज़िंदगी को अगर सबात[13] नहीं

---

1. फ़ुर्सत, सुख 2. जलवों का बिखराव 3. सम्भावनाओं की सभा 4. कृपा, दया 5. जीवन 6. परलोक की ज़रूरत से ही ज़्यादा चिन्ता करने वाला उपदेशक। धार्मिक दृष्टि से यह गुण प्रशंसनीय है। लेकिन उर्दू कविता में ज़ाहिद उपहास का पात्र माना जाता है। वह हमेशा यही उपदेश देता रहता है कि शराब और इश्क़ से नहीं बचोगे तो नरक भोगना पड़ेगा। प्यार, मोहब्बत, मेले-ठेले छोड़ो। रोज़ों-नमाज़ों में दिल लगाओ। ज़ाहिद का चरित्र कुल मिला कर सूखा, चिड़चिड़ा और घोर-उपदेशी दिखता है 7. छुटकारा, मोक्ष 8. शराब पीना 9. संयम, परहेज़गारी 10. जीवन का गुण 11. महफ़िल में 12. ब्रह्माण्ड के भेद 13. चिरस्थायित्व

8

इलाज-ए-दर्द-ए-दिल-सोगवार[1] हो न सका
वो ग़मनवाज़[2] रहा, ग़मगुसार[3] हो न सका

बहुत दिखाए निगह ने तिलिस्म-ए-रंगीनी
ख़िज़ाँ पे मुझको गुमान-ए-बहार हो न सका

जुनूँ ने लाख किया चाक[4] जेब-ओ-दामाँ[5] को
ये राज़-ए-इश्क़ मगर आशकार[6] हो न सका

अता[7] किया जिसे तूने ग़म-ए-मुहब्बत दोस्त
वो दिल असीर-ए-ग़म-ए-रोज़गार[8] हो न सका

वो मुझपे लुत्फ़-ए-मुकर्रर[9] के मुंतज़िर ही सही
ये ज़िक्र मुझसे मगर बार-बार हो न सका

9

निगाहें दर पे लगी हैं उदास बैठे हैं
किसी के आने की हम ले के आस बैठे हैं

नज़र उठा के कोई हमको देखता भी नहीं
अगरचे बज़्म में सब रूशनास[10] बैठे हैं

इलाही क्या मेरी रुख़सत[11] का वक़्त आ पहुँचा
ये चारासाज़[12] मेरे क्यों उदास बैठे हैं

इलाही क्यों तन-ए-मुर्दा[13] में जाँ नहीं आती
वो बेनक़ाब हैं, तुरबत[14] के पास बैठे हैं

---

1. शोकग्रस्त मन के दुख का उपचार 2. दुख प्रदान करने वाला 3. सहानुभूति करने वाला 4. फाड़ा 5. जेब और दामन 6. प्रकट 7. प्रदान 8. सांसारिक दुखों का क़ैदी 9. दोबारा दया 10. सूरत पहचानने वाले 11. विदाई (मृत्यु) 12. उपचारक 13. मुर्दा शरीर 14. क़ब्र

10

अगर मेरे दर्द में किसी की मसर्रतों का है राज़ पिनहाँ[1]
ख़ुदा से मेरी ये इल्तिजा[2] है मेरी शब-ए-ग़म-दराज़[3] कर दे

मिटा सकें दिल की हसरतों को ये हुस्न की बेहिजाबियाँ[4] क्या
जो जलवा-ए-आतिशीं[5] तुम्हारा निगाह को भी गुदाज़ कर दे[6]

यहाँ किसी बावफ़ा[7] का मिलना तलाश पर मुनहसिर[8] नहीं है
ये बख़्त[9] का सब मुआमला है ख़ुदा जिसे सरफ़राज़ कर दे

वो जाम-ए-सहबा-ए-बेख़ुदी[10] दे, मैं तेरी साक़ीगरी[11] के क़ुर्बां[12]
कि मेरी सरमस्तियों[13] में पैदा सुरूर-ए-ज़ौक़-ए-नमाज़[14] कर दे

ग़म-ए-मुहब्बत में जलने वाले बता तू उस वक़्त क्या करेगा
ये कोशिश-ए-ज़ब्त-ए-राज़[15] उनको जो और भी बेनियाज़[16] कर दे

ये शौक़-अफ़्ज़ा[17] ख़मोश ख़लवत[18] ये जज़्बा-ए-इल्तिफ़ात[19] उनका
हर आरज़ू मुझसे कह रही है कि आज इफ़शा-ए-राज़[20] कर दे

11

लगाना दिल किसी नामेहरबाँ[21] से
ज़मीं की दोस्ती है आसमाँ से

नज़र आते थे तुम तो बेज़बाँ[22] से
ये बातें आ गईं तुमको कहाँ से

---

1. छिपा हुआ 2. प्रार्थना 3. लम्बी 4. बेपर्दा होना 5. अग्नि-रूपी जलवा 6. पिघला दे 7. वफ़ादार 8. निर्भर 9. भाग्य 10. बेख़बरी (बेसुध होना) की शराब का जाम 11. शराब पिलाना 12. न्योछावर 13. उन्माद (बहु.) 14. नमाज़ पढ़ने की रुचि का आनन्द (हलका नशा) 15. राज़ छिपाने की कोशिश 16. बेपरवाह 17. अभिलाषा को बढ़ाने वाला 18. एकान्त 19. कृपा की भावना 20. रहस्य का प्रकट होना, भेद खोलना 21. दयाहीन 22. जो कुछ कहना न जानता हो

नज़र आते हैं वो कुछ मेहरबाँ से
गिरेगी कोई बिजली आसमाँ से

ये नंग-ए-इज्ज़[1] है इक बार रख कर
उठाना सर किसी के आस्ताँ से

विसाल-ए-जाविदानी[2] चाहता हूँ
मगर वो ज़िंदगी लाऊँ कहाँ से

सुना दूँ दास्तान-ए-ग़म सुना दूँ
अगर तू सुन सके मेरी ज़ुबाँ से

उन्हें बातों से जो बेताब कर दे
इलाही वो ज़ुबाँ लाऊँ कहाँ से

करें क्या उन से इज़हार-ए-मुहब्बत[3]
वो सुन लेंगे हमारे राज़दाँ से

12

ये आज आए हैं किस अजनबी से देस में हम
तरस गई है नज़र चश्म-ए-आशना[4] के लिए

वो हाथ जिनसे था कल चाक दामन-ए-अफ़लाक[5]
वो हाथ आज उठाने पड़े दुआ के लिए

ये मैंने माना जुदाई मेरा मुक़द्दर है
मगर ये बात न मुँह से कहो ख़ुदा के लिए

ये आज कौन ख़िरामाँ[6] इधर से गुज़रा है
जबीन-ए-शौक़[7] है बेताब नक़्श-ए-पा[8] के लिए

---

1. प्रेम में बेबसी की परम्परा पर कलंक 2. ऐसा मिलन जो हमेशा रहे 3. प्रेम-निवेदन 4. परिचित आँख 5. सब आस्मानों का दामन 6. टहलते हुए 7. अभिलाषा का माथा 8. पद-चिह्न

ये राह-रौ[1] थे कभी राह-ए-ज़िंदगी का सुराग़[2]
ये राह-रौ कि भटकते हैं रहनुमा के लिए

13

इस आलम-ए-वीराँ[3] में क्या अंजुमन-आराई[4]
दो रोज़ की महफ़िल है इक उम्र की तन्हाई

फैली हैं फ़ज़ाओं में इस तरह तेरी यादें
जिस सम्त नज़र उट्ठी आवाज़ तेरी आई

इक नाज़ भरे दिल में ये इश्क़ का हंगामा
इक गोशा-ए-ख़लवत[5] में ये दश्त की पहनाई[6]

औरों की मुहब्बत के दोहराए हैं अफ़साने
बात अपनी मुहब्बत की होंटों पे नहीं आई

अफ़सूने-तमन्ना[7] से बेदार[8] हुई आख़िर
कुछ हुस्न में बेताबी कुछ इश्क़ में ज़ेबाई[9]

वो मस्त निगाहें हैं या वज्द[10] में रक़्साँ[11] है
तसनीम[12] की लहरों में फ़िरदौस की रानाई[13]

उन मदभरी आँखों में क्या सह्र[14] तबस्सुम था
नज़रों में मुहब्बत की दुनिया ही सिमट आई

14

ज़िंदगी क्या है इक सफ़र के सिवा
एक दुश्वार[15], रहगुज़र के सिवा

---

1. पथिक 2. निशान 3. निर्जन संसार 4. सभा की शोभा बढ़ाना 5. एकान्त 6. विस्तार, लम्बाई-चौड़ाई 7. कामना का जादू 8. जागना 9. सज्जा 10. आनन्द से आत्मविस्मृति 11. नाचती हुई 12. स्वर्ग की एक नहर 13. स्वर्ग की सुन्दरता 14. जादू 15. कठिन

क्या मिला तश्ना-ए-मुहब्बत[1] को
एक महरूम[2] सी नज़र के सिवा

इश्क़ के दर्द की दवा क्या है
सब समझते हैं चारागर[3] के सिवा

कुछ नहीं ग़मगुसारी-ए-अहबाब[4]
एहतिमाम-ए-ग़म-ए-दिगर[5] के सिवा

कितनी तन्हा थीं अक़्ल की राहें
कोई भी था न चारागर के सिवा

दौलत-ए-सज्दा[6] हो सकी न नसीब
और भी दर थे तेरे दर के सिवा

कुछ नहीं है फ़ुसूँ-तराज़ी-ए-हुस्न[7]
इश्क़ की शोख़ी-ए-नज़र[8] के सिवा

15

दास्ताँ शिकवा-ए-बेदाद[9] तक आ पहुँची है
प्यार की बात थी फ़रियाद तक आ पहुँची है

अब न है फ़िक्र-ए-नशेमन[10] न ख़याल-ए-परवाज़[11]
बात अब उलफ़त-ए-सय्याद तक आ पहुँची है

याद को तेरी छुपाने को बनाई थी जो बात
बात वो चल के तेरी याद तक आ पहुँची है

तज़्किरा[12] जब भी हुआ है कहीं बर्बादी का
दास्ताँ इस दिल-ए-बर्बाद तक आ पहुँची है

---

1. प्रेम का प्यासा 2. निराशा 3. उपचारक 4. मित्रों की सहानुभूति 5. दुबारा दुख का प्रयोजन 6. माथा टेकने का भाग्य 7. सौन्दर्य की जादूगरी 8. दृष्टि की चंचलता 9. अत्याचार का उलाहना 10. घोंसले की चिन्ता 11. उड़ने का ख़याल 12. चर्चा

वो ख़ुशी जिसने दिल-ए-ज़ार[1] किया था नाशाद[2]
वो ख़ुशी फिर दिल-ए-नाशाद तक आ पहुँची है

अब कहाँ जाएँ, तेरे दर्द के मारे ऐ दोस्त
उलफ़त-ए-ज़ीस्त[3] तेरी याद तक आ पहुँची है

जिस तमन्ना ने मुझे ज़ब्त[4] की ख़ूँ[5] बख़्शी थी
वो तमन्ना लब-ए-फ़रियाद[6] तक आ पहुँची है

क़तआत

उठाते हैं मज़े जौर-ओ-सितम[7] के
कुछ ऐसे ख़ूगर-ए-बेदाद[8] हैं हम
क़फ़स[9] की तीलियाँ टूटीं तो फिर क्या
असीर-ए-उलफ़त-ए-सय्याद[10] हैं हम

आरज़ू का गुदाज़[11] अफ़सुर्दा[12]
शमए-ग़म[13] की बुझी-बुझी तनवीर[14]
आ कि ये ज़िंदगी है तेरे बग़ैर
इक परीशान ख़्वाब-ए-बेताबीर[15]

ऐ दोस्त न पूछ मुझसे क्या है
बेताबी-ए-इश्क़[16] का फ़साना
इंसान की ज़िंदगी है फ़ानी[17]
और दिल की तड़प है जाविदाना[18]

इश्क़ की इब्तिदा[19] है सोज़-ए-दरूँ[20]
इश्क़ की इंतिहा[21] है ज़ौक़-ए-निगाह[22]

---

1. दुखी मन 2. अप्रसन्न 3. जीवन के कष्ट 4. सहनशीलता 5. प्रकृति, स्वभाव 6. शिकायत भरे होंठ 7. अत्याचार 8. अत्याचार के लती (जिसे लत पड़ी हो, व्यसनी) 9. पिंजरा 10. शिकारी के प्रेम के क़ैदी 11. पिघलना 12. उदास 13. दुख का दीपक 14. प्रकाश 15. वह सपना जिसका स्वप्नफल न हो 16. इश्क़ की व्याकुलता 17. नश्वर 18. अनश्वर 19. प्रारम्भ 20. हृदय की जलन 21. चरम सीमा 22. दृष्टि की रसिकता

दिल अगर सर्द है तो इश्क़ जुनूँ[1]
और अगर पस्त है नज़र तो गुनाह

इल्म[2] के थे बहुत हिजाब[3] मगर
हुस्न का सहर[4] पुरफ़ुसूँ[5] ही रहा
अक़्ल ने लाख की इनाँगीरी[6]
इश्क़ आमादा-ए-जुनूँ[7] ही रहा

वही चमन की उदासी, वही फ़सुर्दा फ़ज़ा[8]
वही मलूल[9] निगाहें, वही दिलों की कसक
न जाने किस के लिए ले के आई सुब्ह-ए-बहार
लहक सबा की, गुलों की महक, कली की चटक

आज कुछ मुज़्महिल[10] सी यादों के
यूँ सुलगने लगे हैं अफ़साने
जैसे इक नीमसोज़[11] समअ के गिर्द
सिसकियाँ ले रहे हों परवाने

आलम-ए-दर्द भी इक शान है ज़ेबाई की
तुम भी इस रूप में इक रोज़ सँवर कर देखो
मैंने माना कि वफ़ा एक कठिन मंज़िल है
हो सके तो कभी इस राह से गुज़रकर देखो

हर ख़िज़ाँ ग़ारत-ए-चमन[12] ही सही
फिर भी इक सरख़ुशी[13] बहार में है
मौत पर इख़्तियार[14] हो कि न हो
ज़िंदगी अपने इख़्तियार में है

---

1. उन्माद, पागलपन 2. ज्ञान 3. संकोच 4. जादू 5. जादू भरा 6. आगे बढ़ने न देना, लगाम पकड़कर सवार को रोकना 7. पागलपन के लिए तत्पर 8. उदास वातावरण 9. उदास 10. शिथिल 11. अधजली 12. बाग़ को नष्ट करनेवाली 13. हलका नशा 14. अधिकार

ऐ दरख़शंदा[1] माहताब[2] बता
उन सितारों की बज़्म[3] में रह कर
कितनी हंगामा-आफ़रीं[4] रातें
हमने तन्हाइयों में काटी हैं

---

1. प्रकाशमान 2. चन्द्रमा 3. महफ़िल 4. हंगामा खड़ा करने वाली

सैफ़ ज़ुलफ़ी

नाम : सय्यद मुहम्मद ज़ुल्फ़िक़ार हुसैन रिज़्वी। सैफ़ ज़ुलफ़ी 25 दिसम्बर, 1934 को बरेली, उत्तर प्रदेश में पैदा हुए। पिता पढ़े-लिखे थे, लेकिन दस भाई-बहनों का परिवार था। शायद इसीलिए माँ-बाप ने उनकी ठीक जन्मतिथि किसी किताब या डायरी में नहीं लिखी। सन् 1948 से पाकिस्तान रेलवे में नौकर होकर एकाउंट्स-आफ़ीसर रहे। सन् 1968 से 1970 तक एक 'गुलफ़िशाँ' पत्रिका निकाली। इसके अलावा मासिक पत्रिकाओं 'अक़्स-ए-नौ' और 'मंसूर' का सम्पादन किया। सन् 1987-88 के लिए हल्क़ा-अरबाब-ए-ज़ौक़, लाहौर के सेक्रेटरी थे। उर्दू और फ़ारसी में एम.ए. हैं।

सैफ़ ज़ुल्फ़ी एक मासूम शायर हैं जिसे इंसानियत से, अल्लाह से, अल्लाह की बस्ती के हरे-भरे खेतों से, महकते बाग़ों से, दुनिया से, सच्चाई से बेलाग प्यार है :

कोई गीता कोई क़ुरआन नज़र आता है
सच्चे इंसान में भगवान नज़र आता है

वो झूट, मक्कारी, जंग की बजाय इंसानों में मुहब्बत के फूल खिलते देखना चाहता है :

क्यों जंग के शोलों को हवा देते हो यारो
देखो कहीं दुनिया ही हलाकत में न आए

सैफ़ ज़ुल्फ़ी को डर है कि इंसान लोहे को मौत की धार देकर ख़ुद ही उसका शिकार हो जाएगा :

ये आग जो बारूद के सीने में दबी है
भड़केगी तो दुनिया को निगल जाएगी यारो

सैफ़ ज़ुल्फ़ी को पाकिस्तान से बेइंतिहा मुहब्बत है। वो पाकिस्तान को एक पेड़ और ख़ुद को उसकी छाँव में बैठा हुआ एक परिन्दा क़रार देते हैं। इस हरी-

भरी धरती की तसवीर उनकी कविता में कभी घर की मिसाल बनकर उभरती है, कभी पेड़ की। उनका एक क़ौमी गीत 'ये परचमों में अज़ीम परचम' टी.वी. के लिए नाहीद अख़्तर ने गाया जो बहुत मशहूर हुआ। लेकिन सैफ़ को ये डर भी खाए जाता है कि ताक़त के अन्धे नशे में हथियार उगाने का पागलपन इस दिलकश दुनिया को राख कर देगा :

ऐटम पे शबाब आ गया है दुनिया को बचा ले काश कोई
या आग या फैलता समंदर चाटेगा ज़मीं की लाश कोई

इस पागलपन से लड़ता हुआ सैफ़ एक साहसी शायर है जो अपने दुश्मनों की बेइंतिहा ताक़त के सामने चुप्पी की चादर ओढ़कर हताश बैठ जाने की बजाय हाथ हिला-हिलाकर ख़तरा मोल लेते हुए सच की आवाज़ बुलन्द करना बेहतर समझता है। सैफ़ की ग़ज़ल एक सार्वजनिक सड़क पर खड़े दार्शनिक की दस्तक है जो शह्राह से गुज़रने वाले हर शख़्स से निहायत करारी आवाज़ में सवाल पूछ रहा है। एक कवि का इस तरह कंटियाना उसे उपदेशक भी बना सकता है। लेकिन तभी जब कि कवि अपने आप में डूब-डूब जाने की ताब न रखता हो। सैफ़ में दुनियादारी में लिपटे होने के बावजूद क़लम सीधी रखने की वो क़ुव्वत है जो उसे होश की बेहोश तलाश में भी बाहोश रखती है।

शैली की दृष्टि से उर्दू ग़ज़ल में सैफ़ का लहजा कई तत्त्वों का मिलाप है। वे धीमे लहजे में नहीं, ठनक से कहते हैं। उनके पास नज़ीर अकबराबादी और जोश मलीहाबादी जैसा शब्दों का वह भंडार है कि उनकी ग़ज़लों के नए शब्द भी ग़ैर-शायराना नहीं लगते।

कृतियाँ : 'रौशनी', 'नूर', 'हमारे हैं हुसैन', 'अज़-मदीना ता-ब-ख़ाक-ए-कर्बला', 'कर्बला के दो असीर' (नातिया कलाम), 'टुकड़े-टुकड़े आदमी' (ग़ज़लें, 1984), अप्रकाशित शेक्सपीयर के नाटक 'ओथैलो' का काव्यात्मक अनुवाद, ग़ज़लों और दोहों का संग्रह।

21 मई, 1991 को लाहौर में इनका निधन हो गया।

ग़ज़लें

1

बेचैन हूँ, ख़ूँनाबा-फ़िशानी[1] में घिरा हूँ
भीगे हुए लफ़्ज़ों[2] के मआनी[3] में घिरा हूँ

जो पेड़ पकड़ता हूँ, उखड़ जाता है जड़ से
सैलाब के धारे की कहानी में घिरा हूँ

मफ़्हूम[4] का साहिल तो नज़र आता है लेकिन
मैं देर से गिर्दाब-ए-मआनी[5] में घिरा हूँ

अब लोग सुनाते हैं मुझे, मेरे ही क़िस्से
मैं फैल के अपनी ही कहानी में घिरा हूँ

अंबोह-ए-मह-ओ-साल[6] का क्या बार[7] उठेगा
ठहरे हुए लम्हे की गिरानी[8] में घिरा हूँ

जिस शख़्स को चाहा है, उसी शख़्स के कारण
'ज़ुल्फ़ी' मैं किसी कर्ब-बयानी[9] में घिरा हूँ

2

अब क्या गिला करें कि मुक़द्दर में कुछ न था
हम ग़ोताज़न[10] हुए तो समंदर में कुछ न था

---

1. ख़ून के आँसू बहाना 2. शब्द (बहु.) 3. अर्थ 4. भाव, तात्पर्य 5. अर्थों का भँवर 6. मास और वर्ष की भीड़ 7. बोझ 8. बोझ 9. दुख की चर्चा 10. डुबकी लगाना

दीवाना कर गई तेरी तसवीर की कशिश[1]
चूमा जो पास जा के तो पैकर में कुछ न था

कब ज़हन ने क़बूल किया था किसी का प्यार
सब दिल का था फ़ितूर[2] मेरे सिर में कुछ न था

अपने लहू की आग हमें चाटती रही
अपने बदन का ज़हर था, साग़र में कुछ न था

देखा तो सब ही लाल-ओ-जवाहर लगे मुझे
परखा जो दोस्तों को तो अक्सर में कुछ न था

सब रंग सैल-ए-तीरगी-ए-शब[3] से धुल गए
सब रौशनी के अक्स थे मंज़र में कुछ न था

यारो! वो बाँकपन से तराशा हुआ बदन
फ़नकार का ख़याल था, पत्थर में कुछ न था

वो रतजगे, वो जश्न, जो बस्ती की जान थे
यूँ सो गए कि जैसे किसी घर में कुछ न था

धरती हिली तो शहर ज़मीं-बोस हो गए
देखा जो आँख खोल के, पल भर में कुछ न था

'ज़ुल्फ़ी' हमें तो ज़ुरअत-ए-परवाज़[4] ले उड़ी
वर्ना हमारे 'ज़ख़्म-ज़दा पर'[5] में कुछ न था

3

सीने में किसी दर्द की महकार[6] भी लाओ
तारीक है घर, शोला-ए-बेदार[7] भी लाओ

---

1. आकर्षण 2. दोष 3. रात के अँधेरे की बाढ़ 4. उड़ने का साहस, उड़ने की उमंग 5. घायल पर 6. गन्ध 7. जागती हुई अग्नि

महदूद[1] न रक्खो मुझे, ज़िंदान-ए-सितम[2] तक
मुजरिम हूँ अगर मैं, तो सर-ए-दार[3] भी लाओ

क्यों दिल की सदाओं का गला घोंट रहे हो
कहना है, तो फिर जुरअत-ए-इज़हार[4] भी लाओ

हर हाथ में ये फूल महक भी नहीं देते
ख़ुशबू की तमन्ना है तो फिर प्यार भी लाओ

जो दिल में है काग़ज़ पे उतारो वही मूरत
इस पर्दानशीं को सर-ए-बाज़ार भी लाओ

माना कि फ़रिश्तों की है ये बज़्म, मगर तुम
इस बज़्म में कुछ हम-से गुनहगार भी लाओ

सरकश[5] नज़र आते हैं ये नख़चीर[6] पुराने
अब दाम[7] में कुछ ताज़ा गिरिफ़्तार भी लाओ

पत्थर के पुजारी तो हज़ारों हैं ज़मीं पर
कुछ अज़मत-ए-आदम[8] के परस्तार[9] भी लाओ

सिर्फ़ अश्क़ नहीं उसकी हुज़ूरी[10] का वसीला[11]
चाहत है तो फिर नुदरत-ए-किरदार[12] भी लाओ

जब बात करो एक नया रंग भी झलके
जब शेर कहो जिद्दत-ए-अफ़कार[13] भी लाओ

ज़ुल्फ़ी ये निगाहों में शरर[14] ही नहीं काफ़ी
चेहरे पे किसी कर्ब[15] के आसार[16] भी लाओ

---

1. सीमित 2. अत्याचार का कारागार 3. सूली पर 4. अभिव्यक्ति का साहस 5. उद्दंड, विद्रोही 6. आखेट, अहेर, शिकारी 7. जाल 8. मनुष्य की महानता 9. उपासक 10. सम्मुखता 11. माध्यम 12. व्यवहार या चरित्र का नयापन 13. विचारों की नवीनता 14. चिंगारी 15. दुख 16. लक्षण

4

इस दौर ने कुछ ऐसे मुसख़्ख़र[1] की रौशनी
बीमार हो गई है हर इक घर की रौशनी

चलने लगे तो सबके चराग़ों में था ख़ुलूस[2]
ठहरे तो इक फ़रेब थी अक्सर की रौशनी

वर्ना वो सो गया था उदासी को ओढ़कर
मेरे लगन ने उसमें उजागर की रौशनी

घुल जाए फिर ज़मीन अँधेरों की बर्फ़ में
सूरज अगर समेट ले, दिन भर की रौशनी

तुमने तो अपना शीशमहल जगमगा लिया
हर रंग से निकाल के, पत्थर की रौशनी

कल रात मेरे दिल का समंदर भी जाग उठा
महकी जो तेरे चाँद से पैकर की रौशनी

यादो, हर एक शाम शफ़क़[3] की फ़ुरात[4] से
छनती है कर्बला के बहत्तर[5] की रौशनी

ज़ह्नों में खोलती हैं सदाक़त की खिड़कियाँ
नैज़े[6] पे बोलती है, कटे सिर की रौशनी

वो आँख सलसबील[7] की लहरों का अक़्स है
वो जिस्म है, बहिश्त[8] के मंज़र की रौशनी

सूरत भी आईना है तो सीरत भी आईना
वो शख़्स बाँटता है बराबर की रौशनी

---

1. विजित 2. निश्छलता 3. उषा 4. इराक़ की एक नदी जिसके किनारे हज़रत इमाम हुसैन कर्बला में शहीद हुए 5. कर्बला के धर्मयुद्ध में हज़रत हुसैन के बहत्तर साथी शहीद हुए थे 6. बरछी 7. स्वर्ग का एक चश्मा (सोता) 8. स्वर्ग

मैंने तो आसपास के माँगे नहीं चराग़
उतरी है आसमाँ से मेरे घर की रौशनी

मैं हुस्न-ए-इत्तिफ़ाक़[1] से रौशन-ज़मीर[2] हूँ
वर्ना बहुत क़सीफ़[3] है बाहर की रौशनी

क्यों जल बुझूँ किसी के अँधेरों की सेज पर
मेरी बहिश्त है, मेरे बिस्तर की रौशनी

मैं जब भी गुमरही[4] की घटाओं में आ घिरा
बिजली सी जाग उठी मेरे अंदर की रौशनी

बौनों को क्या दिखाऊँ ज़हानत[5] के आबशार[6]
गलियों में क्या बहाऊँ समंदर की रौशनी

सच्चाई के लहू से जलाता हूँ मैं चराग़
ज़िंदा रहेगी मुझसे सुख़नवर[7] की रौशनी

'ज़ुल्फ़ी' मैं बाँटता हूँ ग़रीबों में अपना ज़ह्न
'ज़ुल्फ़ी' मुझे मिली है अबू-ज़र[8] की रौशनी

---

1. दैवयोग 2. जो दूसरों के मन की बात जानता हो, अन्तर्यामी 3. मैली 4. मार्ग भूलना, नास्तिकता, पाप की प्रवृत्ति 5. प्रतिभा 6. झरना 7. कवि 8. पूरा नाम : अबूज़र ग़िफ़ारी। हज़रत अबूज़र एक मान्य और प्रसिद्ध सहाबी महानुभाव हैं जिन्होंने हज़रत मुहम्मद साहिब के हाथ पर इस्लाम धर्म स्वीकार किया, उनके मित्र और सहायक रहे। हज़रत मुहम्मद साहिब को अबूज़र पर इतना विश्वास था कि अपने बहुत से राज़ उन्हें बता देते थे। विरक्ति भाव इतना प्रबल था कि इन्हें 'मसीह-उल-इस्लाम' की उपाधि से सम्बोधित किया जाता है। हज़रत अबूज़र ग़िफ़ार क़बीले के थे, इसलिए ग़िफ़ारी कहलाते हैं। ग़िफ़ार का क़बीला डाके डालता था। हज़रत अबूज़र भी इस्लाम से पहले इसी रंग में रँगे हुए थे। अकेले बड़े-बड़े क़ाफ़िलों पर टूट पड़ते और दिन-दहाड़े लूट लेते। धर्म परिवर्तन के बाद हज़रत अबूज़र ने परोपकार का जीवन अपना लिया। उनके पास न दौलत थी न हुकूमत। मगर फिर भी पड़ोसियों, मुसाफ़िरों और मेहमानों का जी-जान से ज़्यादा ख़याल रखते। जो चन्द भेड़ें और दो-चार बकरियाँ थीं, उन्हीं का दूध दुह कर पहले पड़ोसियों और मेहमानों को पिलाते और अगर कुछ बच जाता तो अपने घर वालों को देते। एक बार दूध बहुत कम था। वे भारी मन से लोगों के पास गए, कहा : आज इतना ही दूध था, अगर और होता तो मैं ज़रूर लाता। हज़रत अबूज़र का ये बयान मशहूर है कि 'मैं अपने पैदा करने वाले की क़सम खा कर कहता हूँ कि अगर मेरी गर्दन पर तलवार रखी हो और मुझे कोई सच्ची बात कहने का मौक़ा मिल जाए तो मैं उस वक़्त भी न चूकूँगा।'

5

छोड़ी बिसात-ए-अर्ज़[1] भी बीमार देखकर
शाम-ओ-सहर में ख़ुद को गिरिफ़्तार देखकर

सहरा भले कि ज़ह्न को कुछ तो सुकूँ मिले
घबरा गया हूँ शह्र के बाज़ार देखकर

आगे बढ़े तो तीरगी-ए-शब[2] ने आ लिया
निकले थे घर से सुब्ह के आसार देखकर

आँसू गिरे तो दिल की ज़मीं और जल उठी
बरसा है अब्र, ख़ाक़ का मेयार[3] देखकर

सारे जहाँ को हलक़ा-ए-मातम[4] समझ लिया
अपना वुजूद नुक़्ता-ए-परकार[5] देखकर

औरों को तूने दौलत-ए-कौनैन[6] बाँट दी
ग़म मुझको दे दिया है सज़ावार देखकर

बैठे तो आँच देने लगी पीपलों की छाँव
आए थे लोग साया-ए-अशजार[7] देखकर

राह-ए-तलब में और भी साबित-क़दम[8] हुए
काँधों पे अपने कर्ब-ए-गिराँबार[9] देखकर

उम्मीद के चराग़ की लौ तेज़ हो गई
तारीकियों में नूर के मीनार देखकर

मौज-ए-सबा[10] की तरह गुज़रती रही हयात
रस्ते में अपने कर्ब की दीवार देखकर

---

1. कहने का साहस 2. रात का अँधेरा 3. स्तर 4. शोकक्षेत्र 5. कुतुबनु (Compass) का बिन्दु 6. दोनों संसार की सम्पत्ति 7. पेड़ों की छाया 8. जो अपने इरादे पर अटल रहे, दृढ़ निश्चय 9. दुख का बोझ 10. ठंडी और मधुर हवा का झोंका

जिस तरह कोई बिछड़ा हुआ दोस्त मिल गया
हम मुस्कुरा दिए रसन-ओ-दार[1] देखकर

बैठा हूँ अपनी फ़िक्र के साये में देर से
हर आशना को उनका तरफ़दार देखकर

हम वो सुख़नशनास[2] हैं 'ज़ुल्फ़ी' कि बज़्म में
करते हैं बात, सूरत-ए-फ़नकार देखकर

6

सीना-सिपर[3] हैं ज़ुल्म की तलवार के लिए
पैदा हुए हैं हम रसन-ओ-दार के लिए

जिसमें सकत[4] नहीं है वो हट जाए राह से
आँधी उठी है शह्र की दीवार के लिए

इस हादसे में सारी ही बस्ती शरीक थी
दो-चार नाम ख़ास थे अख़बार के लिए

लिखते रहे लहू से तेरे ग़म की दास्ताँ
जलते रहे चराग़ शब-ए-तार के लिए

हम क्या कहें कि वक़्त के माथे पर झुर्रियाँ
गोया ज़ुबाँ हैं दर्द के इज़हार के लिए

पानी ने चारों ओर से मसदूद[5] कर दिया
रस्ता न मिल सका कोई उस पार के लिए

डूबा हूँ साहिलों की उदासी को देखकर
तूफ़ाँ उठे न मुझ-से सबुकसार[6] के लिए

---

1. रस्सी और सूली 2. काव्य-मर्मज्ञ 3. डटकर मुक़ाबले पर आया हुआ, सीना ताने 4. शक्ति
5. रोकना, बन्द करना 6. जो सांसारिक बन्धनों से निवृत्त हो

हमने तो अपने ग़म से जवानी निखार ली
हमको तो अपना ग़म ही मिला प्यार के लिए

दफ़्तर के क़ैद-ओ-बंद में जकड़े हुए हैं दिल
रातें हैं वक़्फ़[1] ज़िक्र-ए-ग़म-ए-यार के लिए

कॉलेज से उसको आज भी छुट्टी न मिल सकी
कितने हसीन ख़्वाब थे इतवार के लिए

'ज़ुल्फ़ी' हमारे दौर में क्या उसकी अहमियत
वो शायरी जो वक़्फ़ थी दरबार के लिए

7

वो दिल कि जिसे दाग़-ए-जुदाई नहीं मिलता
उसको हुनर-ए-शोला-नवाई[2] नहीं मिलता

समझो तो सब इक शाख़ के पक्के हुए फल हैं
देखो तो यहाँ भाई से भाई नहीं मिलता

मौसम का तक़ाज़ा भी है मुतरिब[3] की रज़ा[4] भी
नग़्मों को मगर हुक्म-ए-रिहाई नहीं मिलता

आदाब-ए-वफ़ा[5] देख के दिल डूब रहा है
चेहरे पे मगर हुज़्न-ए-जुदाई[6] नहीं मिलता

मैं प्यार का तालिब हूँ तू पैसे का भिकारी
मुझ से तेरा अंदाज़-ए-गदाई[7] नहीं मिलता

ऐ दोस्त उतर आया है पहलू में मेरे चाँद
लेकिन वो ख़त-ए-सीना-कुशाई नहीं मिलता[8]

---

1. समर्पित, विनियुक्त 2. गीत गाने की वह कला जो आग भड़का दे 3. गायक 4. स्वीकृति 5. वफ़ा के ढंग 6. वियोग का संताप 7. भीख माँगने की शैली 8. चाँद मेरे सीने को चीरकर दिल में उतर आया है। लेकिन छाती की त्वचा पर कोई निशान नहीं मिलता

मेरे दर-ए-एहसास[1] पे जो छाप है ख़ूँ की
क्या उससे तेरा दस्त-ए-हिनाई[2] नहीं मिलता

मंज़िल की रह-ए-इश्क़ में उम्मीद न रखना
कुछ और ब-जुज़[3] आबलापाई[4] नहीं मिलता

मैं दिल में सुलगता हूँ वो रोता है ब-सद-शौक़[5]
बादल से मेरा ज़र्फ़-ए-जुदाई[6] नहीं मिलता

तसख़ीर-ए-मह-ओ-नज़्म[7] के बा-वस्फ़[8] भी इनसाँ
हैराँ है कि कुछ राज़-ए-ख़ुदाई नहीं मिलता

'ज़ुल्फ़ी' ब-ख़ुदा तुम तो मुक़द्दर के धनी हो
वर्ना फ़न-ए-आशुफ़्ता-नवाई[9] नहीं मिलता

8

यादों की गूँज ज़ह्न से बाहर निकालिए
गुंबद न चीख़ उठे कोई दर निकालिए

खुल जाइए बरसते हुए अब्र की तरह
जो चीज़ दिल में है उसे बाहर निकालिए

बन कर दिखाइए किसी बहज़ाद[10] का जवाब
पत्थर तराश के कोई पैकर निकालिए

रखिए शनावरी[11] का भरम कुछ न कुछ ज़रूर
मोती न हाथ आए तो पत्थर निकालिए

मंज़ूर है ग़ुरूर-ए-ख़िज़ाँ[12] की अगर शिकस्त[13]
गुलशन से रंग-ओ-नूर के लश्कर निकालिए

---

1. अनुभूति का दरवाज़ा 2. मेहँदी लगा हुआ हाथ 3. अतिरिक्त 4. पैरों में छाले 5. सैकड़ों अभिलाषाओं के साथ 6. वियोग की सहनशीलता या गम्भीरता 7. चाँद-तारों को वशीभूत करना 8. यद्यपि 9. व्यर्थ की बकवास करने की कला, प्रेम करने की कला 10. एक प्रसिद्ध ईरानी चित्रकार 11. तैराकी 12. पतझड़ का घमंड 13. हार, पराजय

क़ादिर[1] है बहर-ओ-बर[2] पे जो इनसाँ तो आप भी
ख़त ख़ेंच कर ज़मीं से समंदर निकालिए

रखिए ब-अज़्म-ए-ख़ास[3], रह-ए-ज़ीस्त[4] में क़दम
मंज़िल बड़ी कठिन है मगर डर निकालिए

दुश्मन भी तीर जोड़ के बैठा है घात में
ख़ंदक से देख-भाल के अब सर निकालिए

फिर दोस्त को लगाइए दिल से ब-सद-ख़ुलूस[5]
फिर अपनी आस्तीन से ख़ंजर निकालिए

फिर छा रही है दजला-ए-महताब[6] पर घटा
इस तीरगी से फिर कोई मंज़र निकालिए

जो हो सके तो वक़्त की ज़ंजीर तोड़कर
शाम-ओ-शह्र का पाँव से चक्कर निकालिए

'ज़ुल्फ़ी' गली में आज बहुत तेज़ है हवा
इस काग़ज़ी बदन को न बाहर निकालिए

9

तन्हाई के शोलों पे मचलने के लिए था
क्या मुझ सा जवाँ आग में जलने के लिए था

क्या कातिब-ए-तक़दीर[7] से ज़ख़्मों की शिकायत
जो तीर था तरकश में सो चलने के लिए था

जलता है मेरे दिल में पड़ा दाग़ की सूरत
जो चाँद सर-ए-अर्श[8] निकलने के लिए था

---

1. समर्थ 2. समुद्र और धरती 3. विशेष संकल्प से 4. जीवन-पथ 5. अति निश्छलता से 6. चाँद की नदी 7. भाग्य-लेखक, ईश्वर 8. आकाश पर

उस झील में तुझसे भी कोई लहर न उट्ठी
और तू मेरी तक़दीर बदलने के लिए था

मायूस न जा, आ ग़म-ए-दौराँ मेरे नज़दीक
तू ही मेरी बाँहों में मचलने के लिए था

ये डसती हुई रात गुज़र जाएगी यारो
वो हँसता हुआ दिन भी तो ढलने के लिए था

कुछ आँच मेरे लम्स[1] की गर्मी से भी पहुँची
वो बर्फ़ सा पैकर भी पिघलने के लिए था

तफ़रीक़[2] ने मुल्क़ों की, तराशे हैं अक़ीदे[3]
इंसान, बस इक राह पे चलने के लिए था

ज़िंदा है मेरी फ़िक्र, मेरे कर्ब[4] से 'ज़ुल्फ़ी'
ये फूल इसी शाख़ पे फलने के लिए था

10

ऐ सूखे हुए खेत की बेचैन मुरादो
तपती हुई धरती से घटाओं को सदा दो

मैं फिर भी तुम्हारे ही तसर्रुफ़[5] में फलूँगा
आँगन से उठा कर मुझे गमले में सजा दो

किस-किस को सुनाओगे तुम इस घर की हिकायत
काफ़ी है किवाड़ों पे मेरी शक़्ल बना दो

इस ज़ह्र-ए-हलाहल[6] को छुपाना भी है लाज़िम
सुक़रात के कासे[7] में ज़रा शहद मिला दो

---

1. स्पर्श 2. पृथकता, दिलों में भेद, फूट 3. मत (बहु.) 4. दुख 5. अधिकार 6. बहुत ही तीव्र और प्रचंड विष 7. प्याला

मज़लूम का ये ख़ून क़यामत न जगा दे
इस दौर[1] के बेताज यज़ीदों[2] को सुना दो

मेरे भी ख़यालों में मचलती है बग़ावत
मुझको भी ज़रा ज़ुल्म की थपकी से सुला दो

ज़िंदा था तो तुमने मुझे काँटों पे घसीटा
अब लाश हूँ तो लाश को रेशम की क़बा[3] दो

तुम पेड़ भी काटो तो न उट्ठे कोई आवाज़
हम शाख़ भी छू लें तो मियाँ शोर मचा दो

हम मुर्दा-नसीबों के लिए हुक्म हुआ है
सूखे हुए पत्ते हैं इन्हें आग लगा दो

बेरूह बदन कोई भी ख़्वाहिश नहीं रखता
अब दफ़्न करो या मुझे दरिया में बहा दो

'ज़ुल्फ़ी' की जिबिल्लत[4] में दरीदा-दहनी[5] है
इस शख़्स के होंटों पे ज़रा टेप जमा दो

11

'सैफ़ ज़ुल्फ़ी' दर्द के लावे में बहते हो बहुत
क्या सबब है? आजकल बीमार रहते हो बहुत

जो गुलाबों के जज़ीरे[6] में खिला था वो बदन
उस बदन पर पतझड़ों के वार सहते हो बहुत

तुम चहकते थे तो कूक उठते थे यारों के मिज़ाज
दोस्तों में आजकल ख़ामोश रहते हो बहुत

---

1. युग 2. एक बदचलन, शराबी और अत्याचारी शासक जिसने हज़रत इमाम हुसैन को कर्बला में शहीद कराया था 3. कुर्ता 4. प्रकृति, स्वभाव 5. मुँहफट होना 6. द्वीप (बहु.)

अपनी सोचों में पिघलते जा रहे हो दम-ब-दम
दिल के शोलों से लिपट कर शेर कहते हो बहुत

एक दिन गिर जाओगे बूढ़ी चटानों की तरह
आजकल तुम ज़लज़लों[1] के साथ रहते हो बहुत

12

जो आग लगी है सीने में उस आग को अब भड़काएँ क्या
वो लोग जो हमसे रूठ गए हम उनका नाम बताएँ क्या

क्या बातें थीं, क्या घातें थीं, क्या सावन क्या बरसातें थीं
वो मौसम कब का बीत गया अब उसके गीत सुनाएँ क्या

वो प्यार नहीं, वो लह्‌ नहीं, वो शहद नहीं, वो ज़ह्‌ नहीं
वो लोग नहीं, वो शह्‌ नहीं, हम घर से बाहर जाएँ क्या

ये दर्द तो मन का मीत भी है, ये गीत भी है, संगीत भी है
ये हार तो 'ज़ुल्फ़ी' जीत भी है इस जीत पे अब पछताएँ क्या

13

घर भर ये जानता है कि सोता है रात भर
इक शख़्स तेरी याद में रोता है रात भर

बिस्तर की गर्म-ओ-नर्म लताफ़त के बावजूद
तकिए को आँसुओं से भिगोता है रात भर

आँखों में तैरते हैं सितारे लहू-लहू
पलकों पे दिल के ज़ख़्म पिरोता है रात भर

दीवार-ओ-दर को शेर सुना कर फ़िराक़ के
कमरे में अपना दर्द समोता है रात भर

---

1. भूकम्प (बहु.)

ऐसे में उसको नींद भी आए तो किस तरह
सीने में एक हश्र सा होता है रात भर

सोने न देगा मुझसे बिछड़ने का ग़म उसे
'ज़ुल्फ़ी' इसी ख़याल से रोता है रात भर

14

माना कि कड़ी धूप है ढल जाएगी यारो
ये रुत भी बहुत जल्द बदल जाएगी यारो

कुछ दिन जो इसी धार पे बहता रहा दरिया
पत्थर की ये दीवार भी गल जाएगी यारो

ये आग जो बारूद के तोदों में दबी है
भड़केगी तो दुनिया को निगल जाएगी यारो

कमज़र्फ़ पे यूँ खुल के बरसता नहीं बादल
बरसात की नदिया है उबल जाएगी यारो

मैं उससे इसी वास्ते मिलने नहीं जाता
जो दिल में ख़लिश है वो निकल जाएगी यारो

रखता हूँ उसे क़ुर्ब की गर्मी से बचाकर
वो काँच की गुड़िया है पिघल जाएगी यारो

है हब्स[1] का मौसम तो ज़रा घर से भी निकलो
अच्छा है तबीअत ही बहल जाएगी यारो

बढ़ती ही रही दौलत-ए-इबलीस[2] तो दुनिया
अल्लाह के हाथों से निकल जाएगी यारो

---

1. उमस 2. इबलीस (शैतान) की सत्ता। इस्लाम धर्म के अनुसार ख़ुदा ने सृष्टि के फ़रिश्ते, पशु-पक्षी, देव, जिन्न आदि रचने के बाद, अपनी आकृति के अनुरूप एक प्राणी बनाने का निश्चय किया। फ़रिश्तों में पाँच बड़े फ़रिश्ते थे : अज़ाज़ील—शैतान का नाम, इबलीस; →

'ज़ुल्फ़ी' का है ईमान कि तदबीर की बारिश
तक़दीर के खेतों में मचल जाएगी यारो

15

संदल जैसी बाँहें उसकी, तन फूलों की डाल
अंग-अंग उसका जलता दीपक, मुख चाँदी का थाल

क़दम-क़दम जोबन महकाती फूल खिलाती जाए
बहती नदिया को शरमाए मस्त पवन सी चाल

उन शोलों की ताब न लाएँ दर्शन से घबराएँ
चंदा-सूरज देख न पाएँ, गोरे-गोरे गाल

→ जिब्रईल—जो ख़ुदा की तरफ़ से रसूलों को ईश्वरीय-संदेश पहुँचाते थे; मीकाईल—जिनका काम अन्न बाँटना है; इज्राईल—मौत का फ़रिश्ता, यमदूत; इस्राफ़ील—जो मुँह में सुर (तुरही) लिए हुए क़यामत के इंतज़ार में खड़े हैं। इस्राफ़ील क़यामत के रोज़ सुर फूँकेंगे। इस आवाज़ से तमाम मुर्दे जी उठेंगे। ख़ुदा ने हज़रत आदम को पैदा करने का इरादा फ़रमाया तो पहले से इसकी इत्तिला फ़रिश्तों को दे दी कि 'मैं बहुत जल्द मिट्टी से एक ऐसा जीव पैदा करने वाला हूँ जो बशर कहलाएगा।' हज़रत आदम का ख़मीर ऐसी परिवर्तनधर्मी मिट्टी से तैयार किया गया जो हर तरह की तब्दीलियाँ क़ुबूल करने की सलाहियत रखती थी। जब ये ख़मीर पक्का हो गया तो ख़ुदा ने इसमें रूह फूँक दी। एकदम से गोश्त-पोस्त, हड्डी और पट्ठे का ऐसा ज़िन्दा इंसान बन गया जिसमें इरादा, विवेक, समझ, संवेदना और बुद्धि जैसे गुण थे। अब फ़रिश्तों को हुक्म हुआ कि तुम इसके सामने सर झुकाओ। तमाम फ़रिश्तों ने ख़ुदा के हुक्म की तामील की। लेकिन घमंडी इबलीस ने अल्लाह का ये हुक्म मानने से इनकार कर दिया। ख़ुदा जानता था कि इबलीस के मन में क्या है। फिर भी पूछा, 'मेरे हुक्म के बावजूद तुझे सजदा करने से किस बात ने रोका?' इबलीस ने जवाब दिया, 'उस बात ने कि मैं आदम से बेहतर हूँ क्योंकि तूने मुझे आग से और उसे मिट्टी से पैदा किया।' इबलीस को ये ग़लतफ़हमी थी कि आग में जो बुलन्दी पाई जाती है वो मिट्टी में कहाँ। ख़ुदा ने इबलीस का जवाब सुना तो फ़रमाया, 'जन्नत से निकल जा। तेरी ये हस्ती नहीं कि यहाँ रहकर बग़ावत करे।' शैतान ने कहा, 'मुझे उस वक़्त तक की मुहलत दी जाए जब लोग मरने के बाद उठाए जाएँगे। ख़ुदा ने फ़रमाया, 'तुझे मुहलत है।' इबलीस ने साहस किया और बोला, 'चूँकि तूने मुझ पर राह बन्द कर दी है तो अब मैं भी ऐसा ज़रूर करूँगा कि तेरी सीधी राह से बहकाने के लिए आदम की ताक में बैठूँ। फिर सामने से, पीछे से, दाएँ से, बाएँ से, हर दिशा से उस पर आऊँ और तू उनमें से अक्सर को नाफ़रमान पाएगा।' ख़ुदा ने फ़रमाया, 'ज़लीलो-मरदूद हो कर यहाँ से निकल जा। आदम की औलाद में से जो तेरी पैरवी करेगा, वो तेरा ही साथी होगा और मैं यक़ीनन नाफ़रमानी के बदले तुम सब को जहन्नुम में भर दूँगा।'

मीठी-मीठी बातें उसकी भीनी-भीनी बास
मिसरी जैसे होंट रसीले, रेशम जैसे बाल

उसके बदन की छब में गाए वारिस का पंजाब
अँखियन के जादू में नाचे नज़रुल का बंगाल

भरा-पूरा है प्यार से उसके इस दिल का आँगन
उसके रूप की माया से हैं आँखें मालामाल

ताज़ी-ताज़ी पीत है उसकी, हलकी-हलकी घास
सुंदर-सुंदर गीत मिलन के, मधुर-मधुर सुर-ताल

गुल-बूटे का जम्फर पहने जब आँगन में आए
रुत फूलों की पग-पग नाचे, मौसम खेले हाल

वो है मेरे ज्ञान की देवी मैं उसका शायर
वो है मेरे मन की सोहनी मैं उसका महीवाल

'ज़ुल्फ़ी' जी सब बस्ती वाले, सुनने उसकी बात
शाम ढली तो हुक़्क़े लेकर आ बैठे चौपाल

16

उस फूल का ग़ुरूर-ए-तक़द्दुस[1] झँझोड़ ले
आज उसके अंग-अंग से ख़ुशबू निचोड़ ले

अलफ़ाज़ उसके दिल में उतरते नहीं अगर
जज़्बात की कमाँ में कोई तीर जोड़ ले

उसकी गली में अद्ल की आवाज़ मत लगा
ऐसा न हो कि ज़ुल्म का कुत्ता भँभोड़ ले

पानी न हो तो पाट दे दरिया को रेत से
साया न दे तो पेड़ की शाख़ें मरोड़ ले

1. पवित्रता या श्रेष्ठता का अभिमान

जलता है दिल तो प्यास बुझाने की फ़िक्र कर
उस तर-ब-तर गुलाब से शबनम निचोड़ ले

'ज़ुल्फ़ी' तू इस से क़ब्ल[1] कि सहरा में जा बसे
इक बार बस्तियों का तकब्बुर[2] झँझोड़ ले

17

हर एक ज़ख़्म है दिल का हरा-भरा कैसा
सजा हुआ है गुलाबों से मक़बरा कैसा

जो फूल-फूल से लफ़्ज़ों की चोट सह न सका
वो एक शख़्स था एहसास का खरा कैसा

वो एक लम्हे की ग़फ़लत[3] अज़ाब[4] थी यारो
लिया है बख़्त[5] ने बदला ज़रा-ज़रा कैसा

कभी जो फूल खिलाता था दूसरों के लिए
वो आज अपने ही शोलों में जल मरा, कैसा

वो ताज़गी[6] वो मलाहत[7] कहाँ गई 'ज़ुल्फ़ी'
कभी था आपका चेहरा हरा-भरा कैसा

18

तुम फ़न[8] तो कुजा[9], फ़न की लगन भी नहीं रखते
सूरज तो बड़ी शय है किरन भी नहीं रखते

हम ज़ह्न भिगो देते हैं बौछार की सूरत
हम अब्र हैं लहजे में थकन भी नहीं रखते

---

1. पहले 2. अभिमान, अहंकार 3. असावधानी, भूल, आलस्य 4. यातना 5. भाग्य 6. हरा-भरापन 7. नमकीनी, लावण्य 8. कला 9. कहाँ

आवारा हवाओं के मचलते हुए झोंके
आज़ाद हैं ऐसे कि वतन भी नहीं रखते

तुम इनसे गुलाबों की हिना माँग रहे हो
ये लोग तो इदराक-ए-चमन[1] भी नहीं रखते

डसते हैं तो डसने का पता भी नहीं चलता
ये साँप हैं वो साँप जो फन भी नहीं रखते

तुम क्यों मेरी खेती का पता पूछ रहे हो
तुम लोग तो बरखा का चलन भी नहीं रखते

मैंने तो उन्हें टूट के चाहा है मगर वो
एहसास में इतनी सी चुभन भी नहीं रखते

हम लोग तेरे प्यार की ख़ुशबू में मगन हैं
हम और किसी गुल की लगन भी नहीं रखते

कैसा ये चमन है न चहकना न महकना
ये सूरत-ए -मग़मूम[2] तो बन भी नहीं रखते

ज़ुलमत[3] के तशद्दुद[4] की सुनाते हैं कहानी
ये चाँद से लाशे जो क़फ़न भी नहीं रखते

गुमनाम हैं फ़नकार मेरे दौर के 'ज़ुल्फ़ी'
मशहूर हैं वो लोग जो फ़न भी नहीं रखते

19

ज़ुबाँ को हर्फ़ न दें लफ़्ज की क़बा[5] सी लें
न बोलें हम तो छलक उट्ठें आँख की झीलें

ज़मीं का जिस्म है घायल कि वक़्त की पापोश[6]
लगाए फिरती है ठो कर में ज़ुल्म की कीलें

---

1. बाग़ का ज्ञान या समझ-बूझ 2. दुखी सूरत 3. अन्धकार 4. हिंसा 5. वस्त्र 6. जूती

तुम एक गोश्त की बोटी उछाल कर देखो
झपट पड़ेंगी हज़ारों ही लालची चीलें

ये कशमकश का है आलम कि फ़ैसला है मुहाल
हम उनको ज़ख़्म दिखाएँ कि अपने लब सी लें

हर एक दिल में तेरा दर्द है मेरे प्यारे
ये और बात जुदा हैं हर इक की तफ़सीलें[1]

ये मेरा घर है खंडर ही सही मगर 'ज़ुल्फ़ी'
जमेगी रात तो रौशन करूँगा क़ंदीलें

20

चिंगारियाँ न डाल मेरे दिल के घाव में
मैं ख़ुद ही जल रहा हूँ दुखों के अलाव में

ऐ अब्र यूँ बरस कि मेरा ज़ेह्न[2] भीग जाए
कब से चटख़ रहा हूँ बयाबाँ के ताव में

है कोई अह्ल-ए-दिल कि ख़रीदे मेरा मिज़ाज
मैं ज़ख़्म बेचता हूँ मुहब्बत के भाव में

आज़र[3] का ज़ह्न, मानी[4]-ओ-बहज़ाद की लगन
फ़न बोलता है तेरे बदन के कटाव में

---

1. विवरण (बहु.) 2. बुद्धि 3. आज़र एक प्रसिद्ध मूर्तिकार था। अपनी मूर्तियाँ प्रदर्शित करने के लिए उसने एक विशाल मूर्तिभवन (बुतख़ाना) बना रक्खा था। यहाँ हज़ारों श्रद्धालु आकर मूर्ति-पूजा करते। आज़र इस बुतख़ाने का प्रमुख पुजारी भी था। आज़र ने एक बच्चे को पाला था। ये बच्चा बड़ा होकर हज़रत इब्राहीम हुआ। हज़रत इब्राहीम ने अपने पालक को मूर्ति-पूजन करते देखा तो समझाया कि ईश्वर एक है और निराकार। उसकी मूर्तियाँ बना कर पूजा करना ख़ुदा की तौहीन है। जब आज़र समझाए से न माना तो इब्राहीम ने आज़र का ही तेशा लेकर उसके बनाए तमाम बुत तोड़ डाले 4. मानी ईरान का एक मशहूर चित्रकार था। ऐसी तसवीरें बनाता था कि देखने वालों को ज़िन्दा सूरतों का भरम होने लगता। सब उसकी भूरि-भूरि प्रशंसा करते। कई सालों तक अपने चित्रों की तारीफ़ सुनते-सुनते मानी के मन में बैठ गया कि अगर मैं ऐसी जीती-जागती तसवीरें बना सकता हूँ तो सचमुच मेरे हाथ में कोई ईश्वरीय कमाल है। →

हाथों में तेरे था जो खिलौना सा एक शख़्स
इक रोज़ गिर के टूट गया रख-रखाव में

21

सूली पे भी मुस्कुराते जाना
मुंसिफ़[1] का मज़ाक़ उड़ाते जाना

तुम अपने लहू की धारियों से
ज़िंदा[2] को शफ़क़[3] बनाते जाना

गुज़रो भी जहाँ से पा-ब-जौलाँ[4]
ज़ह्नों[5] में ख़लिश[6] जगाते जाना

सूरज से ज़मीं चटख़ रही है
बादल को ये ख़त सुनाते जाना

इक नस्ल जो पीछे आ रही है
कुछ उसके लिए बनाते जाना

हो जाए जहाँ-कहीं पड़ाव
इक पेड़ वहाँ लगाते जाना

ज़ीने में जो छुप के रो रही है
तुम उसको गले लगाते जाना

→ मैं साधारण चित्रकार नहीं हूँ, ख़ुदा का पैग़म्बर हूँ। मुझे एक नया धर्म चलाना चाहिए। उस ने पुरानी ईसाई और ईरान के परम्परागत ज़रथुस्त्र धर्म की पुस्तकों से कुछ औने-पौने सिद्धान्त घाल-मेलकर ऐलान किया कि ये नया धर्म है। इस धर्म को प्रचारित करने के लिए मानी ने कुछ किताबें लिखीं। एक किताब में बड़ी ख़ूबसूरत तसवीरें बनाईं। उस किताब की तसवीरें तो बहुत सराही गईं लेकिन मानी के धर्म को ज़्यादा लोगों ने नहीं माना। आज भी मानी को बतौर धर्म-संस्थापक नहीं, एक चित्रकार के रूप में याद किया जाता है। बहज़ाद भी ईरान का एक सफल चित्रकार था। चित्रकारों का उल्लेख करते समय (रुस्तम-सुहराब, शंकर-जयकिशन) की तरह मानी और बहज़ाद का नाम भी एक साथ लिया जाता है। 1. न्यायकर्ता 2. कारागार 3. उषा 4. पाँव में बेड़ी पड़ी हुई 5. बुद्धि (बहु.) 6. चुभन, चिन्ता।

जाते हो तो उसके आँसुओं को
आने का यक़ीं दिलाते जाना

जीवन की नदी में सैफ़ ज़ुल्फ़ी
सोचों के कँवल खिलाते जाना

22

अना[1] के मोड़ पे बिछड़े तो हमसफ़र न मिले
हम एक शह्र में रह कर भी उम्र भर न मिले

मैं ढूँडता ही फिरा ले के चाँद की क़िंदील
वो दश्त-ए-शब में छुपे यूँ कि ता-सहर न मिले

निगाह उठाई तो परियों का रक़्स जारी था
बढ़ाया हाथ तो वो फूल शाख़ पर न मिले

मेरा शुमार भी उन ताइरों[2] में है कि जिन्हें
शऊर उड़ान का है और बाल-ओ-पर न मिले

निहाल-ए-फ़न का अजब रंग-ए-फ़िक्र है 'ज़ुल्फ़ी'
जो अपने ख़ून से सींचे उसे समर[3] न मिले

23

घायल भी किया ज़ख़्म भी धोने नहीं देते
उस पर सितम ये है कि रोने नहीं देते

इस शह्र की गलियों के उबलते हुए नौहे
शायर को किसी रात भी सोने नहीं देते

इस घर में तुम्हें काँच के टुकड़े ही मिलेंगे
ये लोग तो मख़मल के बिछौने नहीं देते

---

1. अहम 2. पक्षी (बहु.) 3. फल

तुम अपनी ज़मीनों का जुआ खेल चुके हो
अब मुझको मेरा खेत भी बोने नहीं देते

कब से सर-ए-दरिया-ए-सितम डोल रहा हूँ
तूफ़ान किसी सम्त भी होने नहीं देते

कहते हैं ग़ज़ल सोच की किरनों से सजाकर
हम ज़ह्न जगाते हैं खिलौने नहीं देते

24

अश्कों में क़लम डुबो रहा है
फ़नकार जवान हो रहा है

मक़तल के दिखा रहा है मंज़र
काग़ज़ को लहू से धो रहा है

ज़ालिम को सिखा रहा है इंसाफ़
पत्थर में दरख़्त बो रहा है

परबत से लड़ा रहा है आँखें
मिट्टी से तुलू[1] हो रहा है

ज़र्रे[2] को बना के एक क़ुव्वत[3]
ख़ुद अपना मुक़ाम खो रहा है

लोहे को अजल[4] की धार देकर
ख़ुद उसका शिकार हो रहा है

मज़लूम की आँख खुल चुकी है
ज़ालिम का ग़ुरूर सो रहा है

---

1. उदय 2. कण 3. शक्ति 4. मौत

तदबीर-ए-हयात का मसीहा
तक़दीर के ज़ख़्म धो रहा है

ख़ंदाँ हैं गली-गली सितारे
घर-घर का चराग़ रो रहा है

दुनिया को ख़बर नहीं कि 'ज़ुल्फ़ी'
दुनिया से मज़ाक़ हो रहा है

दोहे

होश-ओ-ख़िरद[1] नाकाम रहे सब ख़ाम[2] हुई तदबीर
मुट्ठी खोल के पढ़ ले पगले क़िस्मत की तहरीर

दिन भर रोना, रैन न सोना अच्छी बात नहीं
लेकिन मैं मजबूर हूँ, मेरे बस की बात नहीं

रैन ने काला दुख बरसाया जी मैं ख़ौफ़ रचा
इस डायन ने सबको निगला कौन-सा दीप बचा

अपने दुख में जलकर मैंने देखी है ये बात
जब इक घर को आग लगे तो सब तापत हैं हात

परबत चढ़ना खेल नहीं है जाँच तो ले कस-बल
औंधे मुँह गिर जाएगा पगले, इतना तेज़ न चल

तुम पक्के जीदार लुटेरे हम चोरों के भाई
आँख बचे तो साफ़ उड़ा लें क्या परबत क्या राई

अँधियारों से हार के 'ज़ुल्फ़ी', कौन जलाए दीप
दो कौड़ी की चीज़ है पगले बिन मोती के सीप

---

1. चेतना और बुद्धि 2. कच्ची

2

उनके संग स्नान न करना, ऐ गोरी चंचल
जिनके मन में पाप की कालक, हाथ में गंगाजल

यूँ बैठा हूँ घर में अपने गुमसुम, डर के मारे
जैसे रस्ता भूल के आई बन में रैन गुज़ारे

प्यार का बंधन टूटा, पागल मनवा चैन न पाए
जैसे माँ की गोद से बालक, नदिया में गिर जाए

पत्नी को आवारा पति का दुख ऐसे सुलगाए
जैसे घुन लकड़ी में रहकर लकड़ी को खा जाए

दिन को रैन बताना पगले, ठहरी मत की चूक
अपने मूँह पर आन पड़ेगा चंदा पे मत थूक

हज़्रीं लुधियानवी

हज़्रीं लुधियानवी का जन्म सन् 1925 को लुधियाना में हुआ। विभाजन के बाद लायलपुर जा बसे।

हज़्रीं लुधियानवी के पिता शेर मोहम्मद शायर थे और साहित्य से गहरा लगाव रखते थे। लेकिन इससे पहले कि हज़्रीं लुधियानवी अपने पाँवों पर खड़े हो सकें, शेर मोहम्मद चल बसे। पिता के देहान्त के बाद हज़्रीं का बचपन मुसीबतों की कहानी थी। प्रारम्भिक जीवन की कड़वाहटें हज़्रीं लुधियानवी की कविता में बार-बार छलकती हैं। शायरी का आरम्भ एक व्यंग्य कविता 'आज़िम-ए-बैतुल्लाह' से किया। राइटर्स गिल्ड के मेम्बर हज़्रीं लुधियानवी की कविताओं पर मीर, ग़ालिब और यगाना चंगेज़ी का असर है।

संकलन : 'लहू की सदा'।

ग़ज़लें

1

‘हज़ीं’ तुम अपनी कभी वज़अ[1] भी सँवारोगे?
क़मीस[2] ख़ुद ही गिरेगी तो फिर उतारोगे?

ख़ला-नवर्दो[3]! बहुत ज़र्रे[4] इंतज़ार में हैं
जहाज़ कौन-सा पाताल में उतारोगे

उतर के नीचे कभी मेरे साथ भी तो चलो
बुलंद खिड़कियों से कब तलक पुकारोगे

वो वक़्त आएगा, ऐ मेरे अपने संग-ज़नो[5]
महकते फूलों के गजरे भी मुझ पे वारोगे

निगल रही है अगर तीरगी[6] तो क्या तुम लोग
सहर[7] के वक़्त चराग़ों की लौ उभारोगे

तुम्हें क़लम को लहू में डुबोना आता है
‘हज़ीं’ ज़रूर तुम्हीं शेर को निखारोगे

2

फिर फ़ज़ा धुँदला गई, आसार हैं तूफ़ान के
काँपते हैं फूल कमरे में मेरे गुलदान के

---

1. दशा 2. क़मीज़ 3. अंतरिक्ष में घूमने वाले 4. कण (बहु.) 5. पत्थर मारने वालो 6. अँधेरा 7. सुबह

चल रहे हैं दिल में नख़्लिस्तान[1] का अरमाँ लिये
हम मुसाफ़िर ज़िंदगी के तपते रेगिस्तान के

सैल-ए-ग़म[2] रखता है यूँ मेरे इरादों को जवाँ
जिस तरह सैलाब में फलते हैं पौदे धान के

तोड़ेगा इक न इक दिन ये तिलिस्म[3] औहाम[4] का
साफ़ देते हैं पता तेवर नए इंसान के

दोस्तो! जिस दम उतर जाता है गंदुम[5] का ख़ुमार
ज़ह्न की शाख़ों से उड़ जाते हैं पंछी ध्यान के

3

हैरान सारा शह्र था जिसकी उड़ान पर
पंछी वो फड़फड़ा के गिरा सायबान पर

शायद इसी से ज़ह्न का जंगल महक उठे
लफ़्ज़ों के गुल खिलाइए शाख़-ए-ज़ुबान पर

किस दिल की राख जुज़्व-ए-रग-ए-संग[6] हो गई
सूरजमुखी का फूल खिला है चटान पर

इक दिन उसे ज़मीं की कशिश खेंच लाएगी
कब तक रहेगा तेरा ख़याल आस्मान पर

आवाज़ की महक न कभी क़ैद हो सकी
पहरे लगे हज़ार गुलों की ज़ुबान पर

1. रेगिस्तानी इलाक़े में हरा-भरा टुकड़ा, मरूद्यान 2. दुख का सैलाब 3. माया, जादू 4. भ्रम, भ्रान्ति (बहु.) 5. गेहूँ 6. पत्थर की शिरा का अंश

4

शह्र-ए-बेदाद[1] के दस्तूर अजब देखे हैं
ईंट, पत्थर हैं गिराँ[2] और बदन सस्ते हैं

कैसे सीनों में लिये फिरते हैं दिल पत्थर के
जिनके चेहरे हैं गुलाब और बदन शीशे हैं

संगदिल, आज जिन्हें कहते हैं कंकर-पत्थर
मेरी नज़रों में वही लाल वही हीरे हैं

लाख हो तेज़ हवा दीप जलाए रखना
रात के बन अभी ता-हद्‌द-ए-नज़र[3] फैले हैं

हम घरौंदों को समझते हैं वतन की क़ुव्वत[4]
आप महलों को फ़क़त शान-ए-वतन[5] कहते हैं

कैसे ख़सख़ानों[6] के बासी ये हक़ीक़त समझें
आजकल शह्र भी सहरा की तरह तपते हैं

उन दरख़्तों से 'हज़ीं' प्यार है दूना मुझको
जिनकी शाख़ों पे न फल-फूल न दो पत्ते हैं

5

मैं समंदर हूँ, कोई आ के खँगाले मुझको
बेकराँ[7] प्यार के कूज़े[8] में बसा ले मुझको

मैं अँधेरों के मुक़ाबिल उन्हें ले आया हूँ
अपने अंदर नज़र आए जो उजाले मुझको

चल पड़ा हूँ मैं मंज़िले-गुल की जानिब
फूल लगने लगे अब पाँव के छाले मुझको

---

1. अत्याचारों का शह्र 2. महँगा 3. दृष्टि की सीमा तक 4. शक्ति 5. देश की शान 6. वातानुकूलित (एयरकंडीशंड) मकान 7. असीम 8. मिट्टी का सकोरा

रेज़ा-रेज़ा[1] हूँ प[2] यलग़ार[3] करूँ तारों पर
ऐसा झोंका कोई आए जो उठा ले मुझको

मैं गुनह कर के चला आऊँगा फिर दुनिया में
देख लेकर के तू जन्नत के हवाले मुझको

फिर मेरे जिस्म के तारों का दुपट्टा बुन ले
पहले कीकर के तो काँटों में फँसा ले मुझको

तू गुलाब, और मेरा रंग है सरसों जैसा
तू कभी मेरे लहू से ही सजा ले मुझको

बर्फ़ गिरती है तो मैं और सुलग उठता हूँ
और पिघलाते हैं ये बर्फ़ के गाले मुझको

किस बुलंदी पे हज़ीं मेरी नज़र आ पहुँची
कितने बौने नज़र आते हैं हिमाले[4] मुझको

6

यहाँ तो पाप की नाव रवाँ-दवाँ है मियाँ
तू नेकियाँ किए जाता है, तू कहाँ है मियाँ

हर एक सीने में दुख का अलाव रौशन है
हर एक मुँह में मगर बर्फ़ की ज़ुबाँ है मियाँ

तमाम शह्र अँधेरे के कर्ब[5] में है असीर[6]
कि दिन के वक़्त भी याँ रात का समाँ है मियाँ

बस एक अह्ल-ए-वफ़ा ही की जान सस्ती है
वगरना एक पर-ए-काह[7] भी गिराँ है मियाँ

---

1. चूर-चूर, खंड-खंड 2. पर, मगर 3. आक्रमण, चढ़ाई 4. हिमालय 5. यातना 6. बन्दी
7. घास का तिनका

दुरुस्त[1] सम्त[2] मुअय्यन[3] जो हो तो कैसे हो
हर एक सई[4], यहाँ सई-ए-रायगाँ[5] है मियाँ

ग़ज़ल 'हज़ीं' की, नहीं रंग-ओ-नस्ल[6] का क़िस्सा
ये आदमी के मसाइल[7] की दास्ताँ है मियाँ

7

दर्द के सीप में पैदा हुई बेदारी[8] सी
रात की राख में सुलगी कोई चिंगारी सी

देखिए शह्र में कब बाद-ए-यक़ीं[9] चलती है
कू-ब-कू[10] फैली है औहाम[11] की बीमारी सी

मौत का वार मैं सह गया हँसते-हँसते
ज़िंदगी! तू ही कोई चोट लगा कारी[12] सी

क्या से क्या हो गई माहौल की लू में जलकर
वो जो लड़की नज़र आती थी बहुत प्यारी सी

जितने मुफ़लिस[13] हैं, वो इक रोज़ तुवंगर[14] होंगे
एक अफ़वाह सुनी है, मगर अख़बारी सी

8

सर-ता-ब-क़दम[15] ख़ून का जब ग़ाज़ा[16] लगा है
तब ज़ख़्म की गहराई का अंदाज़ा लगा है

ये रात का जंगल, ये ख़ामोशी, ये अँधेरा
पत्ता भी जो खड़का है तो आवाज़ा लगा है

---

1. ठीक 2. दिशा 3. निश्चित 4. कोशिश 5. निष्फल प्रयत्न 6. रंग और वंश 7. समस्या (बहु.) 8. जागृति 9. विश्वास की हवा 10. गली-गली 11. भ्रम, भ्रान्ति (बहु.) 12. भरपूर 13. निर्धन 14. धनवान 15. सिर से पाँव तक 16. लाली

मालूम नहीं मेरा खुला दश्त[1] कहाँ है
सहरा का ख़ला[2] भी मुझे दरवाज़ा लगा है

एहसान ये कुछ कम तो नहीं गुलबदनों का
जो ज़ख़्म है सीने पे, गुल-ए-ताज़ा लगा है

यकजा[3] हुए यादों के उमड़े हुए पैकर[4]
फिर मुंतशिर[5] अपना मुझे शीराज़ा[6] लगा है

9

शरार[7] दिल के लिए, रौशनी नज़र के लिए
असासा[8] कुछ तो मुझे चाहिए सफ़र के लिए

शबों के ज़ख़्म से सीना चमन-चमन है मगर
ये सारे फूल हैं महबूबा-ए-सहर के लिए

सरों पे तान के सूरज की छतरियाँ निकलो
कि साये कि न ज़रूरत रहे सफ़र के लिए

ख़िज़ाँ का दौर, सितम बाग़बाँ का, संग-ज़नी[9]
तमाम उम्र हैं ये इम्तिहा शजर[10] के लिए

निगार-ए-ज़ुल्म[11] के कत्बे[12] लिखेंगे अह्ल-ए-क़लम[13]
डगर-डगर के लिए और नगर-नगर के लिए

स्वयंबरों की हैं रस्में, न दौर-ए-तीरो-कमाँ[14]
शऊर चाहिए अब रज़्म-ए-ख़ैर-ओ-शर[15] के लिए

मेरे हुनर की किरन है अँधेरे घर का चराग़
मेरी नवा[16] का शरारा[17] है कसर-ए-ज़र[18] के लिए

---

1. जंगल 2. ख़ालीपन 3. एकत्र 4. आकृति 5. अस्त-व्यस्त 6. संघटन 7. चिंगारी 8. सामान 9. पत्थरों की मार 10. पेड़ 11. अत्याचार की मूर्ति या प्रेमिका 12. शिलालेख 13. लेखक 14. तीर-कमान का युग 15. अच्छाई और बुराई, सच-झूट (राम-रावण) का युद्ध 16. स्वर, गान 17. चिंगारी 18. धनवान का भवन

कभी न मार सके जिस पे तीरगी[1] शबख़ूँ[2]
कहीं से लाइए वो रौशनी बशर के लिए

'हज़ीं' उसे भी सर-ए-रहगुज़ार[3] ले आए
जो एक दिल का दिया रह गया था घर के लिए

10

उसी तुंद[4] के मौज-ए-ख़ूँ[5] में कई बह गए हैं प्यारे
तेरा शह्र है कि मक़्तल[6], यही सोचते हैं प्यारे

कभी मेरे दिल का लावा न रुकेगा पत्थरों से
बड़ी मुश्किलों से आख़िर मेरे लब खुले हैं प्यारे

तू दुखों को कैसे समझे तू है इशरतों का पाला
तू दिलों को क्या सँभाले तुझे आईने हैं प्यारे

मेरी ज़ाहिरी हँसी में है मुनाफ़िक़त[7] सरासर
मेरा चेहरा ग़ौर से पढ़ कई ग़म लिखे हैं प्यारे

कई कारवान बिछड़े, प दयार-ए-ज़िंदगी में
वही मेला-सा लगा है, वही जमघटे हैं प्यारे

ये तेरा चमन है जादू, ये दरख़्त सूलियाँ हैं
कहीं सेब शाख़ पर हैं, कहीं सर टँगे हैं प्यारे

मेरे इल्म से फ़रोज़ाँ[8] ये ख़लाँ[9] की फ़ाइलें हैं
मेरी फ़िक्र से ज़मीं के ये वरक़[10] सजे हैं प्यारे

मेरी ज़िंदगी रिसाले तो हैं दफ़्न बोरियों में
तेरे 'शेल्फ़' में खिलौने भी चहक रहे हैं प्यारे

---

1. अँधेरा 2. सेना का रात के अँधेरे में शत्रु के दल पर अचानक आक्रमण 3. सड़क पर 4. तेज़ 5. ख़ून की लहर 6. वध-स्थान 7. दिल में कुछ होना और ज़ुबान पर कुछ, मिथ्याचार 8. प्रकाशमान 9. अंतरिक्ष 10. पृष्ठ

तू 'हज़ीं' की आरज़ुओं के दिये बुझाएगा क्या
ये दिये तो आँधियों में भी जला रक्खे हैं प्यारे

11

यकजाई[1] का है जादू, ये बात, और क्या है
लकड़ी के साथ लग कर लोहा भी तैरता है

लगती है आग जैसे बाँसों के जंगलों में
ये आरज़ू का जंगल उस तरह जल रहा है

मादूम[2] हो गई हैं आसूदगी[3] की किरनें
बच्चे की आँख में भी अब दुख का झुटपुटा है

हर सू है ग़म की दलदल, हर सू सितम की खाई
ऐ वक़्त, तेरा पहिया किस सम्त जा रहा है

तारों को क्या उतारे, धरती को क्या सँवारे
जो आसमाँ की जानिब हसरत से देखता है

सदियों के अब पुराने सिक्के न चल सकेंगे
बाज़ार भी नए हैं, इंसान भी नया है

ये मुश्त-ए-पर[4] ममोला[5], वो देव है 'कलों'[6] का
इतना कभी तो सोचो कैसा मुक़ाबिला है

कब तक कमान तेरी मुट्ठी में देखता मैं
मैंने भी तीर आख़िर चुटकी में ले लिया है

अलफ़ाज़ की ज़मीं को दी खाद हड्डियों की
मानी[7] का ऐ 'हज़ीं' तब रौशन[8] शजर[9] उगा है

---

1. एकत्रता 2. अंतर्धान 3. समृद्धि 4. मुट्ठी-भर पर 5. एक तरह का पक्षी 6. मशीनें 7. अर्थ 8. प्रकाशमान 9. पेड़

12

खुले जो लब हुईं बरपा क़यामतें क्या-क्या
अभी दिखाती हैं, देखें, सदाक़तें[1] क्या-क्या

ख़ुद अपनी ज़ात का बेदर[2] तिलिस्म तोड़ दिया
हुई हैं हम से जुनूँ में जसारतें[3] क्या-क्या

मेरा ज़मीर[4], मेरे दस्त-ओ-पा[5], ज़ुबाँ मेरी
मेरे ख़िलाफ़ वो लाया शहादतें[6] क्या-क्या

अटी है गर्द-ए-अलम[7] में अरूस-ए-होश-ओ-ख़िरद[8]
सजी हुई हैं ब-हर-सू[9] जहालतें[10] क्या-क्या

जो सोचिए, तो कहीं अद्ल[11] का निशाँ भी नहीं
जो देखिए, तो खुली हैं अदालतें क्या-क्या

हैं चंद रोज़ हसीनों की अब शहंशाही
कि पल रही हैं दिलों में बग़ावतें क्या-क्या

हज़र[12]—कि आज समझते हैं झोंपड़ी के मकीं
फ़लक से करती हैं बातें इमारतें क्या-क्या

वो जिसने एक भी वादा 'हज़ीं' वफ़ा न किया
लुभा रहा है सुनाकर हिकायतें[13] क्या-क्या

13

जानता हूँ, देखता हूँ, मेरा क़ातिल कौन है
शह्र-ए-नापुरसाँ[14] में लेकिन आज आदिल[15] कौन है

---

1. सच्चाई (बहु.) 2. जिसका दरवाज़ा न हो 3. वीरता, दुःसाहस (बहु.) 4. अंतरात्मा 5. हाथ और पैर 6. गवाही (बहु.) 7. दुख की धूल 8. चेतना और बुद्धि की दुल्हिन 9. हर तरफ़ 10. अज्ञान (बहु.) 11. न्याय 12. भय, त्रास, त्राहिमाम् 13. कथा (बहु.) 14. वह शह्र जहाँ कोई जिज्ञासु नहीं था 15. न्यायवान

हर गली, कूचे में है आशोब-ए-महशर[1] का समाँ
ऐ मुहब्बत, ऐ वफ़ा अब तुझ पे माइल[2] कौन है

तुंद तूफ़ानों से गिर्दाबों[3] से टकराए थे हम
देख लो, आसूदा-ए-आग़ोश-ए-साहिल[4] कौन है

जो क़द-ओ-गेसू[5] के साए में है, उनको क्या ख़बर
रह-नवर्द-ए-कूचा-ए-दार-ओ-सलासल[6] कौन है

ऐ मेरे हातिम, मेरे हातों के पौदे, ग़ौर कर
एक ख़ोशे[7] के लिए अब तेरा साइल[8] कौन है

कैसा क़िसमत का गिला, मैं जानता हूँ दोस्तो
रोज़ उलझाता है जो मेरे मसाइल[9] कौन है

जाहिल-ए-मुतलक़[10] फ़लातूँ[11] बन गए हैं आजकल
ऐ वतन, तू ही बता, अब तुझमें जाहिल कौन है

इम्तियाज़-ए-रंग[12] कैसा, एक से हैं अह्ल-ए-इश्क़
जुज़[13] वफ़ादारी, सरख़ैल-ए-क़बाइल[14] कौन है

बह रहे हैं लोग सब बाद-ए-हवस[15] की लहर में
शह्र-ए-ज़र[16] में ऐ 'हज़ीं' अब महरम-ए-दिल[17] कौन है

14

बच्चा, माँ से हलवा माँगे
वो शौहर से आटा माँगे

आँखों वाला दीद[18] को तरसे
हर अन्धा आईना माँगे

---

1. महाप्रलय की हलचल 2. आकर्षित 3. भँवर (बहु.) 4. साहिल की गोद में सन्तुष्ट 5. क़द और बाल के (सुन्दरियों के) 6. सूली और जंजीरों के कूचे का मुसाफ़िर 7. गुच्छा, बाल 8. माँगने वाला, सवाल करने वाला 9. समस्या (बहु.) 10. निपट अज्ञानी, निरक्षर 11. अफ़लातून का लघु, उर्दू में यूनानी दार्शनिक प्लेटो को अफ़लातून कहते हैं 12. रंग का भेद 13. अतिरिक्त, सिवाय 14. क़बीलों का सरदार 15. लालसा की हवा 16. धनवानों का शह्र 17. मन का भेद जानने वाला, मन का मित्र 18. दर्शन

जो इनसाँ की खाल तराशे
रोज़ नया इक रंदा माँगे

प्यासी धरती बूँद को तरसे
सूरज, रावियन-ओ-गंगा माँगे

मेहनत, काविश, ख़ून, पसीना
मिल का मालिक क्या-क्या माँगे

जाहिल तो दौलत में खेले
एम.ए. वाला धन्दा माँगे

शब के काले सूरज से भी
ख़िलक़त[1] नया सवेरा माँगे

अल्लाह को वो सीन दिखाओ
जब बंदे से बंदा माँगे

सूखा पेड़ 'हज़ीं' बरसों से
बारिश का इक छींटा माँगे

15

मवाद[2] कर के फ़राहम[3] चमकती सड़कों से
सजा रहा हूँ ग़ज़ल को नए ख़यालों से

छुपी है उनमें न जाने कहाँ की चीख़-पुकार
बुलंद होते हैं नग़में जो रोज़ महलों से

1. जनसाधारण 2. सामग्री 3. एकत्र

नज़र न आई कभी फिर वो गाँव की गोरी
अगरचे मिल गए देहात आ के शह्रों से

गुज़ार देते हैं उम्रें वो घुप्प अँधेरों में
लटक रहे हैं जो बिजली के ऊँचे खम्बों से

समंदर अब तू इन्हें और बेक़रार न कर
गुज़र के आई हैं लहरें हज़ार नहरों से

तुलू होगा अभी कोई आफ़ताब ज़रूर
धुआँ उठा है सर-ए-शाम फिर चराग़ों से

'हज़ीं' ये शोला-ए-ताबाँ[1] कभी नहीं बुझता
मैं क्यों हयात[2] को तश्बीह[3] दूँ हबाबों[4] से

16

क्या रंग लाईं अह्ल-ए-हशम[5] की सियासतें
हर सू हैं सोगवार हज़ारों सुहागिनें

फूलों के अंग-अंग में चिंगारियाँ सी हैं
शाख़ों के पोर-पोर से लिपटी हैं नागिनें

तीरा घरों में चीख़ों, कराहों की धुंद है
महलों में रक़्स-ए-नूर है, बजती हैं पायलें

रातों के जंगलों के मुसाफ़िर हैं हम मगर
दिल में बसीरतें[6] हैं नज़र में बसारतें[7]

1.जलता हुआ शोला 2. जीवन 3. उपमा 4. बुलबुला 5. नौकर-चाकर रखने वाले 6. दिल की नज़र, प्रतिभा (बहु.) 7. दृष्टि (बहु.)

आब-ए-हयात[1] तो है लब-ए-किज़्ब[2] के लिए
पीती हैं ज़ह्र-ए-मर्ग[3] हमेशा सदाक़तें[4]

तुमसे तो अपनी ज़ात[5] की परतें न खुल सकीं
अह्ल-ए-ख़िरद[6] ने पढ़ लीं सितारों की फ़ाइलें

चमके हैं कुछ शरर[7], शब-ए-ज़िंदाँ में ऐ 'हज़ीं'
कुछ रूनुमा[8] हुई हैं, सहर[9] की अलामतें[10]

17

तारीख़[11] कह रही है, सुनो, वियतनाम की
यारो, बहुत अज़ीम[12] है, ताक़त अवाम[13] की

क्या मुस्कुराए बाग़ में, हर फूल, हर कली
गुलशन पे है गिरफ़्त[14] ख़िज़ाँ के निज़ाम[15] की

ऐ ग़म, ख़याल-ए-गेसू-ओ-रुख़सार तो न छीन
तसवीर खेंचना है, मुझे सुब-ओ-शाम की

हमने किया बुलंद न कब हर्फ़[16] का अलम[17]
तुमने सितम की तेग[18] न कब बेनियाम[19] की

हमसे फ़क़ीह-ए-शह्र[20] यूँ ही तो ख़फ़ा नहीं
करते हैं बात आदमी के एहतिराम[21] की

हम मिस्ल-ए-आफ़ताब[22] जले, छुप गए मगर
सीनों की रौशनी तो ज़माने ने आम की

---

1. अमृतजल 2. झूठे होंठ 3. मृत्यु का विष 4. सच्चाई (बहु.) 5. स्वयं, अस्तित्व 6. बुद्धिमान 7. चिंगारी 8. प्रगट 9. सुबह 10. चिह्न, लक्षण (बहु.) 11. इतिहास 12. महान 13. जनता 14. अधिकार 15. व्यवस्था 16. अक्षर 17. झंडा 18. तलवार 19. मियान से बाहर 20. शह्र का धर्मशास्त्री या विद्वान 21. सम्मान 22. सूरज की तरह

परसू[1] के ख़ून की कोई क़ीमत नहीं यहाँ
इज़्ज़त है परसराम की या क़द्र दाम की

ये ख़्वाहिश-ए-गुनाह पे ताज़ीर[2] किसलिए?
इस तरह शेरनी भी किसी ने है राम की[3]?

सच्चाइयों का ज़ह्र हो जिसमें भरा 'हज़ीं'
करते हैं क़द्र हम उसी मिट्टी के जाम की

❂

---

1. मुहावरा है : 'परसू, परसा, परसराम, माया तेरे तीन नाम' यानी जैसे-जैसे धन बढ़ता जाता है, व्यक्ति की उठती प्रतिष्ठा के साथ-साथ उसका नाम भी बदलता जाता है। यहाँ परसू से अभिप्राय है दीन-हीन 2. दंड 3. बस में करना, पटाना।